前　言

经济学的基本原理告诉我们，经济增长是提升人民生活水平的主要手段，因此在现代社会中为了提升人民的经济福利而追求经济增长是各国政府致力实现的目标。人类发展的事实也证实了这一原理，15 世纪以后全世界平均实现了大约 2% 的持续经济增长，人类整体的经济福利也得到了持续的提升，生活水平在不断提高。从国别来看，经济增长水平有较大差异：有的国家经济起飞，出现了较快的经济增长；有的国家经济始终没有起飞，人民一直生活在非常贫困的状态下；有的国家甚至出现了经济负增长，人民生活水平越来越差。对经济增长原因的研究是宏观经济学的主要议题之一，各类研究成果可谓汗牛充栋，认识颇有深度。然而，即使都出现了经济增长，各国经济持续增长和后续表现也存在较大差异，从当前经济增长的状况去判定经济“自发”持续增长的可能性，从而预测和解释后续表现的相关研究非常少，本书从这个意义上称其为增长的质量。或者类似阿罗的外部性观点，即增长过程是否具有为进一步增长积累积极条件的负效应：如果没有，就可能因为报酬递减、供需不匹配等导致生产缩减，经济不能持续增长；如果有，则可以预期经济增长过程中具有自我积累、自我修正、自我强化的因素，有可能抵消上述不利因素，使经济持续增长成为可能。在中国研究经济增长质量问题，需要对以下问题有初步认识。

第一，为什么中国需要重视经济增长质量研究？

中国近 40 年取得的经济成就举世瞩目，高速的经济增长被称为“中国奇迹”。然而，高速经济增长的繁荣背后也积累了越来越多的问题。近些

年，中国政府开始转变经济发展思路，放弃高速增长目标，转而强调提升经济增长质量。但耐人寻味的是，从经典的经济增长理论到近期研究经济增长的文献，国外的经济增长研究很少有关于系统研究经济增长质量的文献，而国内关于经济增长质量的研究成为近期热门选题，造成这一差异的主要原因是什么？对这一问题的理解需要从以下几个层面进行剖析。

首先，从认识层面看，错误地把 GDP 的增速等同于社会福利的提升。经济增长意味着更多的产出，能够更好地满足居民的多种需要，是提升居民福利的一个重要手段。衡量经济增长的主要统计指标是 GDP，GDP 是对经济增长速度有价值的统计指标，但也仅仅是一个有价值的统计指标，并不能有效而全面地反映经济增长水平。从社会和国家层面上看，都以增进人民的总福利为终极目标，而经济增长是其中的一个重要手段，因此强调经济增长的重要性也无可非议。但是，应该看到，经济增长不是增加社会福利的充要条件，既不是充分条件，也不是必要条件。经济增长有可能会伴随物价上涨、经济泡沫、不公平加剧、失业、环境破坏等负面影响，降低社会的总福利，因此不是增加社会福利的充分条件；有些社会福利的提升通过政府的转移支付、社会安全网的完善等手段实现，因此经济增长也不是增加社会福利的必要条件。当社会发展处于某一个（较低）阶段时，经济增长带来产品增加的福利增长效应大于其带来的负面效应时，提升经济增长速度与社会福利增长的要求是一致的；当社会发展超过一定阶段，经济增长带来的负面效应已经接近甚至超过产品增加的福利增长效应，提升经济增长速度与社会福利增长的要求相冲突时，反思经济增长速度、关注经济增长质量的要求就会顺势产生。当然，这种认识可能存在一个错误的倾向，即把经济增长质量同社会福利紧密联系起来，在一定程度上模糊了经济增长质量与经济发展的界限，使研究体系比较混乱。可见，经济增长并不是社会福利提升的充要条件，而 GDP 仅从总量上反映了经济增长的速度，追求 GDP 的增长同追求社会福利之间存在较大差异，或者说追求 GDP 本来就有些本末倒置。

其次，从经济实践层面看，政府不当的激励与市场局部的失灵使供给侧出现问题。一方面，政府在经济增长导向的思维引导下，提供了部分有利于短期内提升经济增长速度的激励措施，从而鼓励部分产业脱离市场需求的实际而无序发展，最终导致供大于求的过剩；另一方面，由于市场主体的非理性预期以及企业家精神积累不足，更愿意把大量资源投入房地产等行业投

机，使经济增长中泡沫成分越来越多。此外，垄断、败德行为在一定程度上扭曲了供求关系，使市场“看不见的手”的运行缺乏效率。

最后，从国家战略层面看，提升经济增长质量是国家提升经济实力的必然要求。中国的发展过程是加速追赶和超越的过程，是内外因共同作用的过程。内因方面，中国的朴实安分、勤劳智慧、吃苦耐劳等民族精神为经济快速发展提供了有利条件和保障；外因方面，意识形态的斗争与外部竞争的压力也迫使中国经济发展逆水行舟，不进则退。应该认识到，中国经济快速增长所积累的社会问题、所处阶段面临的压力和多重约束要求中国的经济增长必须走一条可持续的、不断优化的升级之路，这就必然要求更加关注经济增长动力的开发与转化等增长内在要素和机制等问题。

相比之下，发达国家不把 GDP 的增速作为政府的工作目标，而直接关注社会福利，降低了用经济增长速度掩盖质量的犯错可能性。发达国家政府虽然对企业也有补贴，但从补贴的质和量上都有所控制：一般补贴用在基础研究或基础产业方面（如农业）；补贴的数量是经过仔细核算的，使其能维持正常生产，因而起到了支持科技研发和基础产业正常运行的作用，但不会提供额外激励，导致产业无序发展和产能过剩。此外，从发展进程上来看，发达国家的发展进程没有中国这么快，有比较充足的时间去调整经济增长过程中的各种问题，因此经济增长的过程也伴随着社会的进步，没有出现经济增长速度和质量的“分裂症”，也就没有专门讨论经济增长质量问题，但对影响经济增长速度的因素、动力和机制的探讨始终没有停止。

第二，为何要专门研究中等收入阶段的经济增长质量？

经济起飞阶段通常是长期经济增长的开始，但是该阶段人均收入水平还较低，没有达到中等收入的水平。在这个阶段，各个国家利用自身的绝对优势或比较优势提高劳动生产率，发展相关产业，并把产品销往世界市场。由于供给和需求的发展空间较大，经济发展中积累的问题较少，发展的机遇远大于困难，因此起飞阶段经济都发展得很好，经济增长质量差异不大，对后续发展影响也不明显。

但是进入中等收入阶段以后，很多方面都发生了一些积累性的变化。例如，原有的绝对优势或比较优势因为资源效率或国际竞争，已经不复存在；励精图治型政府经过一两代政府换届可能变得慵懒、腐败；人民建设国家、复兴民族、发展事业的激情逐渐下降，追求安逸、恬静的生活；贫富差距逐

渐拉大，积累的社会矛盾越来越突出；产业所需的知识积累和高素质人才逐渐成为发展的重要制约因素；人民对民主和权利的要求同其不成熟的思想和观念带来的认识偏差引起的社会矛盾；来自国外的各种压力逐渐增加；等等。这些因素的改变最恶劣的情况是导致国家政府动荡，政府频繁更替，政策剧烈变化，由此导致社会成本远大于社会收益，严重阻碍了经济的增长，甚至引起深度的经济衰退；较差的一种情况是阻碍了产业的调整和产业结构的升级，政府陷入“民粹主义”的泥潭，人民丧失了通过奋斗追求社会进步和经济繁荣的斗志，国家呈现缺乏生机、效率较低、矛盾重重、社会绝望的状态，经济增长停滞不前；较好的一种情况是政府洞察了存在的问题和发展的趋势，通过补足发展短板、诱致产业升级、提升民族士气、减缓民族矛盾等一系列改革，使国家在较短时间实现了经济的快速增长和社会的有效变革，成功跨越中等收入水平，步入高收入发达国家行列。

高收入发达国家的政府已经有了充分的管理经验和运行机制，产业形态已经比较成熟，且产业结构调整意识已经形成普遍共识，企业已经受了多次严峻考验，人民已经具备了较高的受教育水平，社会矛盾已经相对地调和到可以容忍的状态，因此经济增长速度和经济增长质量有着内在的一致性，速度即指示质量。

由此可见，真正的经济增长速度和质量分离的情况主要发生在中等收入阶段：有的国家经济增长速度很快，但质量很低，不能产生持续的经济增长，从而成为高收入发达国家。在这个阶段，检测经济增长质量有特殊意义和现实价值。

第三，如何界定经济增长质量？

对经济增长质量的界定基于以下几个基本理念。

首先，把概念的范畴界定清楚。经济增长质量是经济增长的质量。经济增长通常指一个国家或地区生产的物质产品和服务的持续增加，它意味着经济规模和生产能力的扩大，可以反映一个国家或地区经济实力的增长。经济增长并不必然地增加社会福利，尽管它是增加福利的一种手段。研究社会福利对应的概念是经济发展。可见，经济增长只涉及生产及其持续改变，经济增长的质量只能在其范畴内界定，即只能在生产及其持续改变的相关范畴内进行界定和测度。

其次，用动态的视野看待经济增长质量。只有持续的经济增长才能为社

会提供更多的物质产品和服务，才有利于带来更多的社会福利。如果经济增长的质量只着眼于当期经济增长，那么只能是一种事后的评价，对持续经济增长并没有预示作用；有质量的经济增长应该对未来经济增长具有一定的积累意义。因此，本研究对经济增长质量内涵的界定既包含当期经济增长的福利效应，也包含对未来经济增长的积累作用。

最后，以目标为导向厘清界定思路。经济增长的目标是能够获得更多的物质产品和服务，从而有可能增加社会福利。获得更多的物质产品和服务是直接目标，而增加社会福利是终极目标，尽管经济增长并不一定带来社会总福利的增加。研究经济增长的目标是理解经济增长规律和影响制约因素，从而有利于提供经济持续平稳增长的洞见；研究经济增长质量的目标是评价当期经济增长的福利效应，理解经济内在有利于经济进一步增长的影响因素及其作用机制。或者可以这样理解，以往经济增长理论探讨的是决定经济增长的因素和作用机制，是事前的决定理论；经济增长质量研究是试图建立一个经济增长效果的评价机制，探讨经济增长的效应对未来经济增长影响的机制和效果。

本研究对经济增长质量的界定是经济增长过程中有利于当下和未来社会福利提升的积极因素、积累的有利于未来经济增长的积极因素。

第四，与已有经济增长质量研究有何差异？

首先，本研究的理论基础借鉴了新结构经济学的基本理念。新结构经济学在对经济增长的研究中，将经济增长看作一个持续性的技术创新和产业升级的过程；其主要目的是研究长期经济增长所面临的挑战，提供一个帮助发展中国家获得经济可持续增长、实现现代化的综合性理论框架（林毅夫，2010）。新结构经济学对发展中国家经济增长质量的理论研究中，主要包括提升经济增长质量的前提、驱动力以及微观基础等内容。前提方面，经济发展过程本身是一个经济结构不断调整、不断变动的过程；相应地，经济增长是这样一个过程，即随着资本的积累，经济的要素禀赋结构不断演进，从而推动其产业结构偏离由此前的要素禀赋结构所决定的最优产业结构，其中企业为了保持市场竞争力，需要升级其产业和技术，如此又会带动要素禀赋结构的升级。由此，经济增长过程伴随经济结构及其变迁，其决定因素包括技术、产业、软硬基础设施等。经济持续增长和经济结构变迁具有四个主要的驱动力，即要素禀赋、比较优势、有为的市场和有效的政府。新结构经济学

认为，实际的经济增长方式取决于企业的行为，因为经济增长是由企业实现的，所以新结构经济学中将企业看作经济增长质量提升的微观基础，并定义了企业自生能力这一重要概念，即在一个开放、自由、竞争的市场环境中，具有正常管理水平的企业无须依靠政府或外部补助就可以预期获得一个社会可接受的正常利润水平的能力。可见，新结构经济学对经济增长研究的本身就是对经济增长质量的综合研究，其中经济结构的升级是经济增长质量提升的主要特征，而经济增长质量的提升又是要素禀赋与经济结构良性互动的结果。

其次，本研究对经济增长质量的研究采取以产业为主要对象的独特视角。以往研究经济增长质量都是从宏观层面的总量上进行测度。但是应该看到，经济增长是通过各产业的发展实现的，各产业发展的快慢决定了经济的总量及其结构。以往的测度过于宏观，以至于无法有效地描述各产业的特征与发展状况及其相应的经济结构变迁。本研究从企业的微观视角出发，从分析企业的发展动力出发，汇总到整体的结构变迁，从而形成从企业的微观发展动力，到产业的中观发展路径，到宏观的经济结构变迁。其中承上启下的部分就是产业发展，既包容了企业微观发展的特征，又构成了宏观总体的特征。而且，国家的经济政策在很多时候也是通过产业层面进行规划和实施的。因此，从产业层面分析和测度经济增长质量是非常合适的。

目　录

Contents

下篇　典型国家中等收入阶段经济增长质量案例分析

上篇

经济增长质量理论

第一章　经济增长速度特征事实与内涵界定

中等收入阶段的经济增长研究既是传统发展经济学理论体系中的空白部分，又是发展中国家发展到中等收入阶段正实际面对并急需破解的难题。从经验上来看，中等收入阶段，尤其是进入中中等收入阶段，有一部分国家经济增长速度下降，长期滞留在中等收入水平，而另一部分国家保持快速经济增长，迅速越过中等收入阶段。从这些快速越过中等收入阶段国家的发展轨迹来看，一方面，其经济结构发生了较大的改变；另一方面，其转换了经济增长动力。研究者普遍认可这两个方面对中等收入国家经济持续增长的重要性。本章从经济增长速度入手，在经济增长速度的大量文献中攫取中等收入阶段经济增长的特殊细节，然后分别从经济结构和经济增长动力两个方面进行研究来解释这个阶段出现的经济增长分叉现象，并从中找到相互影响的机制和数量关系。

第一节　经济增长速度特征事实

从国际大多数国家的发展经验来看，当前处于高收入阶段的国家（地区）在中长期有着比较稳定的中低经济增长率，在 2% ～ 3% 的水平；持续贫穷的低收入国家经济增长率为零甚至为负；处于中等收入阶段的国家，中长期面临经济增长速度从高速增长到低速增长甚至停滞的转变。从单个国家的发展阶段看，当经济水平从低收入阶段向中等收入阶段跨越时经历了高速增长的过程，进入中等收入阶段后则面临经济增长速度减缓的压力。这种增长速度有何统计特征，如何解释这一现象？中国作为世界经济

增长的重要引擎，进入中等收入阶段后表现如何、前景如何？本节致力于对上述问题的相关研究进行梳理。

一、差异比较

当一个国家（地区）的经济水平到达中等收入阶段后，一方面，存在一些共性的原因，使中等收入阶段经济增长速度整体上呈现一定的减缓趋势；另一方面，各个国家在引导经济发展方面的政策不同，使经济增长速度呈现较大差异。下面从不同组群之间的差异和内部的差异来总结中等收入阶段经济增长的特征事实。

（一）群间表现差异

如果以美国的人均收入水平为基准来划分组别，从组别上观察经济增长的差异，Bulman、Eden 和 NguyenH（2017）用 PPP 价格计算的人均 GDP 低于美国 10% 的为低收入阶段国家，在 10% ～ 50% 的为中等收入阶段国家（其中 30% 是区分低中等收入阶段和高中等收入阶段的门槛值），高于 50% 的属于高收入阶段国家。图 1–1 揭示了不同收入阶段国家经济增长的平均水平。总体来说，高中等收入阶段国家经济增速最快，其次是低中等收入阶段国家，再次是高收入阶段国家，最后是低收入阶段国家，即中等收入阶段国家平均而言比其他收入水平的国家经济增长更快，尤其是高中等收入阶段国家总体表现更明显。

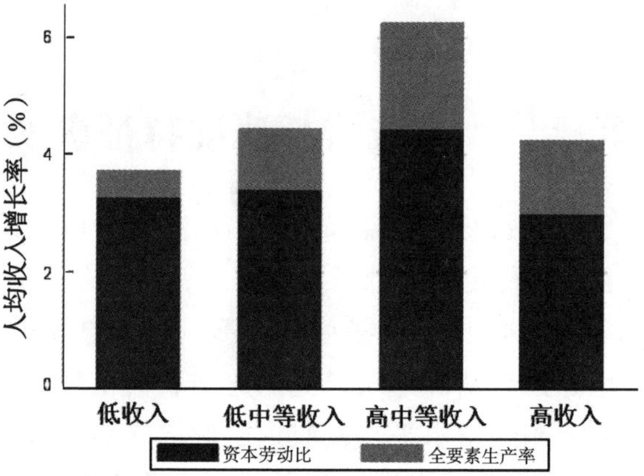

图 1–1　不同收入阶段国家经济增长的平均水平

（二）群内组间表现差异

虽然总体上中等收入阶段经济增长速度最快，但国家进入中等收入阶段后经济增长率出现较大的差异。Bulman、Eden 和 NguyenH（2017）发现有些国家（如墨西哥、马来西亚、土耳其和巴西等）经济增长率非常低，而有些国家和地区（如新加坡、中国香港、爱尔兰、日本、西班牙、中国台湾、希腊、韩国等）经济增长率比较高，如图 1–2 所示。持续的经济高增长使上述国家跨越中等收入水平而成为高收入国家，而经济增长率较低的国家在 1997 年至 2007 年与美国的收入比例保持不变。可见，总体的观察只能说明中等收入阶段有部分国家经济增长速度较快，将平均值拉高，但实际上细分中等收入阶段国家会发现也有部分国家经济增长停滞，认为进入中等收入阶段后国家的经济增长速度升高显然是不正确的，研究中等收入阶段分叉的原因有很重要的理论价值和现实意义。

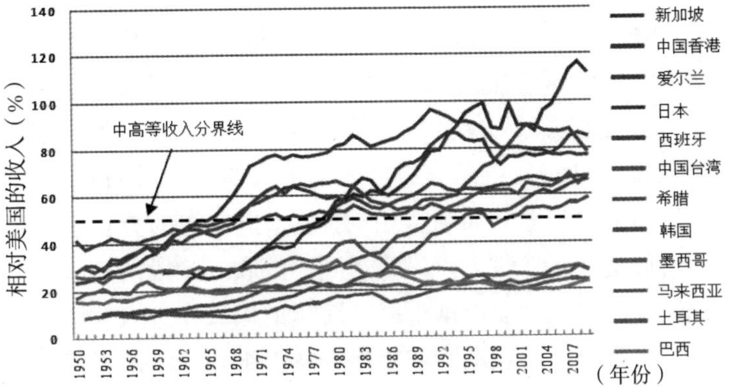

图 1–2　1950—2007 年跨越与未跨越中等收入阶段国家（地区）的动态收入

如果从地域来观察这些国家（地区），Shekhar 等（2013）发现尽管东亚国家（地区）相对拉丁美洲国家进入中等收入阶段较晚，但是经济增长速度快很多，相对成功地度过了中等收入阶段；而拉丁美洲国家平均经济增长速度比较缓慢，需要用更长的时间度过中等收入阶段，如图 1–3 所示①。更准确的描述是，东亚国家（地区）最成功，南亚国家成功潜力较大，而拉丁美洲国家则不成功。那么，这种结果是地域上的偶然性导致的，或是地理空

---

① 以 2005 年 PPP 价格的 3 000 美元为中等收入门槛，横轴代表进入中等收入阶段的年数，纵轴代表用 2005 年 PPP 价格计算的人均 GDP 水平。

间上的经济外部性导致的，还是文化、政治的区域相似性导致的呢？

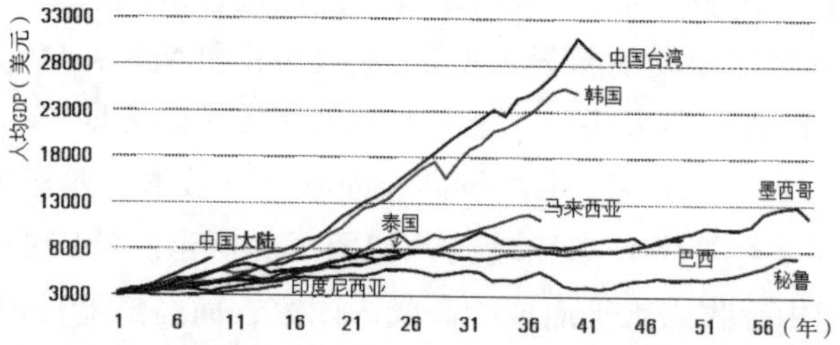

图 1-3　国家（地区）人均收入水平与进入中等收入阶段时长关系

进一步研究发现，国家间经济增长速度的差异并不是一进入中等收入阶段就开始出现的，从低收入阶段进入中等收入阶段后都会有一定时期（近20年）较高的经济增长率，但一部分国家仍然能保持这一较高的经济增长率直至跨越中等收入阶段，另一部分国家却出现了经济增长速度显著下降，从而滞留在中等收入水平。如图 1-4 所示，拉丁美洲国家在进入中等收入阶段后近 20 年也有较高的经济增长率，但随后经济增长速度有明显的减缓，而一些东亚国家（地区）则保持较高的经济增长速度。可见，如果进一步把中等收入阶段按照时间关系划分为进入期（大约进入后的前 20 年）和稳定期（进入期以后的中等收入阶段停留时间），国家间的分化主要出现在稳定期。可能的情形是，从低收入阶段跨越到中等收入阶段的进入期，保持经济增长惯性，但经济增长动力逐渐下降；跨越的国家在进入期通过寻找新的经济增长动力，实现经济增长动力的转换，从而维持经济高增长；滞留的国家没有实现经济增长动力转换，因而经济增长出现停滞。

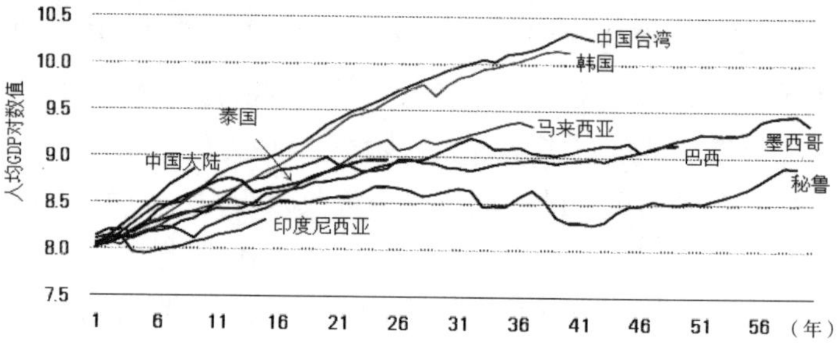

图 1-4　国家（地区）增长轨迹与进入中等收入时长关系

上述文献如果从进入中等收入阶段的时点角度来看，越晚进入中等收入

阶段的国家经济增长速度越快，跨越中等收入阶段所需的时间越短，较早进入中等收入阶段的国家所需的时间相对较长。这一关系被 Felipe（2012）证实。通过对国家进入中等收入阶段的时点与跨越中等收入阶段所需时间的定量研究，他发现进入中等收入阶段的时点越晚，跨越这个阶段所需的时间相对越短，而且低中等收入阶段相对高中等收入阶段时间缩短得更明显，即越晚进入低中等收入阶段的国家经济增长速度相对更高，高出的程度在低收入阶段更显著，如图 1–5 所示。这意味着，把中等收入阶段再细分为低中等收入阶段和高中等收入阶段，不同阶段的经济增长模式可能不同，不同年代国家在低中等收入阶段和高中等收入阶段的经济增长模式也可能不同。

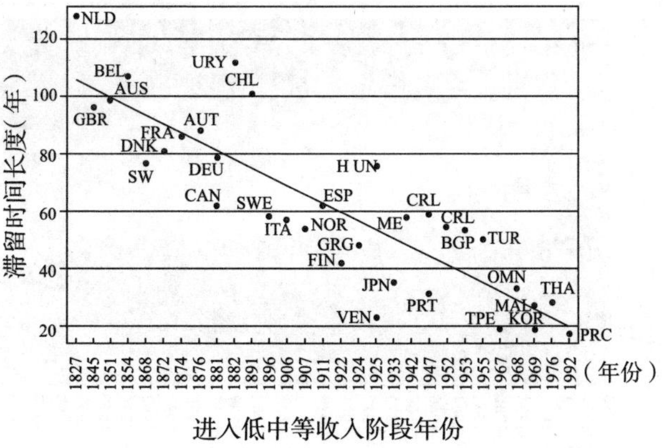

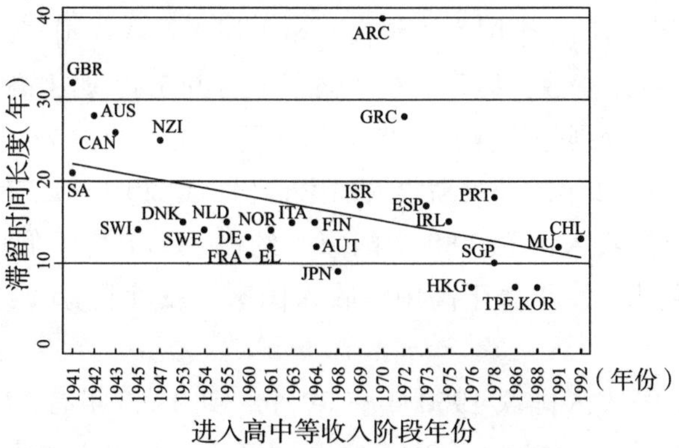

图 1–5　进入高中等收入阶段与停滞时长关系

（三）历史表现差异

近年来，跨收入阶段转移的发展中国家数量在减少。Felipe（2012）的研究表明，20世纪50年代到80年代是个变动高发期，但80年代以后仅有少量国家实现跨越。他们按照1990年PPP美元价格用三个门槛值（2 000美元、7 250美元和11 750美元）把124个国家分为四类：人均GDP低于2 000美元的属于低收入国家；2 000美元～7 250美元的属于低中等收入国家；7 250美元～11 750美元的属于高中等收入国家；高于11 750美元的属于高收入国家。按照这个标准124个国家历年的分布状况见图1-6。

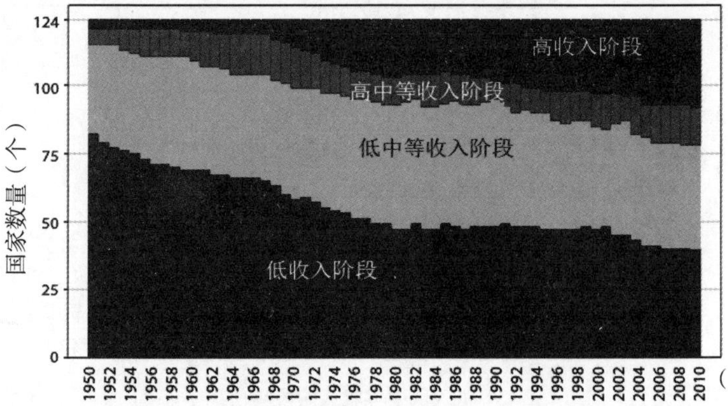

图1-6　124个国家（地区）收入分类的分布

在1950年，有82个国家（约占66%）属于低收入国家，33个国家（约占27%）属于低中等收入国家，6个国家（约占5%）属于高中等收入国家，仅有3个国家（分别是科威特、卡塔尔和阿联酋，约占2%）属于高收入国家，而美国在1962年才进入高收入国家行列。到2010年，有40个国家（约占32%）属于低收入国家，38个国家（约占31%）属于低中等收入国家，14个国家（约占11%）属于高中等收入国家，32个国家（约占26%）属于高收入国家。

其中，中等收入国家1950年有39个，到1960年有13个低收入国家变为中等收入国家，同时1个中等收入国家变为高收入国家，到1980年有22个低收入国家变为中等收入国家，17个中等收入国家变为高收入国家，中等收入国家数为56个（46个低中等收入国家，10个高中等收入国家）。1980年以后，只有少数低收入国家进入中等收入国家、少数中等收入国家

发展为高收入国家，即只有少数国家经济增长速度较快（基本上是东亚国家），其他国家基本上都处于较低的经济增长水平。从历史维度来看，20世纪80年代以后跨收入变化整体减少的主要原因是什么，跨收入变化的国家与没有变化的国家主要差异是什么？

二、经济增长速度变化及其争论

在总结与研究上述特征事实的基础上，研究者对国家进入中等收入阶段是否会出现经济增长速度下降的命题展开了争论：一方提出了经济增长速度明显下降的证据；另一方则认为经济增长速度下降证据不足。

（一）支持“中等收入阶段经济增长减速”的观点

Eichengreen、Park 和 Shin（2013）借用 Hausmann、Pritchett 和 Rodrik（2005）的思路，对经济增长速度降低进行了界定，相对应地提出了下列条件（三个不等式）[①]：

$$g_{t,t-n} \geqslant 0.035$$

$$g_{t,t-n} - g_{t,t+n} \geqslant 0.02$$

$$y_t > 10\,000$$

第一个不等式要求在第 t 期以前一个阶段人均 GDP 的平均增长率不低于 3.5%；第二个不等式要求前一阶段与后一阶段增长率之差大于 2%；第三个不等式把经济增长减速的国家（地区）限定在人均 GDP 用 2005 年不变国际 PPP 价格不低于 10 000 美元的国家（地区），就能把满足上述两个条件发生经济危机的低收入国家排除在考察对象之外。他们仿照 Hausmann、Pritchett 和 Rodrik（2005）的思路，也将 n 设置为 7。

根据以上条件，他们利用 Penn World Tables（PWT）Version6.3 的数据，对所有国家（地区）1957—2007 年的经济增长情况进行分析，得到了各个国家（地区）经济增长减速的相关信息。其中，有些国家（地区）存在连续若干年满足上述条件的情况，他们利用 Chowtest 将最显著的年份确定为经济放缓的转折点（或断点）。根据这些统计信息[②]，他们对人均 GDP 和经济增

① 这三个条件是根据 Eichengreen、Barry、Donghyun Park 和 Kwanho Shin（2014）的文章列出的，因为笔者认为在 2012 年的文章中此处存在不等式符号的错误。

② 他们在后续分析时，将依靠石油销售拉动经济增长的国家排除在外。

长减速的频次关系进行了分析，如图 1–7 所示。

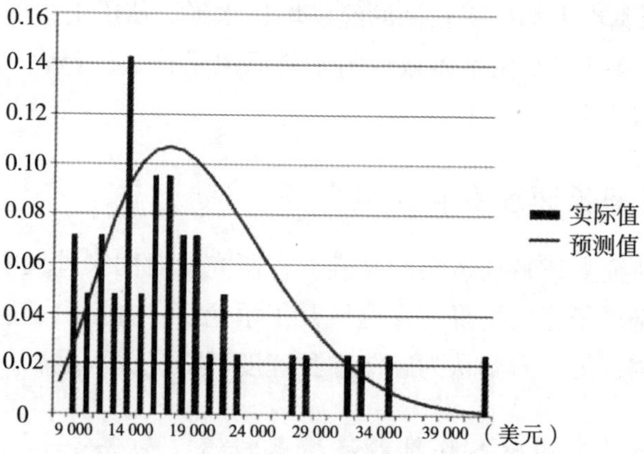

图 1–7　人均 GDP 和经济增长减速的频次关系

从图 1–7 中可以看出，当人均 GDP 达到 2005 年不变国际 PPP 价格的 16 740 美元时（中位数是 15 058 美元），经济增长减缓的频率最高。从以往的统计经验来看，无论用什么标准界定中等收入水平，处于该水平的国家都面临较大的经济增长减速的可能性。虽然统计方法和结论具有很强的说服力，但这篇文章的缺陷也显而易见：第一，标准的选取主要凭经验（尽管他们借鉴了 Hausmann 等的方法，但 Hausmann 等的方法是否科学、应用于当前的研究是否仍然合适，作者没有详细说明）；第二，缺乏理论支撑，仅从历史的统计结果得出结论不具有必然性。

针对以上两个缺陷，Aiyar 等（2013）在增长理论的框架下提出了一个界定经济增长减缓的新方法：用 2005 年不变国际 PPP 价格计算一个国家每 5 年的人均 GDP 的增长率（计算 5 年的几何平均数），利用 1955 年到 2009 年的数据可以得到 11 个数值。再利用 138 个国家的数据，把人均 GDP 的增长率对滞后一期的收入水平以及物质资本和人力资本水平进行回归。对于任何一个国家给定的任何一个时间点，回归得到的关系可以用来预测在一定收入水平和要素禀赋条件下的增长率。用实际增长率减去预测的增长率便得到第 i 个国家第 t 期的增长率残差res_t^i。如果同时满足下面两个条件，则认为该国经历了一个明显的增长减速过程。

$$rest_t^i - res_{t-1}^i < p(0.20) \tag{1}$$

$$res_{t+1}^t - res_{t-1}^t < p(0.20) \tag{2}$$

其中，$p(0.20)$表示两期残差之差（$res_t^i - res_{t-1}^i$）的分布函数 20% 分位数对应的值。式（1）表示第 t 期的残差与第 t–1 期的残差之差比其分布函数 20% 分位数对应的值还小，意味着相对预期的增长速度，实际上第 t 期比第 t–1 期的增长速度出现了显著的恶化；式（2）表明增长减速的情况并不仅仅是一次（在下一期速度有所增加），而是持续两期以上（10 年以上）。利用这一方法，作者对所有国家及其各时点（5 年期）经济增长的水平进行了研究，列出了各国经济增长速度减缓的时点，如表 1–1 所示①，Conditional Convergence（条件收敛）列，1 代表经济增长速度减缓，0 代表没有减缓。为了进行比较，作者把上述回归中影响因素的解释变量去除，仅有滞后期的收入水平作为解释变量进行回归（绝对收敛），得到的回归系数用以预测增长率。用同样的方法计算所有国家及各时点经济增长水平，将经济增长速度减缓的数据列入表 1–1 的 Absolute Convergence（绝对收敛）列，把 Eichengreen、Park 和 Shin（2011）研究的经济增长速度情况列入 Eichengreen 等（2011）这一列。

分析列表得知，条件收敛和绝对收敛得到的经济减速的相关性高达 0.97，意味着当一个国家从其条件收敛的路径上持续偏离时，经济增长速度减缓与 TFP 下降是同一个意思，但与 Eichengreen 等（2011）的结论相差很远。一个主要原因是 Eichengreen 等（2011）采用的门槛是 2005 年 PPP 价格计算的人均 GDP 水平 10 000 美元，而达到这一水平的国家大都是发达国家和石油输出国家。

表1–1　国家经济增长减速的时段

经济体	年份	条件收敛	绝对收敛	Eichengreen 等（2011）
洪都拉斯	1960—1965	1	1	0
特立尼达和多巴哥	1960—1965	1	1	0
约旦	1960—1965	0	0	0
中国大陆	1960—1965	0	0	0
澳大利亚	1960—1965	0	0	1
新西兰	1960—1965	0	0	1
西班牙	1965—1970	1	1	0
尼加拉瓜	1965—1970	1	1	0
约旦	1965—1970	1	1	0

① 完整的表有五面，考虑到篇幅有限，本处仅用一面加以说明，详细内容请参考他们的原文。

续 表

经济体	年份	条件收敛	绝对收敛	Eichengreen 等（2011）
埃及	1965—1970	1	1	0
中国香港	1965—1970	0	0	0
巴基斯坦	1965—1970	1	1	0
毛里塔尼亚	1965—1970	0	0	0
摩洛哥	1965—1970	1	1	0
尼日尔	1965—1970	0	0	0
纳米比亚	1965—1970	0	0	0
多哥	1965—1970	0	0	0
巴布亚新几内亚	1965—1970	0	0	0
澳大利亚	1965—1970	0	0	1
丹麦	1965—1970	0	0	1
日本	1965—1970	0	0	1
新西兰	1965—1970	0	0	1
美国	1965—1970	0	0	1
日本	1970—1975	1	1	0
希腊	1970—1975	0	0	1
葡萄牙	1970—1975	1	1	1
巴巴多斯	1970—1975	1	1	0
牙买加	1970—1975	1	1	0
伊朗	1970—1975	1	1	1
韩国	1970—1975	1	1	0
布隆迪	1970—1975	1	1	0
刚果（金）	1970—1975	1	1	0
加纳	1970—1975	1	1	0
科特迪瓦	1970—1975	1	1	0
马拉维	1970—1975	1	1	0
毛里塔尼亚	1970—1975	0	1	0
纳米比亚	1970—1975	1	1	0
乌干达	1970—1975	1	1	0
赞比亚	1970—1975	1	1	0
阿根廷	1970—1975	0	0	1
澳大利亚	1970—1975	0	0	1
比利时	1970—1975	0	0	1
丹麦	1970—1975	0	0	1

续　表

经济体	年份	条件收敛	绝对收敛	Eichengreen 等（2011）
芬兰	1970—1975	0	0	1
法国	1970—1975	0	0	1
爱尔兰	1970—1975	0	0	1
以色列	1970—1975	0	0	1
荷兰	1970—1975	0	0	1
波多黎各	1970—1975	0	0	1
新加坡	1970—1975	0	0	1

他们将经济增长减速的频次按照国家处于不同的收入阶段进行分类。由于对中等收入缺乏权威的认定，他们把上下门槛值按照大多文献的划分取了不同的值：下门槛分别取 2005 年 PPP 价格计算人均 GDP 水平的 1 000 美元、2 000 美元和 3 000 美元；上门槛值分别取 12 000 美元、13 000 美元、14 000 美元、15 000 美元和 16 000 美元。这一分类体系下不同收入阶段国家经济增长减速的频次如图 1–8 所示。

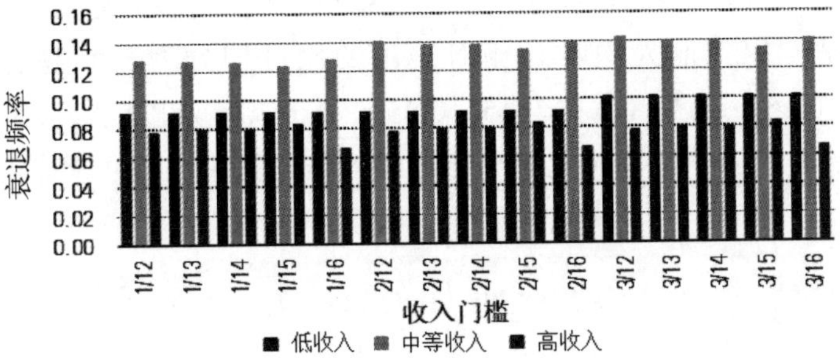

图 1–8　各门槛值界定下的增长减速频次

图中横坐标中 1/12 表示下门槛值为 1 000 美元、上门槛值为 12 000 美元时的情形，1/13 表示下门槛值为 1 000 美元、上门槛值为 13 000 美元时的情形，2/12 表示下门槛值为 2 000 美元、上门槛值为 12 000 美元时的情形，依此类推，纵坐标代表发生的频次。每一组中蓝色（左边的柱状图）代表低收入国家，橙色（中间的柱状图）代表中等收入国家，绿色（右边的柱状图）代表高收入国家。从图 1–8 中可以明显地看出，无论以何种数值为门槛值，处于中等收入水平的国家面临经济增长减速的频次均显著高于其他收入水平国家。显然，这篇文献在理论框架上和统计方法上有较大的完善，通过统计

得出的中等收入阶段面临更大的经济增长速度下降可能性的结论是可以接受的，但笼统地研究中等收入阶段的整体情况，对所有国家进行加总处理，使结论比较粗糙，理论价值和实践意义有限。

（二）不支持“中等收入阶段经济增长减速”的观点

如果说上篇文献从经济收敛的思路研究增长问题，那么 Im 和 Rosenblatt（2015）则从随机过程的思路进行研究，并且该文献进一步对中等收入水平进行了细分。他们采用 Maddison（2010）的数据，用 PPP 人均收入计算了 125 个国家从 1950 年到 2008 年的转移矩阵。

用p_{ij}表示某个国家的人均相对收入水平从第 i 种状态转移到第 j 种状态的概率，而这个过程遵循一个转移概率不随时间变化的一阶马尔科夫链。因此，有$Pr(s_t = j|\ s_{t-1} = i, s_{t-2} = k, \cdots) = Pr(s_t = j|\ s_{t-1} = i) = p_{ij}$，意味着第 t 期的状态s_t的具体值仅与第 $t-1$ 期的状态s_{t-1}有关，而与以往其他期的具体值无关。他们构造的转移矩阵为

$$Pr(s_t = j|\ s_{t-1} = i, s_{t-2} = k, \cdots) = Pr(s_t = j|\ s_{t-1} = i) = p_{ij}$$

他们把国家按照人均收入相对美国的比例划分为 5 个类别，分别是 0 ～ 0.15、0.15 ～ 0.3、0.3 ～ 0.45、0.45 ～ 0.6、0.6 及以上，分别表示低收入、低中等收入、中中等收入、高中等收入和高收入。通过计算得到以下结果，如表 1–2 所示。

表1-2　1950—2008年每10年间隔的转移矩阵

面板 1：转移总数量

	[0 ~ 0.15）	[0.15 ~ 0.3）	[0.3 ~ 0.45）	[0.45 ~ 0.6）	⩾ 0.6
[0 ~ 0.15）	356	20	0	0	0
[0.15 ~ 0.3）	25	88	23	2	0
[0.3 ~ 0.45）	1	11	19	14	3
[0.45 ~ 0.6）	0	0	4	17	11
⩾ 0.6	0	0	0	1	87

面板 2：转移矩阵

	[0 ~ 0.15）	[0.15 ~ 0.3）	[0.3 ~ 0.45）	[0.45 ~ 0.6）	⩾ 0.6
[0 ~ 0.15）	0.95	0.05	0.00	0.00	0.00
[0.15 ~ 0.3）	0.18	0.64	0.17	0.01	0.00
[0.3 ~ 0.45）	0.02	0.23	0.40	0.29	0.06
[0.45 ~ 0.6）	0.00	0.00	0.13	0.53	0.34
⩾ 0.6	0.00	0.00	0.00	0.01	0.99

面板 3：转移平均时间

	[0 ~ 0.15）	[0.15 ~ 0.3）	[0.3 ~ 0.45）	[0.45 ~ 0.6）	⩾ 0.6
[0 ~ 0.15）	20.9	146.0	63.1	75.0	69.6
[0.15 ~ 0.3）	374.5	52.3	44.3	56.2	50.8
[0.3 ~ 0.45）	723.4	127.2	106.5	34.7	28.0
[0.45 ~ 0.6）	973.4	250.0	250.0	35.6	9.6
⩾ 0.6	1061.4	338.0	338.0	88.0	1.1

表 1-2 表明两点。①中等收入国家停留在原层级的概率分别是 0.64、0.4 和 0.53，远比低收入国家和高收入国家停留在原层级的概率低得多，说明中等收入国家变动的可能性更大。②在 48 个中等收入国家中，有 14 个国家过渡到高中等收入水平，有 3 个国家过渡到高收入国家；同时，受到不利因素的影响，也有 11 个国家掉到低中等收入水平，还有 1 个成为低收入国家；低中等收入国家有一半的概率向高一级的层级过渡，也有一半的概率向下一级倒退。

从第一次转移的平均时间来看，mp45 等于 9.6 是最小的，mp45 和 mp35 之和小于 mp24 与 mp34 之和，说明从高中等收入和中中等收入跨越到高收入的平均时间小于低中等收入和中中等收入跨入高中等收入的平均时间，即进入高中等收入阶段并没有出现整体的经济增长减速现象。

进一步，文章利用 Pritchett（2000）的观点对经济增长方式进行划分：Steep hills 指转折点前后的 OLS 增长率超过 3%；Hills 指转折点前后的 OLS 增长率超过 1.5%；Plateaus 指转折点前 OLS 增长率超过 1.5%，转折点后的增长率大于 0 而小于 1.5%；Mountains 指转折点前 OLS 增长率超过 1.5%，转折点后的增长率小于 0；Plains 指转折点前后的 OLS 增长率都小于 1.5%；Accelerators 指转折点前 OLS 增长率小于 1.5%，转折点后的增长率大于 1.5%。他们把样本划分为三类：较早成为高收入国家（Initial HICs）、近期成为高收入国家（New HICs）以及停滞在中等收入的国家（“Still” MICs），进而比较其 1950 年至 2010 年经济增长方式的差异，如表 1-3 所示。

表1-3 国家（地区）分类增长方式

经济体	普通最小二乘估计增长率	波动	平均 GDP 增长差异	最低 GDP	初始 GDP 比美国 GDP	最终 GDP 比美国 GDP	增长模式
最初的高收入经济体							
澳大利亚	0.022	0.033	0.001	3.414	0.775	0.812	Hills
比利时	0.026	0.075	0.005	4.331	0.571	0.759	Hills
加拿大	0.022	0.060	0.001	3.465	0.763	0.810	Hills
丹麦	0.023	0.064	0.001	3.549	0.726	0.790	Hills
法国	0.025	0.100	0.005	4.285	0.542	0.713	Hills
荷兰	0.024	0.068	0.004	4.118	0.627	0.792	Hills
新西兰	0.014	0.046	−0.007	2.437	0.884	0.598	Plateaus

续　表

经济体	普通最小二乘估计增长率	波动	平均 GDP 增长差异	最低 GDP	初始 GDP 比美国 GDP	最终 GDP 比美国 GDP	增长模式
瑞典	0.021	0.082	0.002	3.606	0.708	0.783	Hills
瑞士	0.015	0.082	−0.003	2.770	0.948	0.805	Plateaus
英国	0.021	0.024	0.001	3.421	0.726	0.762	Hills
平均值	0.021	0.063	0.001	3.540	0.727	0.762	
新的高收入经济体							
澳大利亚	0.030	0.110	0.012	6.511	0.388	0.774	Hills
爱沙尼亚	0.050	0.129	0.020	2.477	0.466	0.640	Accelerators
芬兰	0.029	0.088	0.010	5.723	0.445	0.781	Hills
德国	0.025	0.131	0.009	5.360	0.406	0.667	Plateaus
希腊	0.034	0.169	0.017	8.544	0.200	0.525	Hills
中国香港	0.049	0.097	0.027	14.293	0.232	1.017	Steep hills
爱尔兰	0.037	0.103	0.016	8.080	0.361	0.895	Steep hills
以色列	0.031	0.152	0.012	6.367	0.295	0.575	Hills
意大利	0.029	0.128	0.010	5.685	0.366	0.639	Hills
日本	0.042	0.239	0.023	11.879	0.201	0.732	Hills
新加坡	0.051	0.141	0.025	12.856	0.232	0.902	Steep hills
斯洛文尼亚	0.036	0.054	0.013	1.951	0.468	0.583	Steep hills
韩国	0.059	0.105	0.036	24.922	0.089	0.629	Steep hills
西班牙	0.037	0.122	0.018	9.003	0.229	0.632	Steep hills
中国台湾	0.059	0.095	0.035	22.851	0.096	0.671	Steep hills
平均值	0.040	0.124	0.019	9.767	0.298	0.711	
仍处于中等收经济体							
玻利维亚	0.008	0.103	−0.013	1.878	0.201	0.095	Plateaus
保加利亚	0.020	0.227	0.010	5.382	0.173	0.285	Plateaus
巴西	0.023	0.135	0.003	3.846	0.175	0.206	Plateaus
智利	0.020	0.145	0.003	3.593	0.384	0.423	Accelerators
哥斯达黎加	0.021	0.094	0.004	4.117	0.205	0.258	Hills
古巴	0.006	0.147	−0.008	2.037	0.214	0.121	Accelerators
吉布提	−0.008	0.148	−0.023	1.149	0.157	0.040	Plains
危地马拉	0.013	0.104	−0.007	2.243	0.218	0.143	Plateaus
匈牙利	0.018	0.134	0.003	3.831	0.259	0.305	Hills
约旦	0.018	0.161	0.003	3.509	0.174	0.183	Plateaus
黎巴嫩	0.007	0.159	−0.007	2.300	0.254	0.143	Accelerators

续 表

经济体	普通最小二乘估计增长率	波动	平均 GDP 增长差异	最低 GDP	初始 GDP 比美国 GDP	最终 GDP 比美国 GDP	增长模式
马来西亚	0.039	0.101	0.013	7.284	0.163	0.330	Steep hills
毛里求斯	0.032	0.122	0.011	5.836	0.260	0.466	Hills
纳米比亚	0.009	0.110	–0.007	2.116	0.226	0.147	Plateaus
尼加拉瓜	–0.009	0.236	–0.017	1.308	0.169	0.054	Mountains
巴拿马	0.021	0.130	0.002	3.605	0.200	0.214	Hills
巴拉圭	0.016	0.133	–0.008	2.204	0.166	0.106	Plains
秘鲁	0.007	0.141	–0.005	2.335	0.241	0.173	Hills
波兰	0.020	0.129	0.005	4.152	0.256	0.326	Hills
葡萄牙	0.036	0.124	0.014	6.919	0.218	0.463	Hills
波多黎各	0.034	0.119	0.014	7.031	0.224	0.483	Hills
塞舌尔	0.024	0.100	0.001	3.195	0.200	0.196	Mountains
新加坡	0.051	0.141	0.025	12.856	0.232	0.902	Steep hills
南非	0.007	0.110	–0.010	1.891	0.265	0.154	Plateaus
土耳其	0.026	0.060	0.008	4.970	0.170	0.259	Hills
平均值	0.018	0.132	0.001	3.983	0.216	0.259	
美国	0.021	0.032	0.000				
所有经济体	0.017	0.138	–0.001				

从统计数据来看，Initial HICs 没有 Steep hills 的增长方式，“Still” MICs 几乎没有 Steep hills 的增长方式，而在 New HICs 中有 7 个 Steep hills 的增长方式；平均而言，Initial HICs 的增长速度最低，New HICs 较高，“Still” MICs 最高；Initial HICs 的 GDP 最终值与最小值比值的平均值大约为 3.5，New HICs 的平均值约为 9.9，“Still”MICs 的平均值大约为 3.9。可见，“Still”MICs 的经济增长方式、GDP 的最终值与最小值比值与 Initial HICs 没有显著差异，且前者的平均增长速度快于后者，因此不支持进入中等收入阶段后必然经济增长减速的观点。虽然这篇文献较前一篇文献研究又细致了一些，但在研究经济增长速度时，只考虑了收入在各阶段转移的国家的情况，而忽视了滞留在各阶段的国家的情形。尽管结论从横向比较的层面能够说明高中等收入阶段有很多国家（发生了转移的国家）经济增长速度并不低于其他阶段国家，中等收入阶段并不必然导致经济增长速度较低，但不能说明滞留的国家经济增长速度是否比其他情形的增长速度低，滞留的国家增长速度是否相对自己

增长速度下降，跨越的国家是否相对自己增长速度下降。

相对上述文献从各个阶段的统计性质来比较经济增长在各阶段的变化特征，Bulman、Eden 和 Nguyen（2017）试图从全体样本的整体特征来把握各阶段的差异，他们猜想如果中等收入阶段呈现经济增长速度下降的趋势，那么经济增长速度的整体分布会呈现一个“U 形”，即低收入阶段和高收入阶段相对美国 GDP 的值较高，中等收入阶段的相对值较低。他们描绘了各个国家各个时点（1960 年、1970 年、1980 年、1990 年和 2000 年）的相对美国收入水平的对数值与观察时点后 10 年收入的平均增长水平关系散点图，如图 1–9 所示。但从图 1–9 中没有看到这种情形。可见，中等收入阶段本身并不必然导致经济增长速度减慢。

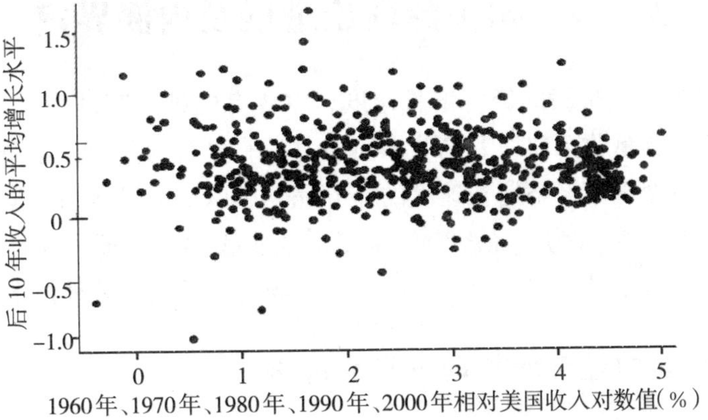

图 1–9 各国（地区）分时点初始收入与增长率散点图

基于以上特征事实，在把处于中等收入阶段的国家分组，并按照时间、收入水平进一步细分的情况下，我们觉得上述争论并不存在矛盾，可以总结为以下结论：第一，国家处于中等收入阶段的整体经济增长速度不低于其他阶段；第二，1950 年前的高收入国家平均经济增长速度最慢，1950 年以后跨越中等收入阶段的国家平均经济增长速度较快，而 1950—2008 年停留在中等收入阶段的国家平均经济增长速度最快；第三，当国家进入中中等收入阶段，有一些国家的经济增长速度（相对于低中等收入阶段）下降，总体来看，这个阶段经济增长速度（相对自己）下降的国家数量和频次相对较高；第四，中中等收入阶段可能是一个分叉口，有一些国家的经济保持高速增长，成功跨越中等收入阶段，而另一些国家经济增长速度下降，停留在中等

收入阶段。一方从绝对量上看，横向比较认为中等收入阶段国家的经济增长速度仍然是最高的，中等收入阶段并不是减速的阶段；另一方从概率意义上看，纵向比较中等收入阶段国家的经济增长速度相对自己下降的国家数量和比例是最高的，中等收入阶段是减速风险最高的阶段。

虽然从分析中看出，两者的结论都成立且并不矛盾，但我们认为后者结论的现实警示作用更强。因为前者“乐观”地认为中等收入阶段平均经济增长速度最高，原因可能是经济增长得最快的一些国家拉动经济增长慢的国家，而后者“悲观”的结论则警告发展中国家，防止走入经济增长减速的岔路，否则将长期停滞于中等收入阶段。

第二节　相关的理论进展及内涵界定

关于中等收入阶段的经济增长速度，主要有两种研究进路：一种认为，中等收入阶段与低收入阶段和高收入阶段并没有显著的差异，遵循相同的经济规律，对各个国家经济增长速度的差异完全可以借助经典的经济增长理论进行研究；另一种认为，经济增长速度呈现非线性的特征，存在不同的路径，当经济体处于某一门槛值水平以下时，经济增长陷入某种低水平陷阱。

一、经典的经济增长理论研究进路

采用经典的经济增长理论研究中等收入经济增长速度的研究者通常认为受到边际报酬递减规律的影响，国家进入中等收入阶段后，经济增长速度趋于减缓。但经典的无条件收敛假设得不到经验的支持，研究者提出了一些改进的方法。

Roy、Kessler 和 Subramanian（2016）把经典收敛理论中相对于自身的无条件收敛调整为相对固定对象的收敛。根据经典的索洛模型，绝对收敛可以用$\dot{y}_t = a + b * y_{t-1} + \varepsilon$回归分析，$y_{t-1}$表示初始的人均 GDP 水平，$\dot{y}_t$表示在时点 t 内的人均 GDP 的增长率，b 表示绝对收敛系数，散点图及回归的拟合线如图 1-10 所示（分为三个时间段），细线代表回归拟合线，粗线代表美国的增长率水平。从图 1-10 中可以看出，细线的斜率要么是向上倾斜的，要么是水平的，都否认了绝对收敛的假说。

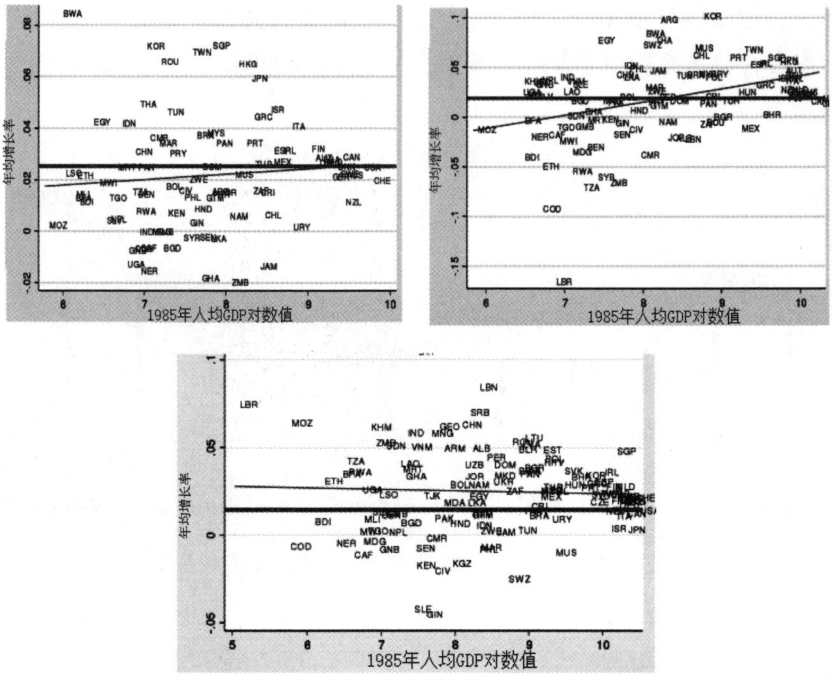

图 1-10 分时各国（地区）人均 GDP 与经济增长散点图

但他们从中发现了两个重要的现象：有些国家的经济增长速度比众多发达国家经济增长速度更快，尤其是较近的一段时期；这些国家大部分都不是最穷的那些国家，而是中等水平的国家。他们认为根据上述索洛的方法研究收敛（简称 S-convergence，S 收敛）可能不够合理，掩盖了一些国家真实收敛的特征。

他们提出了 Wildeconvergence 的概念（简称 W-convergence，W 收敛），把一个国家的收敛水平与一个收入处于领先水平（the economic frontier）的固定对象联系在一起（如以美国作为不变的参照对象），从而延伸了绝对收敛的研究方法。当一个国家比固定对象经济增长得快时，认为该国呈现 W 收敛。W 收敛有利于展现被 S 收敛掩盖的现象，例如，它有利于区分被混在一起的两个相关的概念，即收敛的宽度和收敛的加速，前者用以指示收敛国家的数量，后者用以指示在某些时点以何种更高的速率在增长。

利用 Maddison、PWT 和 WDI 三个数据库，作者分别从国家层面（见图 1-11）、居民层面（见图 1-12）进行了定量分析。其中，实线代表 W 收敛的收敛系数均值，阴影代表标准差，虚线代表 S 收敛的收敛系数均值，绿色

柱体代表收敛的宽度（收敛国家的比例）。需要补充说明的是，为了方便看图，作者将收敛系数的值取了相反数，在这种情况下，正值代表收敛，负值代表分叉。

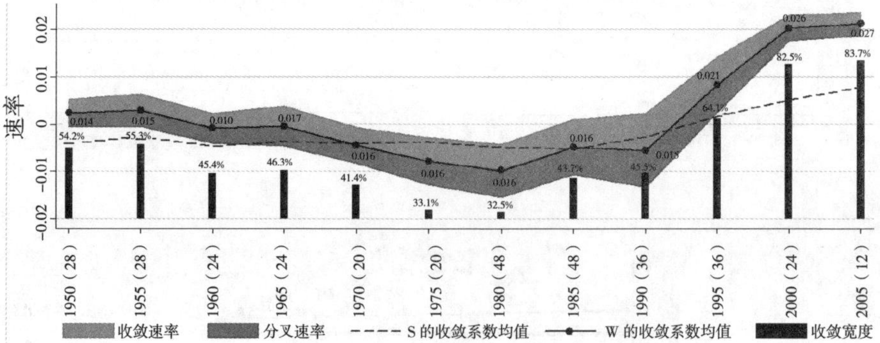

图 1-11　国家层面分时 S 收敛、W 收敛的收敛系数

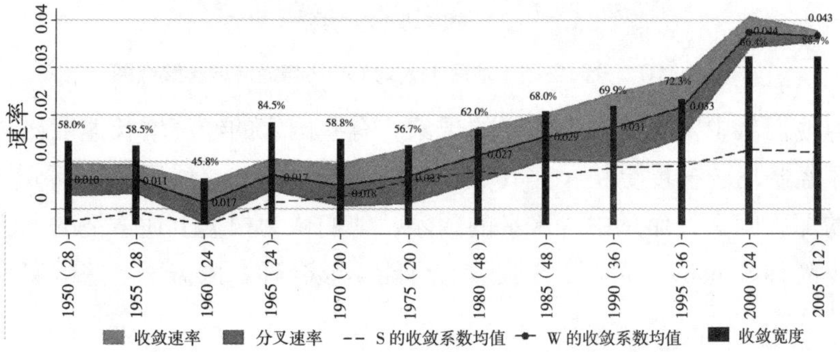

图 1-12　居民层面分时 S 收敛、W 收敛的收敛系数

图 1-11 说明，从 1985 年开始，越来越多的国家向美国收敛（从 1985 年的 43.7% 到近期的约 85%），而且收敛的速度整体上呈现加速的趋势，从 20 世纪 80 年代的 1.6% ～ 1.7% 到 2005 年的 2.7%。以 2.7% 的平均速度增长意味着赶上美国的半程时间大约为 25 年，不像 S 收敛预测的时间（半程约 90 年）那么悲观。

图 1-12 说明，如果发展中国家收入分布不发生改变，那么从人均量上来看，赶超的宽度和速度更加客观。从人均 GDP 的角度来看，收敛的速度从 1970 年的 2.0% 上升到近期的 4.2%，比 S 收敛的速度快得多。

利用上述的绝对收敛框架，他们进一步验证了中等收入阶段是否存在经济增长的减速问题。他们提出以下两点检验：中等收入国家的经济增长速度是否与其他收入水平的平均增长速度存在显著差异，一个国家由中等收入阶段进入高收入阶段的经济增长速度是否与其从低收入阶段进入中等收入阶段存在明显的减缓趋势？他们在上述回归方程中加入中等收入的虚拟变量，并改变取样的规则：前者取所有国家，后者取发达国家和中等收入国家，回归模型如下：

$$y_t = a + b \times y_{t-1} + a_{mid} \times Mid_{t-1} + \varepsilon$$

其中，Mid_{t-1} 表示中等收入的虚拟变量，回归的结果如图 1–13 所示。图 1–13 从国家层面研究中等收入阶段是否比其他阶段经济增长速度减缓。从图 1–13 中可以看出，显著低于其他阶段的仅为 1980 年和 1990 年，且国家比例仅为 21%，说明从国家层面看不支持中等收入阶段经济增长减速的观点。图 1–14 从国家层面研究从中等收入阶段进入高收入阶段是否比从低收入阶段进入中等收入阶段经济增长速度减缓。从图 1–14 中可以看出，的确存在很多年份这样的情形，说明这一过渡的确相对困难。但值得注意的是，首先，自 1995 年以后经济增长速度减缓的过程消失，中等收入过渡的速度快于摆脱低收入阶段的速度，否认存在持续的经济增长速度减缓过程；其次，经济增长速度减缓的国家比例即使在 1980 年最高峰时也仅有 22%，大部分国家减速并不显著。由此两点，从国家层面认为必然存在中等收入过渡的减速是不成立的。

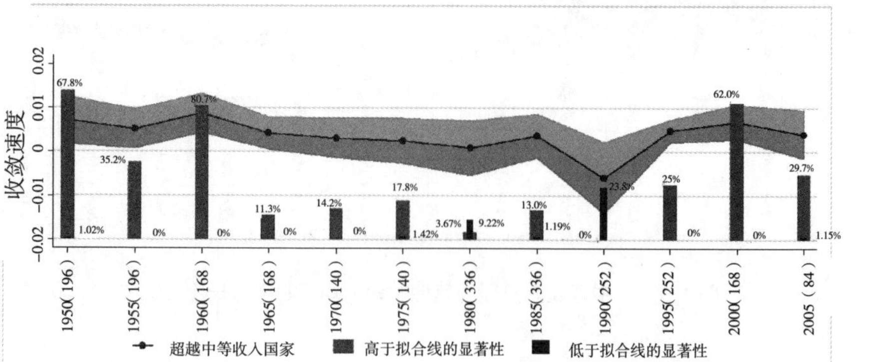

图 1–13　中等收入阶段与其他阶段经济增长速度比较

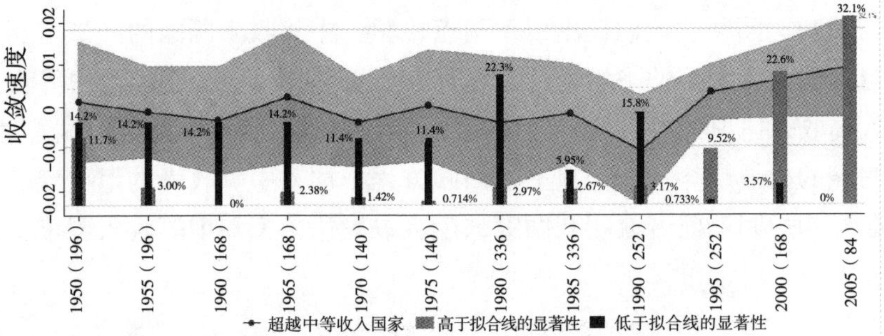

图 1-14 跨越中等收入阶段与进入中等阶段经济增长速度比较

图 1-15 从居民层面研究中等收入阶段是否比其他阶段经济增长速度减缓。从图 1-15 中可以看出，自 1990 年以来，人均 GDP 呈现收敛趋势，且收敛速度加快，否定中等收入阶段经济增长减速的观点；图 1-16 从居民层面研究从中等收入阶段进入高收入阶段是否比从低收入阶段进入中等收入阶段经济增长速度减缓。从图 1-16 中可以看出，自 1995 年以后经济增长速度减缓的过程消失，中等收入过渡的速度快于摆脱低收入阶段的速度，否认存在持续的减缓过程。可见，从居民层面也不支持中等收入过渡必然发生经济增长减速的观点。

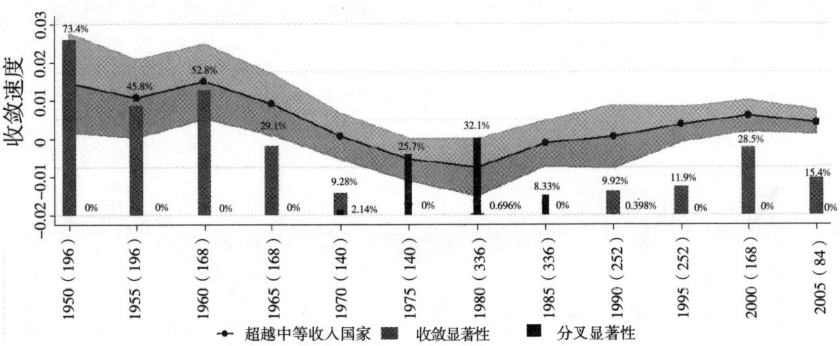

图 1-15 中等收入阶段与其他阶段人均 GDP 增长速度比较

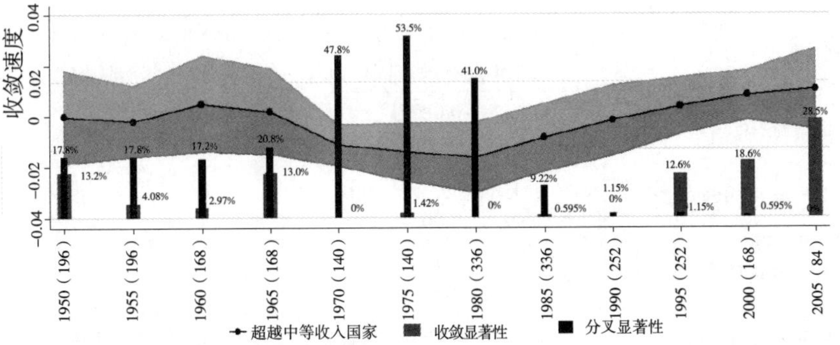

图 1-16　跨越中等收入阶段与进入中等阶段人均 GDP 增长速度比较

Barro（2016）不同意绝对收敛的假设，认为有两类变量影响经济增长速度：一类是人均 GDP 变量；另一类是一组“X”控制变量，包括一些人口特征、制度特征以及经济特征等变量。绝对收敛只考虑第一类变量，而忽视第二类变量，而这些变量对经济增长影响的经验证据是显著且稳健的。他分别利用两组数据对一系列国家长期的经济增长水平进行回归研究。第一组数据包括 89 个国家从 1960 年至 2010 年的相关信息，第二组数据包括 28 个国家从 1870 年至 2010 年的相关信息。两组数据各有优缺点，可以起到相互补充的作用，第一组数据包括的国家数量较多，但时间相对较短，第二组数据涵盖的时间较长，但收集的国家数量较少，如表 1-4 所示。两组数据均表明，人均 GDP 的滞后项在 1% 的水平上均显著，支持条件收敛的特征，第一组数据表明条件收敛的速度为 1.7%，第二组数据的条件收敛速度为 2.6%，他认为收敛的速度应该在两者之间，因而支持收敛速度大约为 2% 的铁律。

表1-4　跨国的增长回归

模型 / 变量	（1）	（2）
	89 个国家 1960 年至 2010 年中每隔 5 年没有国家固定效应	28 个国家 1870 年至 2010 年每隔 5 年有国家固定效应
滞后的人均 GDP 对数值	−0.0170** （0.0021）	−0.0262** （0.0041）
出生时预期寿命的倒数	−3.09** （0.58）	—

续 表

模型 变量	（1）	（2）
	89 个国家 1960 年至 2010 年中每隔 5 年没有国家固定效应	28 个国家 1870 年至 2010 年每隔 5 年有国家固定效应
生育率的对数值	−0.0277** （0.0043）	—
法治指数	0.0157** （0.0054）	—
投资比率	0.031* （0.012）	—
女性上学年限	0.0024 （0.0014）	−0.0026 （0.0025）
男性上学年限	−0.0028 （0.0015）	−0.0009 （0.0026）
政府消费比例	−0.026 （0.023）	—
开放的比率	0.0056* （0.0025）	—
贸易项的变化	0.117** （0.026）	—
民主指数	0.029 （0.015）	−0.032 （0.019）
民主指数的平方	−0.028* （0.014）	0.034* （0.017）
通货膨胀率	−0.0180** （0.0042）	—
决定系数	0.33	0.26
回归的标准差	0.024	0.026
国家数量；观察样本量	89；841	28；727

注：* 表示 10% 的置信水平，** 表示 5% 的置信水平。

Barro 认为，经济增长速度的下降是源于经济收敛的特征，不存在一些损害经济过渡的阻碍因素；中等收入阶段收敛成功要求在连续 24 年里保持平均增长率在 2.9% 以上，本来就是一件很有挑战的事情，因为通常的平均增长率只有 2.0% 左右。他认为，没有证据表明中等收入阶段的增长方式与

其他阶段有显著差异。

虽然经典的绝对收敛假设在国家层面得不到经验支持，但在某些部门层面却成立。Rodrik（2012）认为，如果将经济作为一个整体来看，经验的证据不支持国家间的绝对收敛现象，例如，东亚国家经济增长得快，较贫困的国家并未呈现整体上比富国经济增长得快的趋势。作者通过研究发现经济中现代部门呈现绝对收敛的特征，例如，制造业中的劳动生产率就整体上呈现绝对收敛的特征。在对 118 个国家的经验研究中，得到的绝对收敛系数高达 2.9%。如果将制造业生产部门进一步细分，则可能得到更高的收敛系数值。

Rodrik（2012）假定$\hat{y}_{ijt} = \hat{v}_{ijt} - \pi_{ijt}$，$\hat{y}_{ijt}$表示实际的劳动生产率的增长率，$i$表示具体的产业，$j$ 表示具体的国家，t 表示具体的年份，$\hat{v}_{ijt}$表示名义的劳动生产率的增长率，π_{ijt}表示产业层面的价格缩减指数。他们假定产业的实际劳动生产率是由国别条件(D_j)和收敛效应两部分决定的，而收敛效应又由一个国家的初始生产力(v_{ijt})与前沿国家技术水平(v_{it}^*)之差（取对数后的差）决定，即$\hat{v}_{ijt} = -\beta lnv_{ijt} + D_{it} + D_j + \varepsilon_{ijt}$。最后，假定$\pi_{ijt} = \pi_{it} + \varepsilon_{ijt}$，意味着国家产业层面的价格变动水平由全球该产业的通胀水平和国家异质的随机误差构成。将上述思想整理得$\hat{v}_{ijt} = -\beta lnv_{ijt} + (\pi_{it} + \beta lnv_{it}^*) + D_j + \varepsilon_{ijt}$；将$(\pi_{it} + \beta lnv_{it}^*)$看成是产业与时间层面的固定效应$(D_{it})$，则有$\hat{v}_{ijt} = -\beta lnv_{ijt} + D_{it} + D_j + \varepsilon_{ijt}$，即名义的劳动生产率的增长率$(\hat{v}_{ijt})$由国家的初始生产力水平$(v_{ijt})$以及产业与时间层面的固定效应$(D_{it})$和国家层面的固定效应$[y = \alpha y_m + (1-\alpha) y_n]$决定。

利用联合国工业发展组织（UNIDO）的 INDSTAT2 和 INDSTAT4 两个数据库，选用不同的数据和方法进行回归，得到的结果见表 1–5。

表1-5　多模型回归结果

基础模型		基础模型（1990 年后数据）		1995 年至 2000 年横截面		面板			
（1）	（2）	（3）	（4）	（5）	（6）	（7）	（8）	（9）	（10）
−0.029*** （0.004）	−0.054*** （0.006）	−0.029*** （0.004）	−0.057*** （0.006）	−0.024*** （0.004）	−0.059*** （0.010）	−0.018*** （0.003）	−0.060*** （0.005）	−0.019*** （0.006）	−0.055*** （0.007）
								0.000 （0.006）	−0.009 （0.006）
								0.016* （0.009）	0.008 （0.007）
								−0.006 （0.007）	−0.011 （0.009）
否	是	否	是	否	是	否	是	否	是
是	是	是	是	是	是	是	是	是	是
是	是	是	是	是	是	是	是	是	是
是	是	是	是	是	是	是	是	是	是
118	118	104	104	58	58	99	99	99	99
2 122	2 122	1 861	1 861	955	955	3 848	3 848	3 848	3 848

注：$^{***}p < 0.01$，$^{***}p < 0.05$，$^{*}p < 0.10$。

上述回归结果和图 1–17 都表明，产业层面的绝对收敛是非常显著的。在国家层面上加总制造业劳动生产率的绝对收敛特征也是非常明显的。

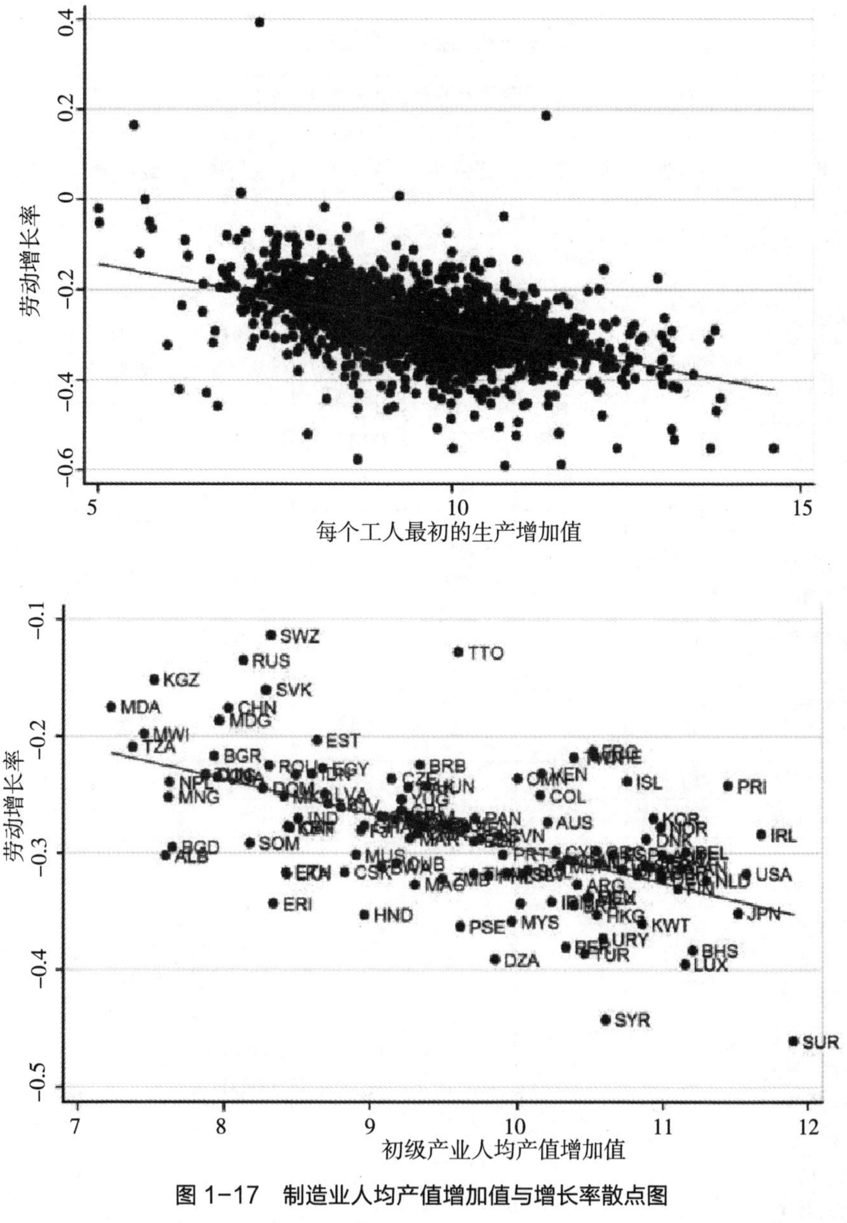

图 1–17　制造业人均产值增加值与增长率散点图

但是整体经济水平却不能收敛。从表 1–6 的回归可以看出，当把工业分

为制造业和非制造业时，非制造业部门并不呈现绝对收敛的特征（收敛系数非常小，跟0差异不大）；制造业的就业比重（Alpha）非常显著，说明制造业的比重在解释收敛方面是非常重要的。

表1-6　经济结构和收敛

因变量：劳动生产率增长							
变量＼模型	(1) 制造业	(2) 非制造业	(3) 经济体	(4) 经济体	(5) 经济体	(6) 经济体	(7) 经济体
面板A：1995—2005年跨部门							
制造业初始生产率的对数值	-0.020^{***} (0.006)			-0.026^{***} (0.009)	-0.015^{*} (0.008)	-0.013^{***} (0.004)	
非制造业初始生产率的对数值		−0.002 (0.003)		0.015^{**} (0.006)	0.002 (0.007)		
人均GDP初始生产率的对数值			−0.003 (0.003)				-0.010^{***} (0.003)
制造业的就业份额					0.290^{***} (0.003)	0.311^{***} (0.071)	0.386^{***} (0.093)
时期固定效应	是	是	是	是	是	是	是
国家数量	61	61	61	61	61	61	61
样本数量	61	61	61	61	61	61	61
面板B：面板特征							
制造业初始生产率的对数值	-0.010^{***} (0.003)			-0.023^{***} (0.005)	-0.010^{*} (0.005)	-0.011^{***} (0.003)	
非制造业初始生产率的对数值		0.002 (0.002)		0.016^{***} (0.004)	−0.002 (0.005)		
人均GDP初始生产率的对数值			0.003 (0.002)				-0.009^{***} (0.003)

续　表

因变量：劳动生产率增长							
变量＼模型	(1) 制造业	(2) 非制造业	(3) 经济体	(4) 经济体	(5) 经济体	(6) 经济体	(7) 经济体
制造业的就业份额					0.309*** (0.049)	0.297*** (0.034)	0.344*** (0.043)
时期固定效应	是	是	是	是	是	是	是
国家数量	95	95	95	95	95	95	95
样本数量	234	234	234	234	234	234	234

注：$^{***}p<0.01$，$^{***}p<0.05$，$^{*}p<0.10$。

笔者把产出用劳动力数量加权的制造业和非制造业产出表示，即 $y=\alpha y_m+(1-\alpha)y_n$，$y$ 表示产出，下标 m 指示制造业，n 指示非制造业。可得 $\hat{y}=\alpha\theta_m\hat{y}_m+(1-\alpha)\theta_n\hat{y}_n+(\theta_m-\theta_n)d\alpha$，$\hat{y}$ 表示 y 的增长率，θ_m 和 θ_n 分别表示制造业和非制造业产值所占比重。笔者根据前面的经验研究假设：非制造业的增长率为 $\hat{y}_n=g$，制造业的增长率为 $\hat{y}_m=g+\beta(\ln y^*-\ln y_m)$，其中 y^* 表示制造业最高生产率的水平，g 表示长期稳态增长率，进而结果见 $\hat{y}=g+\alpha\theta_m\beta(\ln y^*-\ln y_m)+(\theta_m-\theta_n)d\alpha$。再令 $\Delta\equiv(\theta_m-\theta_n)d\alpha$，表示制造业部门就业份额相对非制造业部门的增加对生产率的促进作用，回归结果见表 1–7。

表1–7　各收入分位上预测的增长率

变量＼模型	(1)	(2)	(3)	(4)	(5)	(6)	(7)
	α	θm	lny α −lnym	制造业增长 β×（3）	总体收敛项 （1）×（2）×（4）	Δ	预计总体增长 （5）+（6）
100% 分位	0.027 8	7.745 1	3.516 0	7.09%	0.67%	−0.001 6	0.51%
90% 分位	0.073 9	3.491 3	3.328 7	6.71%	0.84%	−0.005 3	0.32%
80% 分位	0.048 8	4.304 1	3.044 0	6.14%	0.42%	−0.000 4	0.38%
70% 分位	0.073 1	3.714 2	2.516 6	5.07%	1.06%	−0.000 5	1.01%
60% 分位	0.096 4	2.525 2	2.394 0	4.83%	0.69%	−0.000 3	0.66%
50% 分位	0.079 4	2.856 2	1.819 4	3.67%	0.62%	−0.000 7	0.55%

续 表

模型 / 变量	(1)	(2)	(3)	(4)	(5)	(6)	(7)
	α	θm	$\ln y\alpha - \ln ym$	制造业增长 $\beta\times$（3）	总体收敛项 (1)×(2)×(4)	Δ	预计总体增长 (5)+(6)
40% 分位	0.130 7	2.021 8	1.792 2	3.61%	0.62%	−0.000 3	0.60%
30% 分位	0.141 5	1.376 8	1.145 9	2.31%	0.37%	−0.000 7	0.31%
20% 分位	0.138 5	1.444 0	0.706 1	1.42%	0.17%	0.000 1	0.18%
10% 分位	0.154 1	1.206 4	0.290 9	0.59%	0.09%	−0.000 6	0.03%

从表 1–7 第 6 栏可以看出，分配效应是非常小的（甚至是负的），而且不会随着收入水平的变化而发生显著的改变。理论上讲，如果劳动力能因为边际报酬差异在部门间快速流动，再分配效应应该对收敛的作用是显著的。制造业和非制造业的劳动生产率在最低分位（按制造业增速分位）上的差异是 300% ～ 700%。即使 α 每年增加 0.5%，最穷的国家经济也会增长 2.5%，也会出现收敛的情况。但事实上 α 的变化很小，有时甚至是负的。

以上的分析可以说明制造业部门收敛而经济整体不收敛的原因：第一，贫困国家往往存在人力资源的流动障碍，劳动力无法在产业间有效流动；第二，制造业在贫困国家的比例很低，制造业的收敛不足以带动整体经济的收敛。由此得出的推论是，成功的经济体往往一方面实现了正规制造业部门劳动生产率的提高；另一方面有效地推行工业化，加大制造业在经济总量中的比重，而不成功的经济体通常只能做到前者。

Ito（2017）认为，经济增长在整个时间段上虽然不收敛，但如果划分为不同阶段，则在各个阶段上呈现收敛的特征。文章以两次金融危机（1997—1998 年的亚洲金融危机和 2008—2009 年的全球金融危机）为时点把 1985 年到 2015 年的亚洲各国经济增长情况划分为三个时期，如表 1–8 所示，其中 AFC 表示亚洲金融危机，GFC 表示全球金融危机。从表 1–8 中可以看出，三个时期的人均 GDP 增长率整体上呈现递减的趋势，即$g(1985—1996) > g(1999—2007) > g(2010—2015)$。

表1-8　各时期平均增长率

单位：%

时期 / 国家（地区）	AFC 以前 1985—1996 年	危机期 1999—2007 年	GFC 以后 2010—2015 年
中国香港	4.8	4.7	2.2
日本	2.8	1.4	0.9
韩国	8.2	4.8	2.5
新加坡	5.7	4.4	2.1
中国台湾	7.1	4.3	2.5
马来西亚	5.5	3.3	3.5
印度尼西亚	5.9	3.6	4.0
泰国	7.6	4.4	2.4
菲律宾	1.3	3.0	4.0
柬埔寨	NA	7.7	5.5
老挝	2.2	5.1	5.8
缅甸	NA	12.1	6.8
越南	4.8	5.9	4.8
中国大陆	8.6	9.8	7.3
印度	3.6	5.4	5.0

笔者进一步把亚洲国家（地区）按照收入水平划分为三个群，群 1 代表高收入国家（地区），群 2 代表中等收入国家，群 3 代表低收入国家。由于对菲律宾和印度尼西亚两个国家的分群存在不确定性（应该划入中等收入国家，还是划入低收入国家，或者某些时点划入中等收入国家，另外一些时点划入低收入国家），所以又分三种情况进行研究。利用分群分时段数据进行收敛假设的混合估计（Pooled Regression），回归方程为 $g_j(t)=a+b\{\log y_j(t)-\log y_{us}(t)\}$。其中，$y_{US}(t)$代表美国的人均收入水平，$y_j(t)$代表第 j 个国家的人均收入水平，$g_j(t)$代表第 j 个国家的人均 GDP 增长率。具体的回归结果如表 1-9 所示。可见，三个群体的内部都呈现收敛的趋势，收敛速度在 1.9% ～ 3.5%，与研究收敛文献中计算的收敛速度比较吻合。

表1-9 条件收敛

实例 / 分组	实例 1			实例 2			实例 3			
		α	β		α	β		α	β	
第一组	Coefficient	0.016	−0.031	Coefficient	0.016	−0.031	Coefficient	0.016	−0.031	实例 1：中国香港、日本、韩国、新加坡和中国台湾
	STD Er	0.005	0.005	STD Er	0.005	0.005	STD Er	0.005	0.005	
	t−stat	3.298	−6.172	t−stat	3.298	−6.172	t−stat	3.298	−6.172	实例 2：中国香港、日本、韩国、新加坡和中国台湾
	p stat	0.006	0.000	p stat	0.006	0.000	p stat	0.006	0.000	
	R−bar sq	0.726		R−bar sq	0.726		R−bar sq	0.726		实例 3：中国香港、日本、韩国、新加坡和中国台湾
	#obs	15		#obs	15		#obs	15		
第二组		α	β		α	β		α	β	
	Coefficient	0.001	−0.019	Coefficient	−0.013	−0.026	Coefficient	−0.011	−0.024	实例 1：中国大陆、印度尼西亚、马来西亚和泰国
	STD Er	0.023	0.008	STD Er	0.021	0.007	STD Er	0.021	0.007	实例 2：中国大陆、印度尼西亚、马来西亚和泰国
	t−stat	0.050	−2.359	t−stat	−0.629	−3.517	t−stat	−0.518	−3.212	实例 3：中国大陆、印度尼西亚、马来西亚和泰国（t=1、3）；菲律宾（t=3）
	p stat	0.961	0.040	p stat	0.549	0.010	p stat	0.616	0.009	
	R−bar sq	0.293		R−bar sq	0.587		R−bar sq	0.459		
	#obs	12		#obs	9		#obs	12		
		α	β		α	β		α	β	

续 表

实例 / 分组	实例 1			实例 2			实例 3			
		α	β		α	β		α	β	
第三组	Coefficient	−0.071	−0.031	Coefficient	−0.042	−0.024	Coefficient	−0.089	−0.035	实例 1：柬埔寨、印度、老挝、缅甸、菲律宾、越南
	STD Er	0.031	0.008	STD Er	0.027	0.007	STD Er	0.033	0.008	
	t−stat	−2.282	−3.973	t−stat	−1.584	−3.537	t−stat	−2.711	−4.309	实例 2：柬埔寨、印度、印度尼西亚、老挝、缅甸、菲律宾、越南
	p stat	0.039	0.001	p stat	0.132	0.003	p stat	0.017	0.001	
	R−bar sq	0.496		R−bar sq	0.39		R−bar sq	0.539		实例 3：柬埔寨、印度、印度尼西亚（t=2），老挝、缅甸、菲律宾（t=1、2），越南
	#obs	16		#obs	19		#obs	16		

三个群体的大致变动趋势见图 1–18。

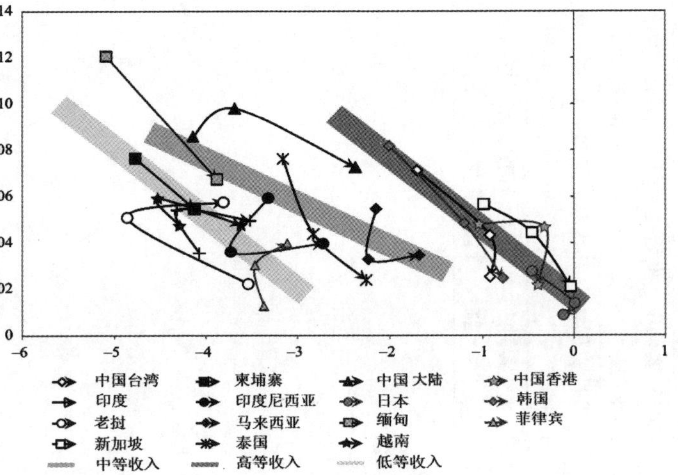

图 1–18　三个群体变动趋势

进而，笔者提出了如图 1–19 所示的三重均衡和收敛的理论设想。他认为，经济增长过程存在三个阶段，低收入阶段、中等收入阶段和高收入阶段，每个阶段都呈现收敛的特征（经济增长速度逐步减缓，但减缓的程度不一样）。经济体可以通过跳跃进入下一个发展阶段：从“贫困陷阱”中通过工业化实现经济的起飞，跳跃进入低收入阶段；从低收入阶段经过模仿创新，跳跃到中等收入阶段；从中等收入阶段经过自主创新，跳跃到高等收入阶段。

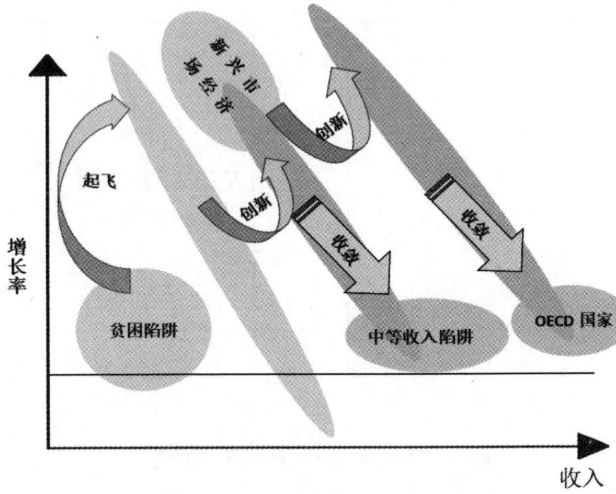

图 1-19　三重均衡和收敛

但笔者特别强调的是，处于中等收入阶段的国家（地区）会收敛到一个较低的增长率水平（与美国或OECD国家的增长率水平相同），这些国家（地区）会维持与发达国家的经济差距。这意味着“中等收入陷阱”仅是相对意义上的，不是绝对意义上的，中等收入国家（地区）的人民生活水平也在缓慢提高。

二、多重均衡研究进路

与经典的收敛假设和经验证据不同的是，有些研究者发现很多国家的人均 GDP 水平呈现一个多峰分布，且这一分布形态随着时间改变不大，他们猜测经济增长的过程呈现一个非线性的多重均衡状态。

与经典的双峰分布研究（Quah，1993，1996，1997）不同的是，Vollmer、Holzmann 和 Schwaiger（2013）认为直接用众多国家人均 GDP 统计得到的分布形态是不稳定的，其检验也是不严格的，且双峰结论不可靠。他们利用 Penn World Tables 6.2 的数据，得到了 124 个国家 2005 年以 2000 年为基年的 PPP 价格的人均 GDP 水平。在利用 124 个国家的数据绘制人均 GDP 的核密度函数时，他们发现如果以 1 000 美元为单位，得到的是双峰的，如图 1-20（a）所示，而如果将上述坐标轴取以 10 为底的对数进行变化，则结果变成了三峰，如图 1-20（b）所示。因此，他们认为由于峰值的个数会随坐标轴单位选取而发生变化，没有经过统计检验的峰值的个数不具有指示性。

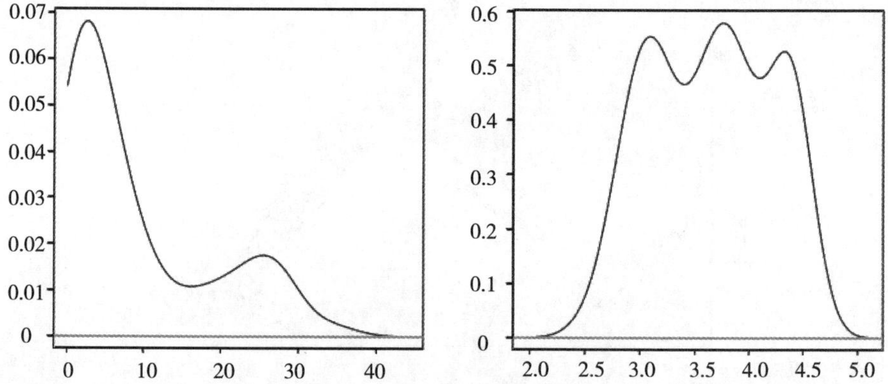

（a）　　（b）

图 1-20　变化坐标的核密度函数

他们受到 Galor（1996，2009）统一增长理论的启发，认为经济增长是划分为不同阶段的，并且在不同阶段表现不同。他们用混合模型对跨国人均 GDP 的分布函数进行了估计。他们假设跨国人均 GDP 的分布函数由若干个核密度函数加权而成，相信通过恰当的统计推断能够得到核密度函数的个数，至少合理的个数取值要保证坐标轴的单调变化不会使核密度函数的个数变化。经过反复尝试和检验，他们发现划分为三个阶段、由三个核密度函数加权得到三个峰值是相对最合适的，拟合的情形如图 1-21 所示。（a）分别表示参数回归和非参数回归拟合的结果，（b）分别表示混合回归与分位回归拟合的结果。从图 1-21 中看出，该密度函数对数据的拟合比较充分。

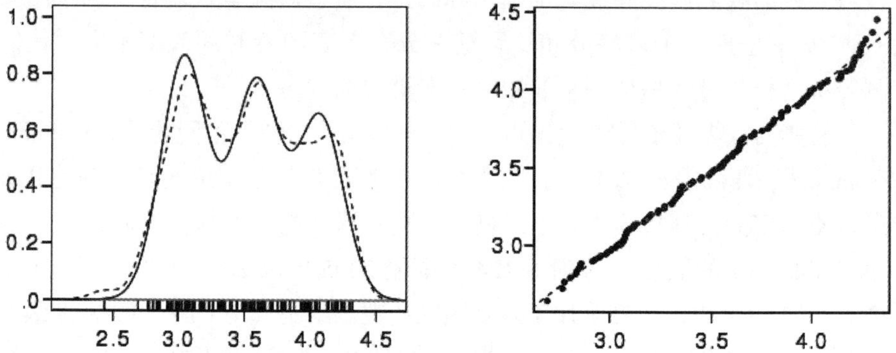

（a）　　（b）

图 1-21　混合回归与分位回归核密度函数拟合（1976 年）

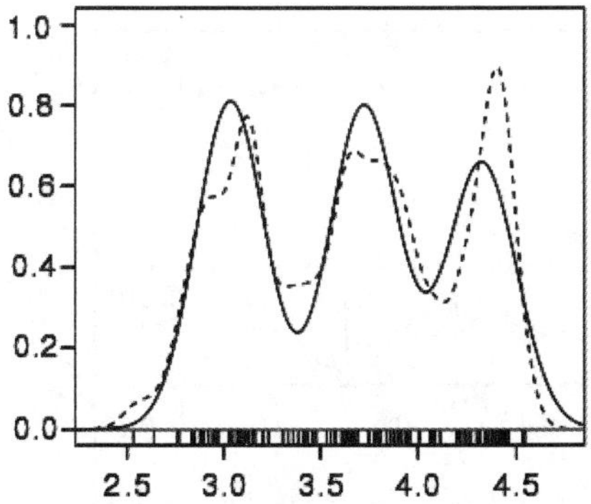

（c）

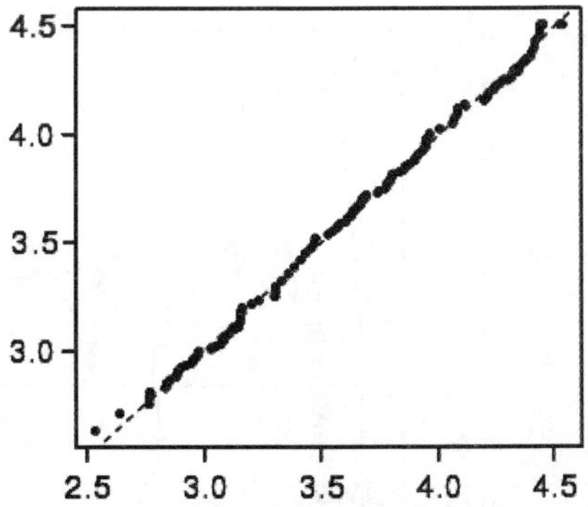

（d）

图 1–22　混合回归与分位回归核密度函数拟合（2003 年）

对比 1976 年（见图 1–21）和 2003 年（图 1–22）的数据发现，第一个组成部分国家的比例由 37.9% 下降为 35.7%；第二个组成部分国家的比例由 33.8% 上升为 35.7%；第三个组成部分的比例基本不变，由 28.4% 下降为 29%。第一个组成部分国家的平均收入略高于 1 100 美元；第二个组成部分国家的平均收入由 3 998 美元上升到 5 504 美元，大约上升了 37%；第三个组成部分国家的平均收入由 12 335 美元上升到 21 938 美元，大约上升了 77%。他们解释道，在第一个阶段的国家几乎处于停滞状态，第二个阶段的国家经济增长较为缓慢，第三个阶段的国家经济增长速度较快，分别对应于“马尔萨斯”阶段、“过渡”阶段和“持续增长”阶段，从而从经验上间接地证明了统一增长理论的合理性。

与上述文献从绝对量的角度研究多重均衡不同，Tung、An–Chi 和 Henry（2016）从相对量的角度研究多重均衡，并且在统计的基础上，他们希望能给各类国家（相对美国）的增长速度一个统一的解释。他们通过数据研究发现韩国和中国在持续地追赶美国，而墨西哥、希腊、日本则在“原地打转”，如图 1–23、图 1–24 所示（各选一个为例）。

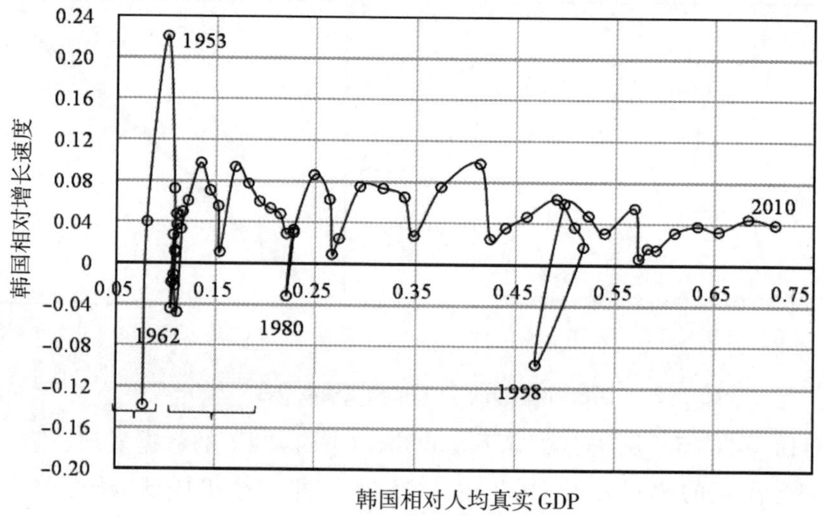

图 1-23　1951—2010 年韩国追赶情况

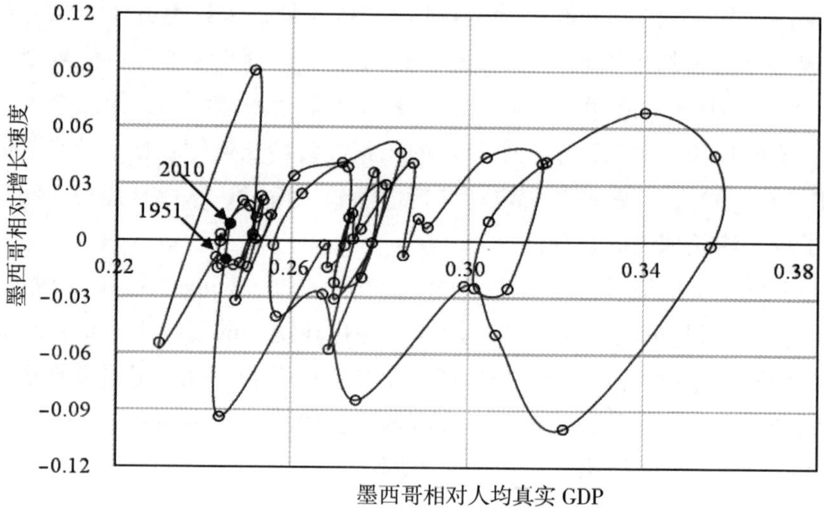

图 1-24　1951—2010 年墨西哥追赶情况

为了说明追赶结果的差异，他们从技术水平差异研究着手，提出了轴辐模型（The Axle-Spokes Model），用以说明技术在国家之间的转移过程以及对应的追赶结果。他们提出了如下假设。假设 1（索洛假设），领先经济体（美国）的经济以不变的正的速率 k 在增长。假设 2，赶超国家的经济赶超率（Rate of

Catching-up）为超过领先经济体的经济增长率，是相对人均真实 GDP（y_j，j 表示具体国家）的拟凹函数f^j，即$z_j=1-y_j$，μ_j表示与 j 国的具体经济政策相关的变量。$\partial f/\partial y_j>0$，表示存在某种学习能力与相对人均真实 GDP 正相关，有利于提高经济增长率；$\partial f/\partial z_j<0$，表示学习的机会与相对人均真实 GDP 负相关，即初始相对人均真实 GDP 越高，可能导致人们越不愿意去学习，降低经济增长率；$f(0,\ 1;\ \mu_j)=-k=f(1,\ 0;\ \mu_j)$，$\forall\mu_j$，表示无论是学习机会还是学习能力为 0，相应的增长率都为 0。假设 3，$\max\limits_{y_j,\ z_j,\ y_j+z_j=1} f(y_j,\ z_j;\ \mu_j)>k$，$\forall\mu_j$，意味着$f(y_j,\ 1-y_j,\ \mu_j)=k$始终至少存在两个解，如图 1-25 所示，左边的 E_U^j 表示一个不稳定的解；右边的 E_S^j 表示一个稳定的解。图中实际有 3 个均衡点，除了上面两个外，还有一个稳定的均衡点 B，其赶超率为 $-k$（真实增长率为 0）。

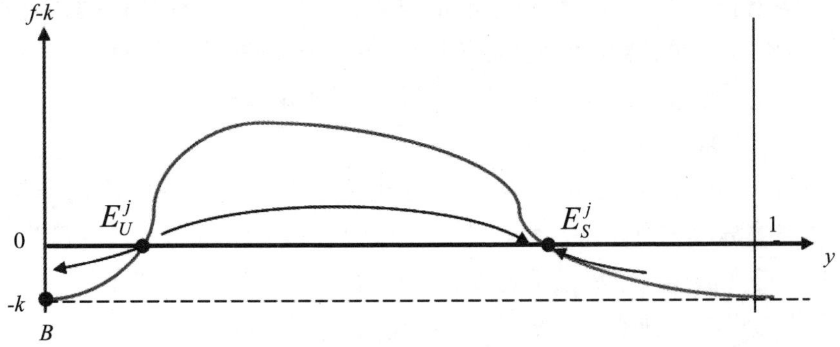

图 1-25　追赶过程

进一步，作者假设了政府在经济增长中的作用。他们假设政府有两种策略：放任自由或纠正外部性导致的市场失灵。放任自由的政府，如希腊、秘鲁、新西兰等国家，其赶超率轨迹如图 1-26 中虚线所示；进行市场纠正的政府，如中国、韩国等国家，其赶超率轨迹如图 1-26 中实线所示。从图中可以看出，有政府调控的国家可能收敛到稳态E_S^*，放任自由的国家可能收敛到稳态E_S，增长速度会出现双峰（$E_S<E_S^*$）。图中大致解释了一些典型国家经济增长的差异，如日本处于稳态，跟美国保持稳定的差距；韩国的增长率高于美国，正在向稳态收敛；中国偏离低水平均衡，向高水平稳态均衡过渡，在相当一段时间内增长率都高于美国；新西兰虽然人均收入非常高，但其增长率低于美国，从另一个方向向稳态收敛；希腊增长率高于美国，也在向稳态收敛，但其稳态的收入水平低于日本等国；秘鲁收入水平很低，增长

速度低于美国，正在向低水平稳态（$-k$）收敛。

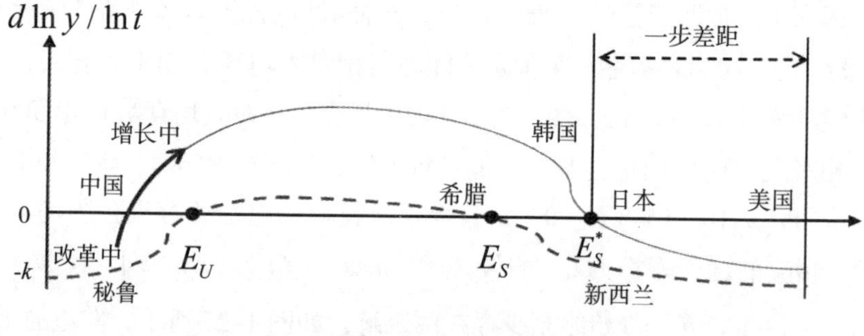

图 1-26　政策对经济选择及绩效

上述理论虽然对抽象的模型以及解的可能进行了探讨，并对各个国家的相对经济增长水平进行了解释，不足的是它只搭建了可能的框架，对作用机制假设过于简单，对真实世界的刻画并不能让人信服，而且关于经济水平的动态变化也没有详细的刻画和推理，使这种理论的严谨性和可靠性受到质疑，解释力有限。

Agénor 和 Canuto（2015）借助数理模型，在经典的一般均衡框架下，利用技能差异、工资水平、学习意愿、政府提供（学习的）基础设施以及知识的外部性的相互影响，说明多重均衡的产生过程、作用机制、分叉条件等。作者假设有两种劳动力类型（初级技能和高级技能，仅具有高级技能的劳动者才能进行创新活动），由于劳动者在创新活动中生产率更高，因此高级技能劳动力供给的增加就意味着增长。人们对教育的投资也是内生的，这取决于创新活动部门（文中假设为设计部门）与制造部门的相对工资水平。与以往的边际报酬不变或递减假设不同，文中假设由于存在知识效应与“干中学”效应的叠加，因而创意（ideas）的边际报酬是递增的。

相应地，假设有两种基础设施：初级的和高级的。前者包括公路、电力、基本通信等，后者包括高级的信息和通信技术（ICTs）以及高速的通信网络（宽带有利于知识网络的建立，有利于知识传播和研究），仅高级基础设施有利于创新。

就个人层面来说，文中假设低能力的个体从事最终产品（Y）的生产，高能力的个体从事设计（R）工作，个人的效用函数为$U_t^h = \ln c_t^{h,t} + \dfrac{\ln c_{t+1}^{h,t}}{1+\rho}$，$c_{t+k}^{h,t}$代表个人在部门 h（$h=Y$，R）的第 $t+k$ 期的消费水平（k=0，1），$\rho>0$代

表贴现率。收入预算约束如下[①]：

$$c_t^{Y,t}+s_t^Y=(1-\tau)w_t^Y$$
$$c_t^{R,t}+s_t^R=(1-\tau)(1-\epsilon)w_t^R$$
$$c_{t+1}^{h,t}=(1+r_{t+1})s_t^h$$

w_t^h代表在部门 h 工作的工资率，$\tau\in(0,1)$表示固定的税率，s_t^h表示储蓄率，$1+r_{t+1}$表示第 t+1 期资本收益率。

关于最终产品生产方面，最终产品由一些单位连续（continuum of unit）的竞争性企业生产，第 i 个企业 [$i\in(0,1)$] 的生产函数如下：

$$Y_t^i=\left[\frac{K_t^B}{\left(K_t^P\right)^{\zeta_K}\left(N_t^Y\right)^{\zeta_N}}\right]^{\omega}\left(K_t^{P,i}\right)^{\alpha}\left(N_t^{Y,i}\right)^{\beta}\left[\int_0^{M_t}\left(x_{s,t}^i\right)^{\eta}ds\right]^{\gamma/\eta}$$

其中，$N_t^{Y,i}$表示投入的劳动数量，$K_t^{P,i}$表示私人资本，K_t^B表示基础设施，$x_{s,t}^i$表示连续的中间要素 [$s\in(0,M_t)$]，借用迪克西特－斯蒂格利茨模型形式；$K_t^P=\int_0^1 K_t^{P,i}di$，$N_t^Y=\int_0^1 N_t^{Y,i}di$分别表示私人资本的加总和劳动投入的加总。参数值满足$\alpha,\beta,\gamma\in(0,1)$、$\eta\in(0,1)$、$\omega>0$、$\zeta_K,\zeta_N>0$，$1/(1-\eta)>1$意味着中间产品是不能完全替代的，且$\eta>\gamma$，意味着中间产品在用于生产最终产品时替代效应小于 0。另外，再假设$\alpha+\beta+\gamma=1$，$\alpha+\gamma/\eta+\omega(1-\zeta_K)=1$，$\beta-\omega\zeta_N=0$。

关于中间产品生产方面，中间产品生产部门具有垄断性，每种生产要素 s 只有一个生产商，每个生产商必须为设计部门设计的中间产品设计图付费；生产一个单位的中间产品 s 需要花费一个单位的最终产品。在专利费已经支付的情况下，每个中间产品生产商的利润函数为$\Pi I_{s,t}^I=(p_t^s-1)x_{s,t}$，其中$p_t^s$表示设置的中间产品的价格。

关于设计部门方面，设计部门为中间产品生产设计图纸，设计图纸数量的增长率取决于人口中高能力类型人才的比例与投入到高级技能培训上时间的乘积，即$(1-\varepsilon)N_t^R$以及生产要素A_t。设计图纸数量的变化量为$M_{t+1}-M_t=A_t\frac{(1-\varepsilon)N_t^R}{N_t}$；生产率为$A_t=\left[\frac{K_t^B}{\left(K_t^P\right)^{\zeta_M}}\right]^{\kappa_1}\left(K_t^A\right)^{\kappa_2}M_t^{1+\varphi}$。参数满足$\kappa_1,\zeta_M>0$、$\varphi,\kappa_2\geqslant 0$。另外假设$\zeta_M=1+(\kappa_2+\varphi)/\kappa_1$。设计部门的目标函数为$\max\limits_{N_t^R}\Pi_t^R=p_t^R(M_{t+1}-M_t)-w_t^R(1-\epsilon)N_t^R$，$p_t^R$表示专利价格，$w_t^R$表示工资率。

① 注意，作者强调高能力的人可以从事设计工作，也可以从事最终产品的生产工作，有选择的自由。

关于政府行为方面，政府从收入中征税，用于初级基础设施建设$\left(G_t^B\right)$、高级基础设施建设$\left(G_t^A\right)$和其他支出$\left(G_t^U\right)$。政府的预算平衡如下：

$$G_t=\sum G_t^h=\tau\left[w_t^Y N_t^Y+w_t^R(1-\varepsilon)N_t^R\right],\ h=A,B,U$$

假定政府额三种支出比例$\left[v_h\in(0,1)\right]$是不变的，有$G_t^h=v_h\tau\left[w_t^Y N_t^Y+w_t^R(1-\epsilon)N_t^R\right]$，$h=A,B,U$，且$\sum_h v_h=1$；折旧率为100%，有$K_{t+1}^j=G_t^j$，$j=A,B$。

通过求解模型的均衡状态，得到一些重要的结论。①公共资本与私人资本比是一定值，即$k_{t+1}^h=J_h=\dfrac{v_j\tau}{\sigma(1-\tau)},h=A,B$。②确定了当两个部门的相对工资率满足下列条件时高能力的个体愿意投资获取高级技能的条件为$\dfrac{w_t^R}{w_t^Y}\geqslant\dfrac{1}{1-\varepsilon}$；当取等号时，可以推导出$\theta_t=1-\dfrac{1}{1-\delta}\left\{\left[(1-\epsilon)(1-\eta)\gamma\dfrac{J_B^{K_1}J_A^{K_2}m_t^{\varphi}}{\beta}\right]^{-1}-\delta\right\}$，说明临界状态$m_t$和$\theta_t$之间的正向关系，其中$\theta_t$表示愿意投资获取高级技能的人数（比例），$m_t=M_t/K_t^P$表示知识与私人资本的比例，$k_t^B=K_t^B/K_t^P$表示基础设施投资与私人投资的比例，即知识与私人资本越高，设计部门的生产率和工资也越高，会使选择教育的倾向越明确。令$m^S=\left\{\beta/\left[(1-\epsilon)(1-\eta)\gamma J_B^{K_1}J_A^{K_2}\right]\right\}^{1/\varphi}$，当且仅当$m_0>m^S$，$\theta_0>0$。反过来，当$\theta_t=1$，$m^C=\left[\dfrac{\beta\delta^{-1}}{(1-\epsilon)(1-\eta)\gamma J_B^{K_1}J_A^{K_2}}\right]^{1/\varphi}$，则有$\theta_t=\begin{cases}f\left(m_t\right)\text{if}\,m_t<m^C\\ 1\quad\text{if}\,m_t\geqslant m^C\end{cases}$，$f(\ )$由上式定义。③$m_t$的动态为$m_{t+1}=\Phi\left(m_t,\theta_t\right)$，其中$\Phi0=\dfrac{\left(1+\chi_2 J_B^{K_1}J_A^{K_2}m_t^{\varphi}\theta_t\right)J_B^{-\omega/(1-\gamma)}}{\Lambda_1\sigma(1-\tau)\left(\beta+\chi_1 J_B^{K_1}J_A^{K_2}m_t^{\varphi}\theta_t\right)}m_t^{\left(1-\gamma\eta^{-1}\right)/(1-\gamma)}$；稳态增长率为

$1+g=\Lambda_2 J_B^{\omega/(1-\gamma)}m^{\gamma\left(\eta^{-1}-1\right)/(1-\gamma)}\left(\beta+\chi_1 J_B^{K_1}J_A^{K_2}m^{\varphi}\theta\right)$，其中$\Lambda_2=\Lambda_1\sigma(1-\tau)$，$\theta$和$m$表示稳态的解。

如果用图形表示上述均衡状态以及动态作用，如图1-27、图1-28所示，FF表示$\theta_t=1-\dfrac{1}{1-\delta}\left\{\left[(1-\epsilon)(1-\eta)\gamma\dfrac{J_B^{K_1}J_A^{K_2}m_t^{\varphi}}{\beta}\right]^{-1}-\delta\right\}$对应的曲线；$MM$代表$m_{t+1}=\Phi\left(m_t,\theta_t\right)=\begin{cases}\Phi^1\left(m_t,\theta_t\right)\text{if}\,m_t<m^c\\ \Phi^2\left(m_t\right)\ \ \text{if}\,m_t\geqslant m^c\end{cases}$对应的曲线，其中$\Phi^1 0$由$m_{t+1}=\Phi\left(m_t,\theta_t\right)$

定义，$\Phi^2\left(m_t\right)=\dfrac{\Lambda_1^{-1}\left(1+\chi_2 J_B^{K_1} J_A^{K_2} m_t^{\varphi}\right) J_B^{-\omega/(1-\gamma)}}{\sigma(1-\tau)\left(\beta+\chi_1 J_B^{K_1} J_A^{K_2} m_t^{\varphi}\right)} m_t^{\left(1-\gamma\eta^{-1}\right)/(1-\gamma)}$。

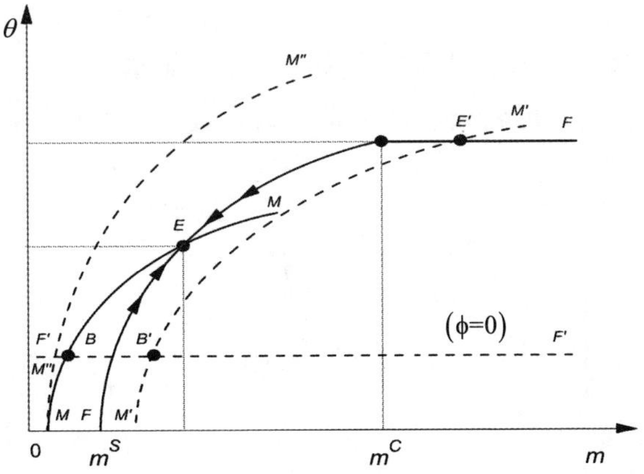

图 1-27　凸的 *MM* 曲线假设下稳态 $m-\theta$ 关系

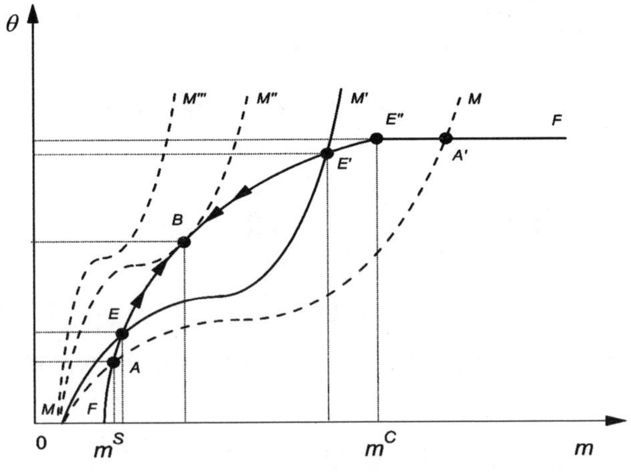

图 1-28　凹的 *MM* 曲线假设下稳态 $m-\theta$ 关系

图 1-27 中参数值 $\eta=0.25$，$\gamma=0.15$，$\varphi=0.1$，*MM* 曲线是凸的，有可能有唯一均衡点，也有可能没有均衡点；图 1-28 中参数值 $\eta=0.25$，$\gamma=0.24$，$\varphi=0.5$，则可能出现多重均衡，低水平均衡表示高能力的人选择获取高技能的比例较低，较低的知识和私人资本比，反之，则是高水平均衡。低水平均衡对应低增长，高水平均衡对应高增长。

图 1-29 中存在三个均衡点 A_1、A_2、A_3，作者认为 A_1 代表的是中等收入陷阱，A_2 代表门槛水平。一个国家的初始条件决定了其长期发展的路径，

初始状态较低的知识和私人资本比（可以等价认为高能力的个体在设计部门较低的就业比率）会使其收敛到较低水平的均衡。其反馈机制为，如果人们获得高级基础设施的机会较少，设计部门的生产率就比较低，工资也会相应较低，那么就会有比较少的人愿意投资获得高级技能从事设计（尽管社会需要），由于知识的外部性特征，从事设计的人数越少则其收益越低。

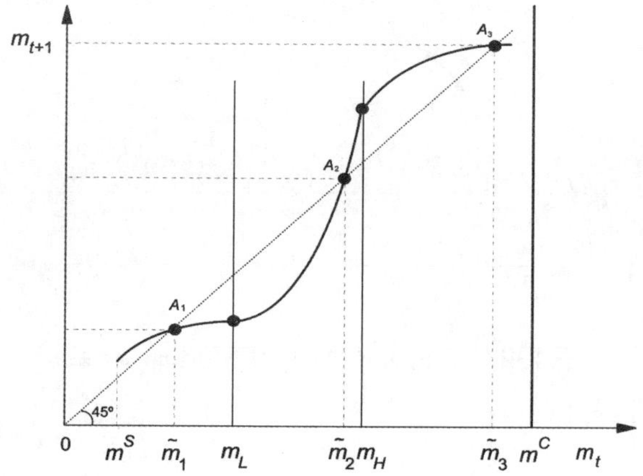

图 1-29　知识网络外部效应以及多重均衡

第三节　简评

从中等收入国家经济增长速度的特征事实上看，我们可以将相关文献进行总结并调和其观点。①如果把所有国家按照所处经济水平的阶段划分为低收入、中等收入和高收入阶段，那么总体来看，处于中等收入阶段的国家经济增长速度要快于其他阶段。②从增长速度的动态变化上看，中等收入阶段的国家经济增长幅度的变化较大，出现经济减速的频次较多；但是，由于其减速前增长速度都非常高，另外有部分国家减速后又继续加速，平均速度仍可能高于高收入水平，因此中等收入阶段面临减速的风险高和增长速度相对较高并不矛盾。③如果进一步把中等收入阶段细分为高、中、低三个层次，就会发现几乎所有从低收入阶段进入低中等收入阶段的国家都比美国的经济增长速度快，但进入中中等收入阶段后开始分化，出现两个“俱乐部”，一个俱乐部呈现加速增长，其在高中等收入阶段的增长速度比低中等、中中等收入阶段要快；另一个俱乐部则出现增长减速，增长速度等于甚至小于美国

的增长速度。把这些国家平均起来高中等收入水平比其他水平的增长速度要快，因此从总体上看，高中等收入水平的增长速度较高与在这个水平国家间出现分化、部分国家因增长速度低而滞留在中等收入阶段并不矛盾。对于增长速度特征的理论解释，部分文献从经典的经济收敛理论假设解释了从高中等收入到高收入阶段出现的经济增长速度的下降；部分文献用多重均衡的角度解释了中等收入阶段国家间出现分化的原因和条件；部分文献解释了为何制造业绝对收敛的情况下，整体经济并未出现绝对收敛的特征。

本部分分析的不足主要表现在以下几个方面。①很多文献分析都是基于经验的，没有理论基础，因此文献间无法统一，无法比较，具有很大的随意性，例如，如何界定中等收入、如何界定经济增长减速等。②对经济减速的原因缺乏分类研究，例如，高、中、低等收入的国家都会出现经济增长减速，有的可能是世界性的经济危机，如 2008 年的全球金融危机，那么这种性质的冲击对某一个国家而言应该看作外生性的，其对经济增长的影响机制与内源性的经济减速（如基础面问题）不一样，区研究更有利于认清各国经济增长分化的原因。

对于中国的经济增长速度，不同文献从不同角度进行了解释，在对未来中国的经济增长速度进行预测时，大致出现了三种意见：第一种意见比较悲观，认为中国的经济增长速度一定会下降到 3% ～ 4% 的水平；第二种意见非常乐观，认为中国的经济增长会出现再加速，增长速度在未来 10—20 年仍然可以保持在 7% ～ 8% 的高速增长水平；第三种意见则处于两个极端之间，认为中国面临的不利因素的影响要强于有利因素的拉动作用，经济增长速度会下降到 5% ～ 6% 的水平。

本部分分析的不足主要表现在以下几个方面：①虽然从有利因素与不利因素两个方面对中国经济增长速度进行了剖析，但对于因素之间的相互作用、相互影响缺乏分析；②缺乏定量分析，定性分析得到的乐观和悲观的估计值缺乏数据支撑，可信性不强；③缺乏对中国经济整体运行的把握，仅从一个角度（如单从出口或者消费）对中国经济未来进行预测，结果偏差也许很大。

第二章　经济增长结构的特征事实及其解释

经济的持续增长由一些产业、部门的产值不断扩大拉动，因而经济结构会发生细微的调整；由于边际报酬递减的特征，要维持原来的经济增长速度，需要新的产业和部门出现和壮大，此时经济结构相应发生变迁。经济结构变迁是经济增长的结果，而积极地调整经济结构是经济增长的手段，变迁的规律能为持续的高速增长提供有益的指向作用。本章从最新的文献中总结了这些变迁的规律，希望能为一些中等收入国家提供借鉴，积极引导经济结构合理变迁，实现持续增长。

第一节　经济增长结构的特征事实

经济增长伴随着经济结构变迁的事实很多，但最重要的还是从供给的角度对经济结构变迁进行研究。从供给角度又可以分为三个层面：产业层面、产业内部门层面、部门内产品层面，研究越来越细化，使宏观目标可以从微观细节方面进行调节进而得以实现。

一、产业结构

Herrendor 和 Rogerson（2013）研究了 10 个现在的发达国家 19 世纪到 20 世纪人均 GDP 与三大产业就业份额、产业增加值份额的关系，如图 2-1 所示，横轴为人均 GDP（以 1990 年的国际美元计算）的对数值，（a）纵轴为该产业在总就业人口中的份额，（b）纵轴为该产业增加值的份额，图中以

10年为间期标出了10个国家各自的对应关系（10个国家分别是比利时、芬兰、法国、日本、韩国、荷兰、西班牙、瑞典、英国和美国）。从图2-1中可以看出，随着人均GDP的增长，农业就业份额以及名义增加值份额下降；服务业就业份额以及名义增加值份额上升；制造业与上述两个产业不同，其就业份额与名义增加值份额呈现“驼峰”形状，即在经济水平较低的阶段呈上升趋势，而在经济水平发展到较高的阶段呈下降趋势。

农业中，当国家处于经济发展的较低阶段时，农业增加值的份额明显低于就业份额，说明贫穷国家把较多的劳动力配置到效率最低的农业部门；服务业中，服务业的名义增加值份额在人均GDP对数值达到9时有明显的加速，说明经济发展到一定水平时，服务业会呈现快速发展的趋势。制造业的峰值与这一加速相对应，说明这一阶段出现制造业向服务业的结构转型。

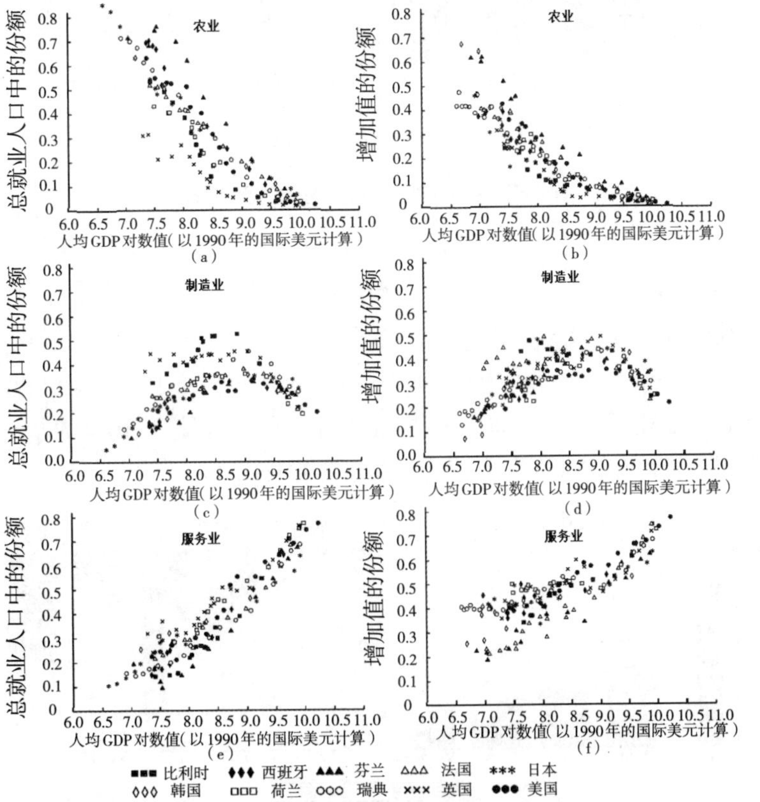

图2-1　发达国家人均GDP增长与农业就业份额及名义增加值份额的关系

Bulman等（2017）从产业结构的角度比较了跨越中等收入阶段和滞留

国家的差异，从中总结了持续经济增长对应的产业变动规律。文献认为，跨越中等收入水平的国家呈现出明显的从农业向工业转型的趋势：与滞留在中等收入阶段的国家相比，其工业部门在 GDP 中的比重更大，而服务业和农业的比重偏小；从部门动态的变化上看，跨越的国家工业的增长率要高出很多，农业下降的速度也快得多，如图 2-2 所示。

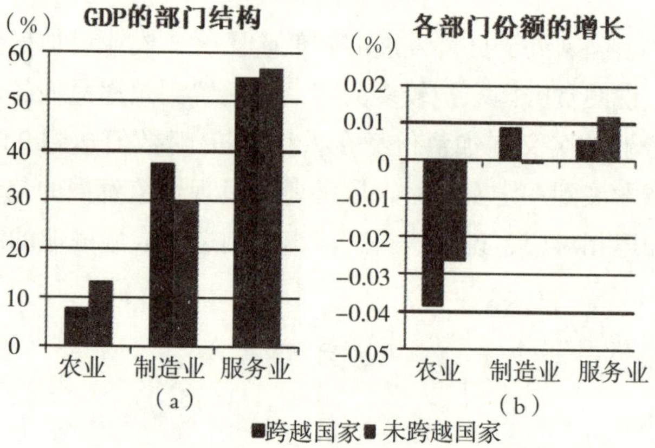

图 2-2　各部门占 GDP 的比重及增长率

从整个跨越中等收入阶段的过程上看，农业向工业的转型在低中等收入阶段（占美国 GDP 的 10% ～ 20% 以及 20% ～ 30% 的水平）最为明显，如图 2-3 所示。（a）中显示，当跨越国家经济水平处于美国 GDP 的 10% ～ 20% 的水平时，其农业的比重占到 GDP 的 30% 以上，但当其发展到美国 GDP 的 20%~30% 的水平时，农业迅速下降到略高于 10% 的水平，两个阶段中农业年平均下降速度分别为接近 4% 和接近 7%。

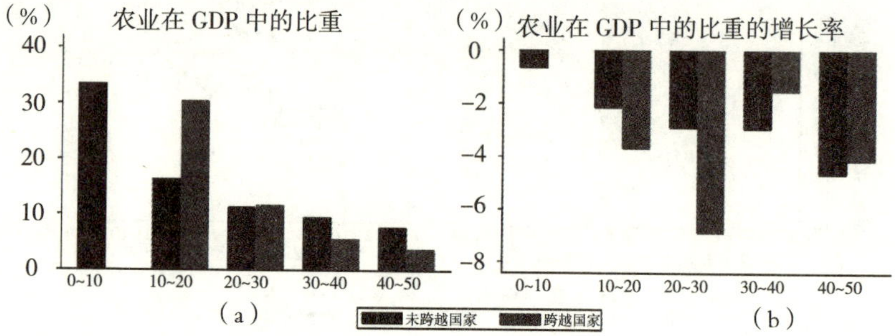

图 2-3　农业占 GDP 的比值及其增长率

相应的，跨越的国家工业从 10% ～ 20% 阶段的不足 30% 的水平上升到

20%~30% 阶段的超过 40% 的比重（见图 2–4），两个阶段的年均增长率均在 3% 左右。

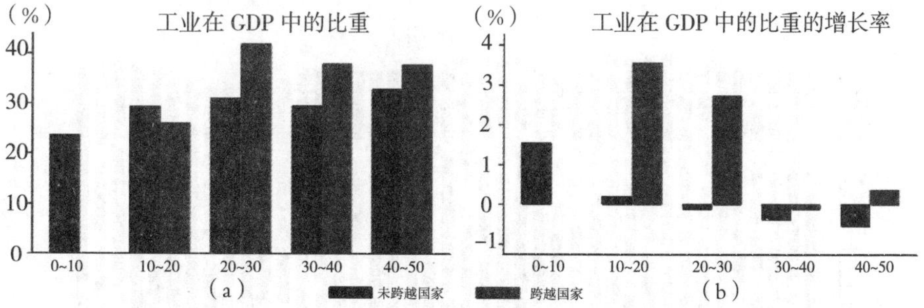

图 2–4　工业占 GDP 的比重及其增长率

跨越国家更加开放，更多采用了出口导向型的发展策略。如图 2–5 所示，当跨越的国家经济发展到美国人均 GDP 水平的 20% ～ 30% 后，出口占 GDP 的比重迅速提高，由 20% 左右上升到超过 60% 的水平，并保持高于这一水平直至跨越中等收入阶段；而滞留在中等收入阶段的国家出口份额徘徊在 40% 左右。

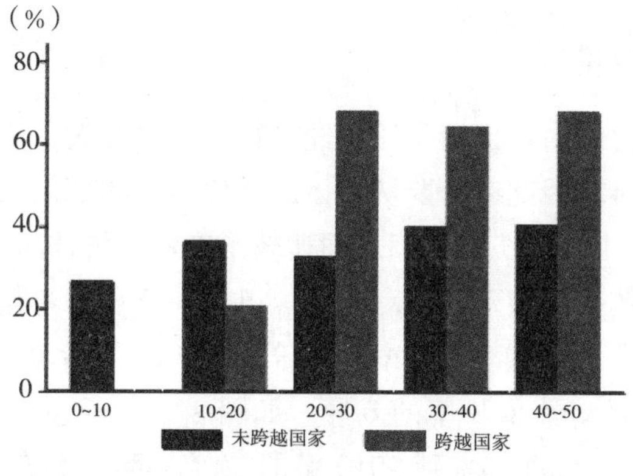

图 2–5　出口占 GDP 的份额

Felipe 和 Mehta（2016）仅以制造业为研究对象，展示了制造业劳动生产率、制造业就业份额与经济发展的关系。如图 2–6 所示[①]，发达经济体如欧洲、北美，其制造业的就业份额呈逐步缩减的趋势；中等收入经济体如中国、南亚国家制造业的就业份额呈逐步上升态势。但是，从全球的整体状况来看，制造业的就业份额比较稳定，在 14% 的水平上小幅波动（并没有

① 图中显示的是能找到数据的 64 个国家的情形。

出现下降的趋势)。造成这种情形的原因可能是制造业在全球范围内的再配置,即制造业不断从效率高的经济体向效率低的经济体转移。

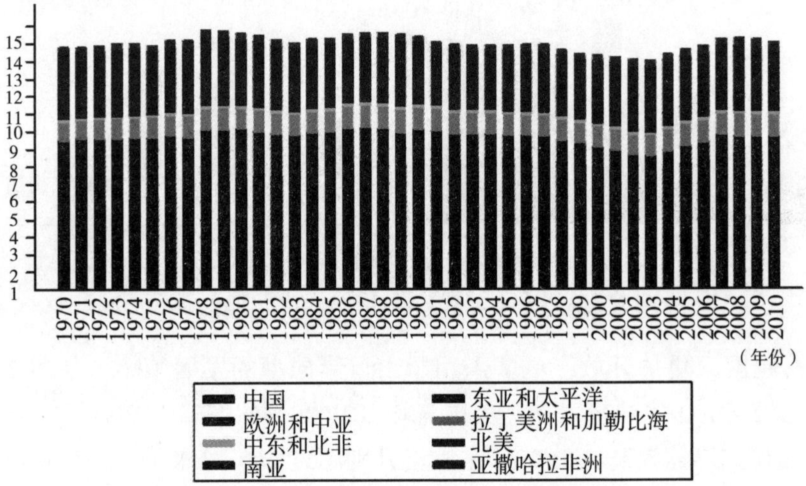

图 2-6 制造业就业份额在全球的变化趋势

二、部门结构

产业结构包含的内容比较宽泛,经济特征差异较大,不利于对经济增长变化进行深入剖析,因此有必要从具体的有代表性的部门入手研究结构的变化和特征。Üngör(2017)从部门层面比较了东亚经济体(中国台湾和韩国)和拉丁美洲经济体(阿根廷、玻利维亚、巴西、智利、哥伦比亚、哥斯达黎加、墨西哥、秘鲁、委内瑞拉)相对于美国劳动生产率随时间变化的数据,从而解释了两类经济体增长率的差异。如图 2-7 所示,东亚经济体从 1963 年相当于美国生产率的 15% 到 2010 年的 70%,而拉丁美洲经济体从 1963 年的 35% 发展到 1980 年的 41.5% 再到 2010 年的 25%,两个地区生产率的发展水平出现了分叉。

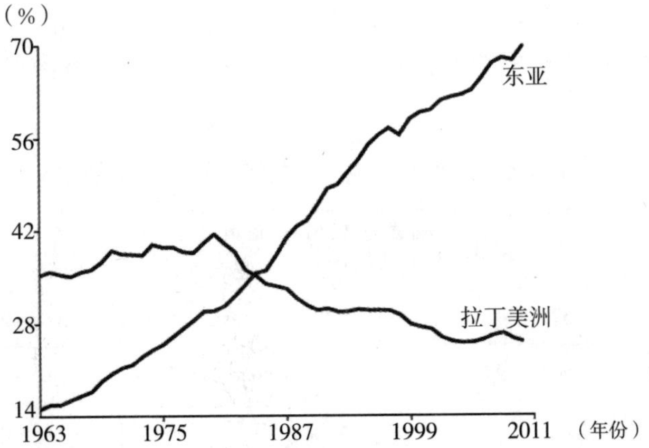

图 2-7　东亚与拉丁美洲经济体相对于美国的劳动生产率随时间变化的数据

从分部门的研究可以看出，如图 2-8 所示，拉丁美洲农业的就业人口份额从 1963 年的 48% 下降到 2010 年的 15%，而东亚经济体从 1963 年的 58% 下降到 2010 年的不足 7%；拉丁美洲的制造业就业份额从 1963 年的 14.5% 到 20 世纪 80 年代末期的 16% 再到 2010 年的 12%，没有显著的变化，东亚经济体有一个明显的先上升后下降的过程，到 2010 年制造业就业比例高于拉丁美洲；采矿业和公共事业在两大区域内的就业比重之和不超过 2%；建筑业在两大区域内的平均就业比重大约为 6.5%；服务业各部门的就业比重均在不断增加。

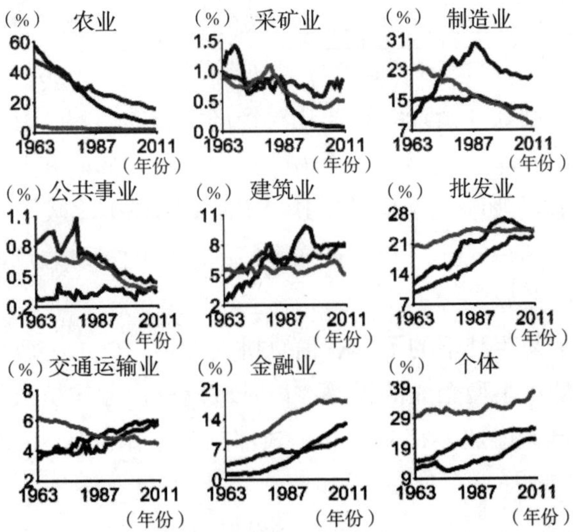

图 2-8　1963-2011 年东亚和拉丁美洲各部门的就业人口份额

经过分析得知，东亚经济体和拉丁美洲经济体在农业、制造业和批发业三个部门劳动生产率的增长水平存在较大差异，这是导致其经济分叉的主要原因，如表 2-1 所示。

表2-1　东亚和拉丁美洲各部门劳动生产率的增长水平

经济体	农业	矿业	制造业	公用事业	建筑业	批发业	运输业	金融业	个体	合计
韩国	4.57	4.20	7.00	9.98	3.50	3.28	5.79	−2.51	0.35	5.64
中国台湾	3.66	9.09	4.41	3.90	1.01	6.01	4.87	2.40	3.23	5.66
阿根廷	2.77	2.07	2.40	5.24	0.69	−0.02	3.10	−0.59	−0.62	0.99
玻利维亚	2.64	2.36	−0.24	0.53	−1.82	−2.40	0.39	−4.13	−1.45	0.98
巴西	3.20	4.33	1.16	4.20	0.36	−0.56	1.80	−0.34	−0.21	1.47
智利	4.84	3.14	2.32	1.40	0.35	0.26	2.89	−0.27	0.50	2.02
哥伦比亚	1.73	0.28	0.93	2.17	−0.19	−2.12	0.52	1.14	1.38	0.93
哥斯达黎加	3.01	2.43	1.81	1.05	1.13	−1.69	2.64	−1.33	−0.75	1.46
墨西哥	1.38	2.45	0.52	3.51	−1.91	−1.43	1.03	−2.90	−1.10	0.42
秘鲁	1.38	0.48	1.08	1.69	0.33	−1.96	−1.09	−0.22	−0.53	0.39
委内瑞拉	2.09	−3.85	0.45	4.51	−1.92	−2.03	−0.07	0.21	0.34	0.30
美国	3.85	0.74	3.00	2.24	−1.84	1.85	2.75	0.46	−0.10	1.23

为了进一步细致地衡量结构变化对经济增长的影响，有必要把生产部门再分为正式部门和非正式部分，因为劳动力在正式部门和非正式部门之间再配置对经济增长的影响是不同的。De Vries（2012）比较了金砖国家劳动力在各生产部门内部正式部门和非正式部门的重新配置对生产率的影响，尤其是巴西和印度的差异。

巴西在近十几年利率的下降、信贷机会的增加，加上政府简化了企业注册的程序、降低了小型企业的税率，以及政府的产业扶植政策都使经济活动中的正式部门迅速增加，相应的非正式部门就业比例从 2000 年的 62% 下降

到 2008 年的 55%，如表 2-2 所示[①]（20 世纪 90 年代的巴西表现为非正式部门的扩张）。表中，IL_i 表示第 i 个部门的非正式生产活动中就业份额；$RPIF_i$ 表示第 i 个部门内部非正式生产活动相对于正式生产活动的生产率水平。可见，农业中非正式部门就业最高；公共设施部门和金融、商业服务部门非正式就业最低。在 2000 年到 2008 年，非正式就业变动的 77% 都是由部门内非正式部门向正式部门的转移。表中显示的非正式部门相对于正式部门的生产率大都远低于一半，而且大多数部门这个比例还在下降，意味着两个部门的生产率差距在拉大，因此从非正式部门向正式部门的转移有着正的再配置效应。

表2-2　20世纪90年代巴西非正式部门相对于正式部门生产率水平与就业份额

年份（生产率、就业）/ 部门	2000 IL_i（%）	2008 IL_i（%）	2000 $RPIF_i$	2008 $RPIF_i$
农业	90	86	0.09	0.11
矿业	51	34	0.32	0.18
制造业	48	40	0.33	0.27
公共事业	29	18	0.58	0.39
建筑业	82	74	0.14	0.16
商贸、宾馆和餐饮业	58	49	0.29	0.26
交通运输业	58	52	0.28	0.26
通信服务业	68	66	0.22	0.22
金融及商业服务	23	20	0.40	0.34
其他服务	63	59	0.27	0.26
所有行业	62	55	0.27	0.25

印度由于存在劳动力市场的刚性，妨碍现代制造业部门扩大就业机会，使几乎所有制造业部门内部的非正式生产活动的就业份额上升，如表 2-3 所示。同时，非正式部门相对于正式部门的生产率远低于一半，而且大多数部门这个比例还在下降（类似于巴西的情形）。在不区分正式部门和非正式部门的情形下，再配置的正效应为 1.1%；当区分正式部门和非正式部门后，

① 巴西对正式部门和非正式部门的划分是以是否获取签约的劳动卡 (signed labor card) 为标准：获取签约劳动卡的工人被认为在正式部门就业；反之，则认为在非正式部门就业。

再配置的正效应下降为0。那么，巴西与印度再配置效应差异产生的原因是什么？在多大程度上能对经济增长差异作出解释？

表2-3　区分及不区分正式和非正式部门再配置的效应

年份（生产率、就业） 部门	1993 L_i（%）	2004 L_i（%）	1993 $RPIF_i$	2004 $RPIF_i$
农业	99	99	0.06	0.05
矿业	57	58	0.06	0.07
15～16	83	88	0.14	0.10
17～19	87	92	0.12	0.09
20	98	99	0.32	0.10
21～22	72	88	0.15	0.09
23	58	49	0.01	0.01
24	64	73	0.05	0.03
25	70	73	0.28	0.47
26	88	92	0.09	0.06
27～28	71	83	0.13	0.05
29	73	77	0.26	0.20
30～33	54	74	0.37	0.15
34～35	22	72	0.43	0.05
36～37	98	97	0.03	0.03
公共事业	29	36	0.08	0.09
建筑业	90	96	0.12	0.07
商贸、宾馆和餐饮业	99	99	0.16	0.05
交通运输业	69	83	0.33	0.32
金融及商业服务	55	74	1.22	0.28
其他服务	64	72	0.21	0.15
所有行业	92	94	0.12	0.08

三、产品结构

几乎所有相关文献都同意制造业在中等收入阶段对经济增长的促进作

用[①]，但是制造业内不同产品生产和销售对经济增长的促进作用存在较大差异，因此有必要深入到产品层面来研究不同阶段国家的产品生产结构。Felipe 等（2013）发现生产和出口产品的精密性（用 EXPY 表示），与人均 GDP 存在一定的关系，据 Felipe（2010）估计，产品的精密性每增加 10% 会带动人均 GDP 增长 0.5%。他们把历史上的中等收入国家和高收入国家生产和出口产品的精密性随时间的变化绘制为图 2-9，可以看出，产品的精密性与国家的经济增长情况有着相同的趋势，历史上的中等收入国家因生产和出口产品的精密程度差异而出现了经济水平的分叉；而高收入国家在产品的精密性方面呈收敛态势，其经济增长水平收敛趋势一致。

① 虽然都承认制造业的重要性，但在制造业是唯一重要，还是与服务业同等重要，或是与农业、服务业同等重要，抑或是其重要性是否会被服务业取代等方面存在争论。

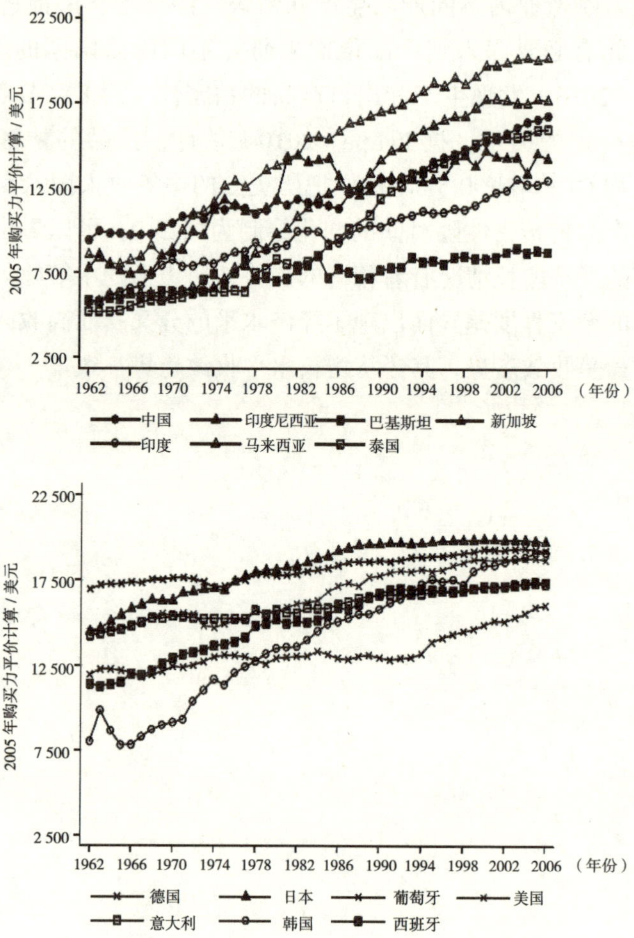

图 2-9 生产和出口产品的精密性与人均 GDP 的关系

另外，他们也发现，如果低收入国家能有效增加其具有显性比较优势产品的出口种类，达到产品种类的多样性（用 Diversification 表示），则有利于提高其经济增长速度，如图 2-10 所示。但这种战略不适用于高收入国家，它们可能把出口产品的种类控制在一个合适的规模，而在出口产品的精密性上投入更多资源。

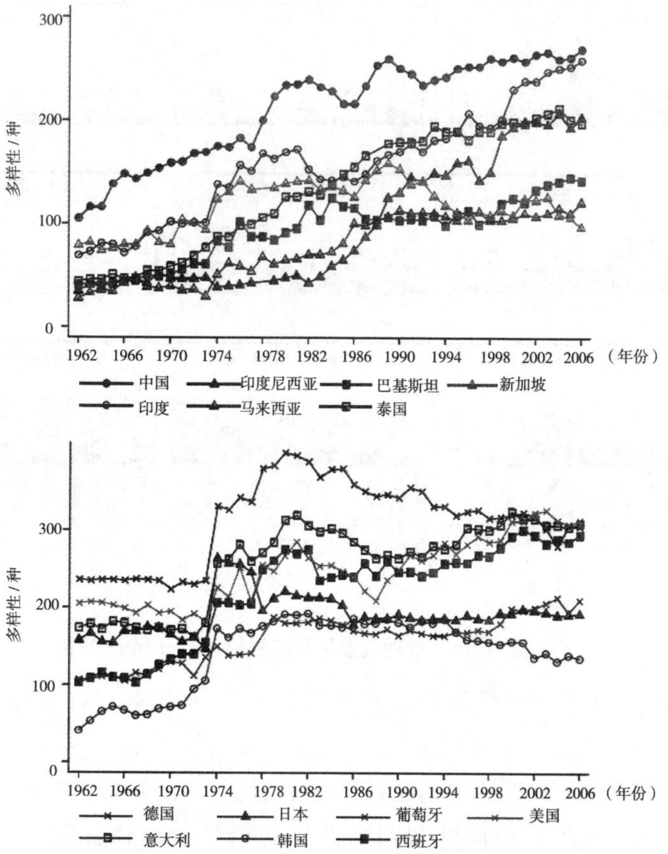

图 2-10 产品出口种类多样化与经济增长速度的关系

在另一篇文章中，Felipe 等（2014）对产品进行了更精准的分类。根据与上述标准类似的概念精密性（用 PRODY 表示）和转换性（用 PATH 表示）以及分布水平的第一、第二、第三个 1/3 的水平把产品划分为 3 类，用 Low PRODY（LPR）、Mid PRODY（MPR）、High PRODY（HPR）、Low PATH（LPA）、Mid PATH（MPA）、High PATH（HPA）表示。最具精密性和转换性的产品（HPR-HPA），被称为“好产品”；而精密性和转换性最差的产品（LPR-LPA），被称为“坏产品”。

图 2-11 描绘了 Leamer 划分的 11 类产品在上述 3 × 3 的划分标准中的分布图。精密性最高的产品是机器和化学药品。

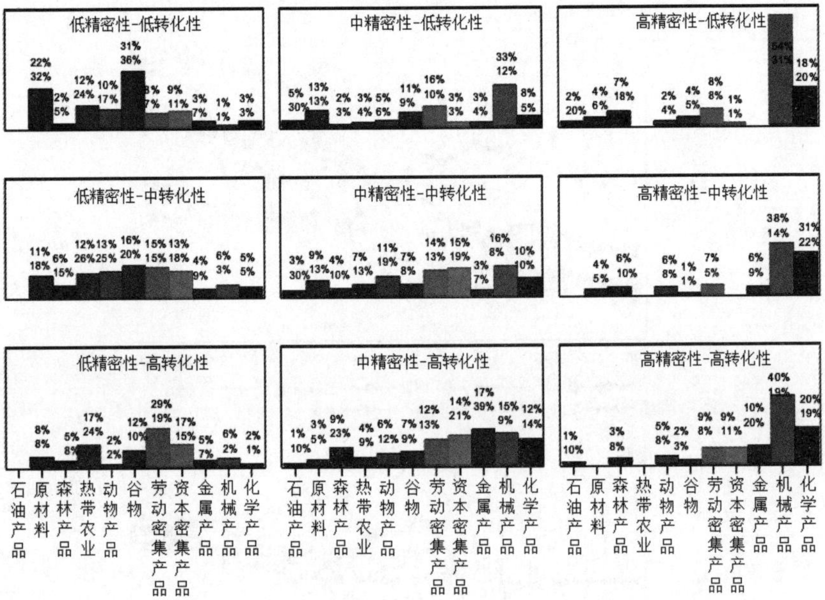

图 2-11　依据精密性和转换性进行产品的分类

表 2-4 将各国生产和出口产品的“好”与“坏”的种类在其出口产品种类中的比例进行了大致划分。美国、瑞士、德国、英国等 21 个国家生产和出口的“好”产品比例超过 15%；荷兰、加拿大、爱尔兰、中国等 41 个国家出口的产品转换性和精密性好的产品的比例比较高（低于 15%）；智利、埃及、新西兰、阿根廷等 42 个国家出口的产品精密性和转换性都不高；澳大利亚、伊朗、越南、南非等 50 个国家出口的“坏”产品的比例不低于 15%。发达国家[①] 中仅有加拿大、爱尔兰和荷兰不在“好产品”的分类中，德国、瑞典和斯洛伐克出口“坏产品”的比例不足 2%。

表2-4　出口产品的“好”“坏”分类的国家（地区）

高核心技术的经济体		低核心技术的经济体	
“好”产品占比高（21 个国家和地区）	尖端产品和互联产品的显著份额（41 个国家和地区）	相当比例的不复杂和连接良好的产品（42 个国家和地区）	“劣质”产品的比例很高（50 个国家和地区）

① 文中没有对发达国家进行准确界定，可能存在争议。

续　表

高核心技术的经济体		低核心技术的经济体	
澳大利亚、白俄罗斯，比利时、克罗地亚、捷克、丹麦、芬兰、法国、德国、匈牙利、意大利、日本、挪威、波兰、斯洛伐克、斯洛文尼亚、西班牙、瑞典、瑞士、美国、英国	亚美尼亚、巴巴多斯、伯利兹、波斯尼亚和黑塞哥维那、巴西、保加利亚、布隆迪、加拿大、中国香港、哥斯达黎加、塞浦路斯、冈比亚、格鲁吉亚、几内亚比绍共和国、印度、爱尔兰、以色列、约旦、黎巴嫩、利比里亚、马来西亚、马耳他、墨西哥、荷兰、尼日尔、巴拿马、菲律宾、葡萄牙、韩国、罗马尼亚、俄罗斯、圣基茨和尼维斯、安圭拉、萨摩亚、塞内加尔、塞舌尔、塞拉利昂、新加坡、南非、泰国、乌克兰	阿尔巴尼亚、安哥拉、阿根廷、巴林岛、柬埔寨、智利、中国澳门、哥伦比亚、多米尼加共和国、埃及、萨尔瓦多共和国、爱沙尼亚、斐济、希腊、危地马拉、冰岛、牙买加、科威特、吉尔吉斯斯坦、老挝人民民主共和国、拉脱维亚、立陶宛、马达加斯加岛、马拉维、毛里求斯、蒙古、摩洛哥、尼泊尔、新西兰、阿曼、巴基斯坦、卡塔尔、摩尔多瓦、沙特阿拉伯、叙利亚共和国、塔吉克斯坦、马其顿、特立尼达和多巴哥、突尼斯、土耳其、阿拉伯联合酋长国、乌拉圭	阿尔及利亚、澳大利亚、阿塞拜疆、孟加拉国、贝宁、玻利维亚、布基纳法索、喀麦隆、中非、乍得、刚果、科特迪瓦、刚果民主共和国、吉布提、厄瓜多尔、赤道几内亚、埃塞俄比亚、加蓬、加纳、几内亚、圭亚那、海地、洪都拉斯、印度尼西亚、伊朗、哈萨克斯坦、肯尼亚、利比亚、马拉维、马里、毛里塔尼亚、莫桑比克、尼加拉瓜、巴布亚新几内亚、巴拉圭、秘鲁、卢旺达、斯里兰卡、苏丹、苏里南、多哥、土库曼斯坦、乌干达、坦桑尼亚、乌兹别克斯坦、委内瑞拉、越南、也门、赞比亚

第二节　主要理论进展及其解释

尽管经济结构会随着经济发展而变迁，但不同于其他阶段，中等收入阶段经济结构的变迁更广泛、更深刻、更具决定性。这种特殊性是由特定的经济发展阶段决定的，其范围包括了整个产业、部门和产品层面的深刻改变，而且这种变革与经济增长之间相互影响，是经济分叉的关键节点，政府有必要对经济结构的调整进行必要的引导。此处对上述有关内容的研究进行了梳理，希望得到有关中等收入阶段经济结构变迁的特征、规律和机制，也为政府引导经济结构变迁搜集可借鉴的经验。

一、增长阶段与结构变迁

类似于罗斯托经济发展阶段的研究思路，Ohno K.（2009）把国家工业化道路也划分为 5 个阶段，总结了东亚国家发展的各个阶段的产业结构及其演

变规律，并说明了一些典型国家的发展状态和前景。文章认为，从东亚的经验来看，一个国家工业化道路大致可以分为5个阶段，从初始阶段到第四阶段，每个阶段有不同的特征和发展战略，如图2–12所示。处于初始阶段的国家是准备工业化的低收入国家，通常刚刚经历战争、政治动荡、社会计划和严重的经济管理失误，经济结构比较脆弱，这些国家的经济通常主要依靠地下资源、初级出口、基础农业和外国援助。传统产业（如农业和采掘业）创造的价值非常小，缺乏有活力的制造业，这些国家在生产和贸易方面非常薄弱。

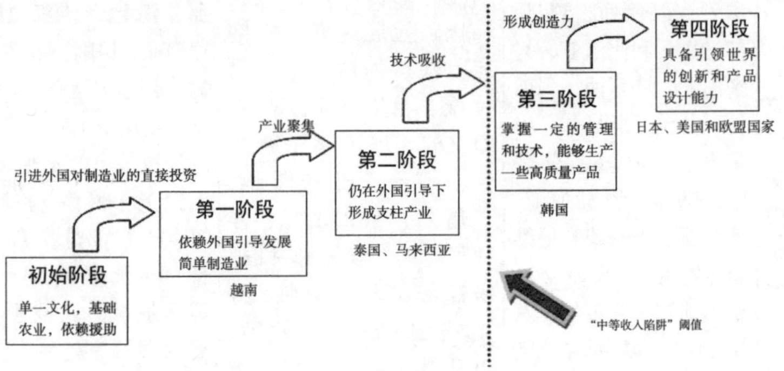

图 2–12　国家工业化发展阶段与产业结构变化

当外国直接投资企业进行一些简单的轻工产品（如服装、鞋类、食品）和电子产品及元器件的组装或加工，将其用于出口并达到一定规模时，经济开始起飞，这是工业化的第一阶段。此时的设计、技术、生产和销售都由外国人进行指导，关键的原料和组件都要靠进口，国家仅仅能够提供不熟练的工人和工业用地。这个阶段国内创造的价值仍然很小，外国人创造的价值占大部分。21世纪以来越南基本上处于这个阶段。

在第二阶段，随着外国直接投资的积累和生产的扩张，国内对产品的组件供给开始增加。此时的组装类企业竞争变得越来越激烈，组装企业和组件供给企业形成良性循环。制造业数量变得庞大，国内价值创造得到一定程度的增长，但生产过程基本控制在外国的管理和指导之下，工资和收入不可能出现大幅上涨。泰国和马来西亚已经达到这个阶段。

第三阶段必须通过人力资本积累把技术和知识内化，生产中全方位地取代外国。当对外国的依赖度下降时，国内创造的价值就会迅速增加，这时国家已成为制造业高质量产品的出口国，与发达国家展开竞争，重塑全球产业

布局。韩国是这个阶段的经济体。

到了第四阶段，国家已经掌握研发新产品的能力，能主导全球的市场趋势。日本、美国和部分欧洲发达国家是这个阶段的产业创新国。

文章认为，国家在工业化的过程中并不一定很顺利，从一个阶段到另一个阶段的过渡有时会很曲折。相当多国家的制造业获得极少的国外直接投资，因而一直停留在初始阶段；到达第一阶段的国家往第二阶段过渡时也面临较大困难；有些国家因为无法升级其人力资本而一直停滞在第二阶段（“中等收入陷阱”），东盟国家没有一个能跨越第二阶段，绝大部分拉丁美洲国家也是如此。

文章很好地总结了东亚发展的经验，强调外国投资对于低收入国家经济发展的积极作用以及高收入阶段对研发和管理能力的需要，从发展阶段的角度总结了产业变迁的趋势，对低收入国家的发展有一定的借鉴意义。但文章更多是经验性的总结，对于产业结构升级所需要的条件、产业结构变迁的内在逻辑缺乏统一的理论框架，忽略地区和国家间资源禀赋、文化制度的差异，对具体的国家发展战略难以提供针对性的指导作用。

二、结构变迁机制

Lin（2012）以比较优势的改变为内在逻辑，以经济选择和经济效率为研究框架，阐述经济发展中经济结构的变迁机制。文章的主要思想包括经济体的禀赋是分析经济增长的起点；经济体的禀赋在一定时期内是不变的，但会随时间的推移而发生改变。生产的要素禀赋包括土地（或自然资源）、劳动力和资本（包括物质和人力资本）以及基础设施（包括硬性基础设施和软性基础设施）。硬性基础设施如高速公路、港口、机场、电信系统、电力设施和其他公共设施等；软性基础设施如制度、法规、社会资本、价值观等。经济比较落后的国家，其要素禀赋一般表现为劳动力或自然资源相对丰富、资本相对稀缺，因而生产多集中于劳动力或资源密集型产业，采用传统技术。已完成工业化的高收入国家，资本相对丰裕，资本密集型产业具有比较优势。在进行远距离、大数量、高价值的全球性市场交易时，国家要提供与之相适应的硬性基础设施和软性基础设施。对科技水平欠发达的发展中国家而言，其要素禀赋结构决定着要素相对价格和最优产业结构，并进一步决定企业规模、水平和风险性质的分布。

经济增长的过程不仅要求现有产业中的技术持续更新，而且要求现有产业不断从劳动密集型产业向资本密集型产业升级，否则容易陷入像新古典增长模型所预测的经济停滞状态。尽管拥有后发优势的发展中国家有不同的资本密集型产业可供选择，但是要顺利实现其升级过程，发展中国家需要首先升级其要素禀赋结构，并使其资本积累速度高于劳动力增长速度。

当一个发展中国家在经济发展过程中顺着产业阶梯拾级而上时，由于资本具有不可分性、生产规模效应的扩大、经济体接近世界产业前沿、企业需要更大的市场，基础设施需要随着这些要求作出相应的变化。例如，企业在升级过程中规模、市场范围和风险性质会发生相应改变，如果基础设施无法做出相应改变，则有引发 X– 低效率（X–inefficiency）的可能。

一个国家的经济发展是从低收入农业经济一直到高收入工业化经济的连续变化过程（并不是间断的突变过程）。在这个过程中，并不存在一个明确更高级的产业结构和基础设施可供参考，而是根据现有资源禀赋不断升级。在每个发展阶段，市场是配置资源最有效率的基础手段，同时要求政府发挥积极的协调作用以及提供基础设施，以促进产业的多样化和升级。因为，产业多样化和升级本质上是一个创新过程，需要一些先驱企业创造公共知识（这些公共知识具有非竞争性和不完全排他性），而基础设施的改进会对其他企业产生大量的外部性，这些是市场机制无法满足的，因而需要政府发挥作用。

显然，Lin 的研究思路和研究框架，对世界经济增长和产业变迁有着深刻的洞察，比较优势的确构成了区域性的产业分工与发展的主要参考依据。但学术界对这一理论的质疑是一个国家的比较优势可能受到国内、国外诸多因素的影响，如何能保证比较优势朝着产业结构升级的方向变动？如果政府对比较优势进行调节，引导比较优势变化的基本依据是什么？如何保证政府部门有持续的激励去这么做？

Lin 的不足在于比较优势可能更多是从供给方面解释产业结构变迁的。Buerah 和 Kaboski（2012）、Foellmi 和 Zweimiiller（2008）从需求方面进行解释，认为消费者对商品和服务的偏好发生改变是影响的重要方面。

具体从产业层面看，尤其是制造业在经济发展中的地位和作用是研究的一个重点。以往对这种制造业变迁的研究主要有两种思路：一种思路是基于需求的，认为消费者对商品和服务的偏好发生改变；另一种思路是基于技术

的，认为制造业比其他产业有更高的生产率增长水平。但是，这两种思路中任何一种都解释不了20世纪90年代前后制造业转折点出现显著差异的原因，需要把两者结合起来研究。

Rodrik（2016）从需求和供给两方面研究制造业变化的规律，解释了很多发展中国家出现的过早去工业化的发展趋势，认为其将不利于中等收入国家持续的经济增长。文章利用 GGDC（Groningen Growth and Development Center）数据库，对 42 个国家 20 世纪 50 年代左右到 21 世纪前十几年的数据进行分析，发现工业化和人均收入呈倒 U 形关系，如图 2-13 所示。实线表示制造业就业份额（manemp），短虚线表示制造业名义产出在 GDP 中的份额（nommva），长虚线表示制造业真实产出在 GDP 中的份额（realmva）。

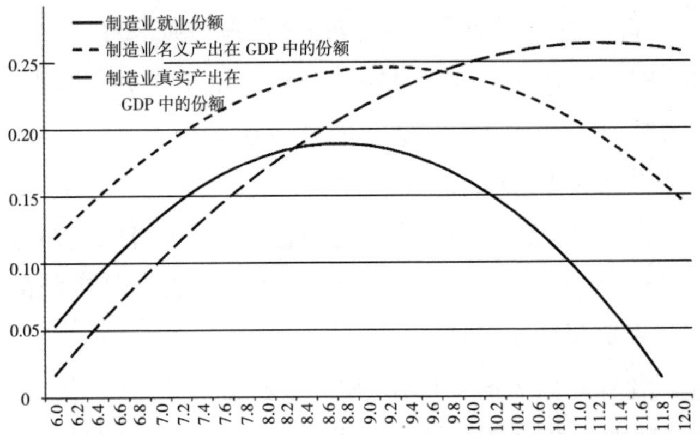

图 2-13　1950—1990 年制造业份额与人均收入的关系

进一步研究发现，以 20 世纪 90 年代为时间分界点，90 年代前和 90 年代后制造业份额转折点（峰值）的位置发生了改变，90 年代后制造业份额开始下降时其人均收入水平不足 90 年代前的一半，即比 90 年代前及在更早的阶段出现了制造业份额的整体下降趋势，如图 2-14 所示。

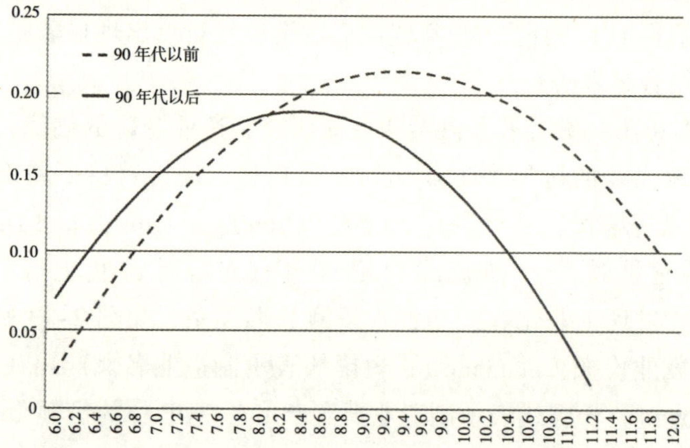

图 2-14　20 世纪 90 年代前后制造业份额的变化

文章利用数理模型对这一现象进行了分析。将生产分为制造业和非制造业，总的劳动力数量不变为 1，制造业的就业份额为 α。两个部门的生产函数都具有边际报酬递减的特征，分别为$q_m^s = \theta_m \alpha^{\beta_m}$和$q_n^s = \theta_n (1-\alpha)^{\beta_n}$。其中 q 表示产量，θ 表示生产参数，β 表示不变的技术水平，且 $0<\beta<1$。需求变化的方程为$\hat{q}_m^{\mathrm{d}} - \hat{q}_n^{\mathrm{d}} = -\sigma(\hat{p}_m - \hat{p}_n)$，$p$ 表示价格，σ 表示两类商品之间的替代弹性，上面的符号“^”表示变动率（$\hat{y} = \mathrm{d}y / y$）。

商品市场的出清方程为$q_m^{\mathrm{d}} + x = q_m^s$和$q_n^{\mathrm{d}} + x = q_n^s$，其中 x 表示净制造业产品出口。假设劳动力是充分就业的，且可以在两个部门之间自由流动，劳动力在两个部门的边际产量相同，则有$\beta_m p_m \theta_m \alpha^{\beta_m - 1} = \beta_n p_n \theta_n (1-\alpha)^{\beta_n - 1}$。由于只要确定相对价格，因此取非制造业商品的价格为 1，即$p_n = 1$。上述模型求解分为发达经济体和发展中经济体两种情形讨论。

情形 1：发达经济体。

假设制造业的价格由国内经济发展水平内生决定，净贸易流是外生的。那么对制造业就业份额进行比较静态分析有：

$$\mathrm{d}\alpha = \phi\left[\left(\frac{\sigma-\lambda}{\sigma}\right)\hat{\theta}_m - \left(\frac{\sigma-1}{\sigma}\right)\hat{\theta}_n + \frac{1}{\sigma}\frac{\mathrm{d}x}{q_m^{\mathrm{d}}}\right]$$

$$\phi = \left[\frac{1}{\alpha}(1-\beta_m) + \frac{1}{1-\alpha}(1-\beta_n) + \frac{1}{\sigma}\left(\frac{\lambda}{\alpha}\beta_m + \frac{1}{1-\alpha}\beta_n\right)\right]^{-1}$$

$$\lambda = \frac{q_m^s}{q_m^{\mathrm{d}}}$$

上式说明制造业中较低的贸易盈余或较高的贸易赤字会导致制造业较低的就业份额。假设制造业净贸易比重非常小，$\lambda \approx 1$，且需求缺乏弹性，$\sigma < 1$，那么 α 会随着制造业的技术进步（$\hat{\theta}_m$）递减，随着非制造业的技术进步（$\hat{\theta}_n$）递增。制造业的 TFP 的增长率越高，就业指标上的去工业化程度越大。其作用原理是制造业技术进步越快，制造业的相对价格下降得越低，如果价格的下降没有激发足够多的需求（需求价格弹性较小），只有通过缩减就业人口来维持。

接下来研究一下增加值的变化。令$\alpha_q = \dfrac{q_m^s}{q_m^d + q_m^s}$，$\alpha_q$表示制造业的真实增加值所占的比重，可以推得$d\alpha_q = \alpha_q(1-\alpha_q)\left[\hat{\theta}_m - \hat{\theta}_n + \left(\dfrac{1}{\alpha}\beta_m + \dfrac{1}{1-\alpha}\beta_n\right)d\alpha\right]$。如果仅仅存在国内需求冲击和贸易冲击（即$\hat{\theta}_m = \hat{\theta}_n = 0$），那么$d\alpha_q$与$d\alpha$同向变化，两个指标衡量的工业化的变化一致。如果就业的去工业化程度是由两个部门 TFP 增长率的差异造成的（即$\hat{\theta}_m > \hat{\theta}_n$），那么制造业产出份额有可能下降很少，甚至有可能增加。

情形 2：发展中经济体。

假设经济体在世界市场上是价格接受者，而出口是内生的。比较静态分析有$d\alpha = \left[\dfrac{1}{\alpha}(1-\beta_m) + \dfrac{1}{1-\alpha}(1-\beta_n)\right]^{-1}\left[\hat{p}_m + \hat{\theta}_m - \hat{\theta}_n\right]$。此时，制造业技术进步对就业的影响不能确定，$\sigma$ 对结果没有影响，即国内负的需求冲击不会导致去工业化，因为生产商可以把产品卖到国际市场。发展中国家出现的去工业化趋势并不是由国内制造业与非制造业 TFP 增长率的差异造成的，这种差异应该有利于工业化，而不一定有利于去工业化。如果其他国家技术进步导致的制造业产品相对价格下降，加上贸易自由化，即使国内的制造业比非制造业 TFP 增长速度更快，也可能出现就业指标上的去工业化现象。

通过对比两类低收入国家（一类在制造业有显著的比较优势，另一类没有显著的比较优势）在面临两种变动（一种是低技能劳动力节约型的技术进步，另一种是运输成本和交易成本的下降）时的数据发现，有显著比较优势的国家制造业产出会增加，就业份额有很大可能增加；没有显著比较优势的国家在制造业产出和就业份额两个方面都下降。一个可能的解释是当这些发展中国家开放贸易的时候，它们面临发达国家的制造业的冲击。由于发达国家技术进步快，商品的相对价格呈下降趋势，发展中国家的经济由原来的进

口替代战略变为净进口，使其制造业被挤压。由于这些发展中国家制造业出口数量相对较少，因此可以看作国际商品市场上的价格接受者。持续工业化的过程，不仅要求制造业的 TFP 增长率与其他产业不同，而且要求制造业与非制造业生产率的增长率之差超过制造业生产的产品的相对价格的下降速度。研究表明，极少有国家能做到这一点，因此很多发展中国家都从国外“进口”了去工业化。

文章认为，不仅（外生的）技术进步会带动工业化发展，工业化过程也会带动生产率的提高和经济增长。在低收入阶段，从农村转移到城市的工人是生产率增长的重要源泉，工业化过程既有再配置效应，又有中长期发展带来的较强的生产率增长效应。Rodrik（2014）指出，有组织的正规的制造业部门呈现无条件收敛的特征，是经济增长的重要引擎。从这个意义上讲，早熟的去工业化对发展中国家来说并不是好事，它阻断了经济高速增长的通路。①

与上述文章的思路相似，将需求和供给两方面的因素结合起来研究，但 Herrendorf（2013）的结论对上篇文献有补充作用。文章以一个简单的数理模型说明即使所有部门技术进步率相同，不同的资本密度、生产的替代弹性以及消费的相对价格的综合作用也会对产业结构造成影响。作者建立了如下模型。假设了一个无限期存续的家庭效用函数，即$\sum_{t=0}^{\infty}\beta^t \log C_t$。假定家庭消费是由农业（$a$）产品、制造业（$m$）产品和服务业（$s$）产品的常替代弹性函数综合而成，$\varepsilon$影响三种产品的替代弹性。各产品的生产函数为$c_{it}=A_t k_{it}^{\theta_i} n_{it}^{1-\theta_i}$；总消费品和资本品的生产函数分别为$C_t=k_{ct}^{\theta}\left(A_{ct}n_{ct}\right)^{1-\theta}$和$X_t=k_{xt}^{\theta}\left(A_{xt}n_{xt}\right)^{1-\theta}$，资本积累为$K_{t+1}=(1-\delta)K_t+X_t$。家庭最优化消费。其中，利率和工资率分别为资本的边际报酬和劳动的边际报酬，整理可得$\frac{1-\theta_i}{\theta_i}\frac{k_{it}}{n_{it}}=\frac{1-\theta_j}{\theta_j}\frac{k_{jt}}{n_{jt}}$，说明资本份额越大的部门资本劳动比例越高，各部门的资本劳动比例以相同的速率变化。把上式代入工资率等式，可得$\frac{p_{it}}{p_{jt}}=\Omega_{ij}\left(\frac{k_{it}}{n_{it}}\right)^{\theta_j-\theta_i}$，$\Omega_{ij}$是由资本份额决定的常数，说明任意两个部门，当总资本存量增加时，有较高资本份额的部门的相对价格会下降。如果假设$\theta_\alpha>\theta_m>\theta_s$，就意味着服务业相对于制造业、制造业相对于农业的价格随着

① 作者对早熟的去工业化的定义是发展中国家没有经历一个适当的工业化历程就转向服务业的现象。

时间都会上升。

由$\frac{1-\theta_i}{\theta_i}\frac{k_{it}}{n_{it}}=\frac{1-\theta_j}{\theta_j}\frac{k_{jt}}{n_{jt}}$可直接推导出$K=\left(\sum_{j=x,a,m,s}\frac{1-\theta_j}{\theta_j}n_j\right)\frac{1-\theta_i}{\theta_i}\frac{k_i}{n_i}$，代入各部门的消费品生产函数可得$c_{it}=A_t k_t^{\theta_i}\left(\frac{\frac{\theta_i}{1-\theta_i}}{\sum\frac{\theta_j}{1-\theta_j}n_j}\right)n_{it}$，表明某种类型产品的消费数量受到技术水平、资本存量以及劳动份额等因素的影响。

作者讨论了两种极端情形的模型的解和经济意义。

第一种情形：假设技术进步$\frac{A_{it+1}}{A_{it}}=1+\gamma_i$在三个部门是完全相同的，有$\gamma_i=\gamma_j$，$\epsilon=1$，总消费函数采取 Stone–Geary 形式。最终解得：

$$c_{at}=\omega_a\frac{P_tC_t}{P_{at}}+\bar{c}_a$$

$$c_{mt}=\omega_m\frac{P_tC_t}{P_{mt}}$$

$$c_{st}=\omega_s\frac{P_tC_t}{P_{st}}-\bar{c}_s$$

可见，假设三个部门以相同的速率进步，因为相对价格水平保持不变，因此$\frac{P_{it}C_{it}}{P_tC_t}$的值在农业中下降，在制造业中不变，在服务业中上升。而根据假设总消费在总产出中的比重是一定的，因而上述结论可以转化为农业的就业份额和增加值下降，制造业不变，服务业上升，造成这一变化的主要原因是收入的增加。

第二种情形：假设三个部门的技术进步是不相同的，$\bar{c}_a=\bar{c}_s=0$，$\epsilon\neq1$，求解模型可得：

$$\frac{n_{at}}{n_{mt}}=\frac{\omega_a}{\omega_m}\left(\frac{A_{mt}}{A_{at}}\right)^{(1-\epsilon)(1-\theta)}$$

$$\frac{n_{st}}{n_{mt}}=\frac{\omega_s}{\omega_m}\left(\frac{A_{mt}}{A_{at}}\right)^{(1-\epsilon)(1-\theta)}$$

这个解的讨论比较复杂，参数关系的不同得出的结论就不同。为了简单起见，讨论一种特殊情形。假设农业的技术进步最大，服务业最小，即$\gamma_a>\gamma_m>\gamma_s$，$\epsilon<1$，则$\frac{P_{it}C_{it}}{P_tC_t}$和$\frac{P_{it}C_{it}}{Y_t}$在农业中是递减的，而在服务业中是递增

的，制造业的变动趋势是不确定的。

值得说明的是，这两篇文献有相互补充的价值，Rodrik（2016）的研究更加深入，精细地刻画了技术进步在国内外和产业间的差异会如何引致产业结构变迁，对发展中国家的制造业的滑坡进行了有力的解释；而 Herrendorf（2013）则加大了研究的宽度，说明了非技术的因素对产业变迁的影响。两篇文章的不足之处在于，对于技术进步与非技术变迁对产业结构影响缺乏数量关系的说明，因而无法知道其相对重要程度。

Gökhan 和 Yilmaz（2016）在 Rodrik（2016）的基础上，从部门的角度，把劳动生产率的提高进一步区分为两个来源：一个是部门内部总的劳动生产率的提高；另一个是劳动力在各部门之间的再配置导致的劳动生产率的提高（又被称为生产率的结构性增长），定量地比较劳动生产率在停滞于中等收入阶段的国家（MIT）和跨越中等收入国家（NMIT）的差异，说明各部门在经济发展中的重要性及生产率对经济结构变迁的影响。

文章用下式表示生产率受这两个方面的影响：

$$\Delta AP_t = \sum_i \phi_{i,t-k} \Delta SP_{i,t} + \sum_i SP_{i,t} \Delta \phi_{i,t}$$

如果选择不同的时间点作为考察点，则结果稍有不同，变化的等式如下：

$$\Delta AP_t = \sum_i \phi_{i,t} \Delta SP_{i,t} + \sum_i SP_{i,t-k} \Delta \phi_{i,t}$$

如果考察不同时间点不同部门就业份额的变化，则用下列等式表示：

$$\Delta AP_t = \sum_i \phi_{i,t-k} \Delta SP_{i,t} + \sum_i SP_{i,t-k} \Delta \phi_{i,t} + \sum_i \phi_{i,t} \Delta SP_{i,t}$$

其中，AP_t表示总生产率水平，$SP_{i,t}$表示第 i 个部门在时间点 t 上的劳动生产率水平，$\phi_{i,t}$表示第 i 个部门在时间点 t 上的就业份额（用第 i 个部门的就业人数除以总就业人数），方程右式的第一项代表了部门内部总劳动生产率的提高，第二项代表了结构性增长。

基于上述方程利用 GCDC 数据库，对 9 个部门的数据进行分析，得到如表 2–5 所示的结果。从表 2–5 中可以看出，MIT 的劳动生产率的平均增长率大约为 1.93%，而 NMIT 的平均增长率为 4.37%①，生产率的差异能够在一定程度上解释两种经济增长轨迹。剖析差异的来源可以看到，NMIT 中部门内生产率的提高大约为 3.70%，MIT 仅有 1.45%，占到整体差异的较大部分。

① MIT 统计的时间段为 1950 年到 2005 年；NMIT 统计的时间段为 1953 年到 2005 年。

表2-5　NMIT和MIT的平均增长率比较

NMIT 国家（地区）				
分解方程	劳动生产率增长率（%）	内部生产率收益（%）	结构变化的生产率盈余	
			静态	动态
1	4.37	3.70	0.67	—
2	4.37	3.52	0.85	—
4	4.37	3.70	0.85	–0.18
MIT 国家（地区）				
分解方程	劳动生产率增长率（%）	内部生产率收益（%）	结构变化的生产率盈余	
			静态	动态
1	1.93	1.45	0.48	—
2	1.93	1.21	0.72	—
4	1.93	1.45	0.72	–0.24

进一步对各个部门内部生产率提高的状况进行统计，得到如表 2–6 所示的数据。可以发现，在 NMIT 中，制造业（Manf）内部生产率增加最快，为 1.35%；其次是批发零售业和酒店餐饮业（Trd），为 0.61%；最后是运输、仓储和通信业（Trans），为 0.41%。在 MIT 中，制造业（Manf）内部生产率增加最快，为 0.45%；其次是农业、狩猎业、林业和渔业（Agr），为 0.34%；最后是矿业和采石业（Min），为 0.21%。表 2–6 比较了 NMIT 与 MIT 九个部门内部生产率变化的差异，在整体 2.25 个百分点的内部差异中，制造业的差异最大，占到了 0.9 个百分点；如果把销售和运输也看作由制造业驱动的，那么制造业的重要性会进一步提升。可以判断，制造业对于中等收入国家是非常关键的，其生产率的提高是其经济增长的重要来源，从而决定其停留在中等收入水平还是跨越中等收入水平的发展轨迹。

表2-6 NMIT与MIT国家各部门内部生产率提高状况

模型＼部门	农业、狩猎业、林业和渔业	矿业和采石业	制造业	公共事业	建筑	批发零售业和酒店餐饮业	运输、仓储和通信业	金融	服务	总和
NMIT 国家（地区）										
分解方程（1）或分解方程（4）	0.39	0.06	1.35	0.13	0.16	0.61	0.41	0.10	0.48	3.70
分解方程（2）	0.36	0.04	1.34	0.11	0.14	0.59	0.41	0.06	0.47	3.52
MIT 国家（地区）										
分解方程（1）或分解方程（4）	0.34	0.21	0.45	0.08	0.05	0.00	0.16	0.07	0.10	1.45
分解方程（2）	0.31	0.15	0.42	0.05	0.03	−0.03	0.15	0.05	0.08	1.21
NMIT 国家（地区）和 MIT 国家（地区）的比较										
分解方程（1）或分解方程（4）	0.05	−0.14	0.90	0.05	0.12	0.61	0.25	0.03	0.38	2.25
分解方程（2）	0.05	−0.11	0.91	0.06	0.11	0.62	0.26	0.01	0.39	2.31

Yao（2017）的实证研究也证实了上述观点，对“服务业可以替代制造业成为中等收入国家经济增长的新动力”的观点进行了批驳。“服务业可替代制造业”的观点认为：服务部门的重要性正在增加；信息和通信技术的发展说明服务产业可能变为发展中国家经济增长的新引擎；经济学家对服务产业的观点也发生了变化。

文章利用较多数据库[①]进行实证研究发现：第一，在中等收入国家，制造业拉动服务业的增长，无论是短期还是长期，制造业增长率的下降都会使服务业的增长变得缓慢；第二，制造业的发展不仅能增加私人储蓄率，有利于资本的积累，而且有利于加快技术积累；第三，中等收入国家制造业份额的增加能提升人力资本和经济制度的利用。因此，制造业仍然是中等收入国

① 利用的数据库包括 the World Bank World Development Indicators Database, the World Input-Output Database, the World KLEMS Database, the European Union KLEMS Database, the Asian KLEMS Database, the OECD's Structural Analysis Database, the Groningen Growth and Development Center 10-sector Database, the UNIDO INDSTAT2 Database。

家经济增长的核心动力。

Doytch 和 Uctum（2011）从实证的角度研究 FDI 在不同服务业部门投资对制造业的影响，从侧面解释中等收入国家经济结构变迁对经济绩效的影响。文章通过把 FDI 划分为对制造业和服务业两个部门的投资，进一步又把服务业分解为金融服务业和非金融服务业两个部门，研究 FDI 对两个部门的作用及其溢出效应，说明不同部门的 FDI 有不同的增长效应。在拉丁美洲、加勒比地区、欧洲和中亚低收入地区且制造业占主导地位的国家，制造业部门的直接投资对经济增长的拉动效应非常显著。相反，对服务业的直接投资并不总能促进经济增长，在有些经济体中很有可能导致去工业化。进一步分解研究发现，导致去工业化的主要原因是非金融部门的 FDI 消耗了所有的资源，其损害了东南亚、太平洋地区以及高收入国家和以服务业为主导的国家的制造业的发展；金融部门的 FDI 有利于增加制造业和服务业的经济活力，带动经济增长。

Felipe 等（2014）从生产和出口产品的角度解释了国家经济增长与经济结构变迁的关系。文章认为，在衡量一个国家生产和出口能力的时候，需要借助两个重要的概念：精密性（sophistication）和转换性（connectivity），前者一般用与收入相关的方法进行测量，后者用产品转化难易程度衡量（如能否从生产和出口比较简易、便宜的产品转化为生产和出口比较高端、昂贵的产品）。文章中用 PRODY 表示精密性，用 PATH 表示转换性。

根据 Hausmann 等（2007）的测量方法，$PRODY_i=\sum_c\left[\frac{xval_{ci}/\sum_i xval_{ci}}{\sum_c\left(xval_{ci}/\sum_i xval_{ci}\right)}\right]\times GDP_{pc_c}$ 精密性测量，其中，$xval_{ci}$ 代表第 c 个国家第 i 种商品出口的总价值，GDP_{pc_c} 表示第 c 个国家的人均 GDP。利用 UN Comtrade Database 数据库中 SITC Rev.2 的 4 点水平的 2003 年至 2007 年贸易数据计算 PRODY 的 5 年平均值。利用 World Development Indicators 得出了以 2005 年 PPP 计算的人均 GDP 的值（PRODY 也是以 2005 年 PPP 计算的）。最终，PRODY 的最低值为编织的黄麻、织品等产品组成的 1 182 美元到最高值为卤代烃衍生物产品的 35 885 美元。

转换性的衡量，$PATH_i=\sum_j \phi_{ij}, 0\leqslant PATH_i\leqslant 778$，表示第 i 种产品与其他所有产品的邻近性（proximity）的总和（ϕ_{ij} 表示第 i 种产品与第 j 种产品的邻近性）。根据 Hidalgo 等（2007）的测量方法，$\phi_{ij}=\min\left\{P\left(RCA_i \mid RCA_j\right)\right.$,

$P\left(RCA_j \mid RCA_i\right)\}0 \leqslant \phi_{ij} \leqslant 1$，$P\left(RCA_i \mid RCA_j\right)$表示一个国家在具有显性比较优势并出口第 j 种商品的条件下具有显性比较优势出口第 i 种商品的条件概率（RCA，显性比较优势）。RCA 则根据 Balassa（1965）提出的计算方法：$RCA_{ci}=\dfrac{xval_{ci}/\sum_i xval_{ci}}{\sum_c xval_{ci}/\sum_i\sum_c xval_{ci}}$，$xval_{ci}$表示第 c 个国家出口第 i 种商品的总价值，出口第 i 种商品具有显性比较优势的国家有$RCA_{ci}>1$。

文中作者根据 PRODY 分布水平按照第一、第二、第三个 1/3 的水平把产品划分为 3 类，分别是 Low PRODY（LPR）、Mid PRODY（MPR）、High PRODY（HPR）；同样的方法也把 PATH 划分为三类，分别是 Low PATH（LPA）、Mid PATH（MPA）、High PATH（HPA），统计的结果如表 2-7 所示。在总共 779 种产品中，有 88 种产品属于 HPR-HPA，最具精密性和转换性的产品被称为“好产品”；有 93 种产品属于 LPR-LPA，具有的精密性和转换性最差的产品被称为“坏产品”。

表2-7 产品的精密性和转换性分类

转换性 \ 精密性		LPR	MPR	HPR
PATH	LPA	（LPR-LPA）	（MPR-LPA）	（HPR-LPA）
		产品数：93	产品数：64	产品数：103
		PRODY 均值：5 480 美元	PRODY 均值：15 552 美元	PRODY 均值：23 434 美元
		PATH 均值：94	PATH 均值：98	PATH 均值：99
	MPA	（LPR-MPA）	（MPR-MPA）	（HPR-MPA）
		产品数：101	产品数：91	产品数：68
		PRODY 均值：7 196 美元	PRODY 均值：15 027 美元	PRODY 均值：22 697 美元
		PATH 均值 :138	PATH 均值 :137	PATH 均值 :137
	HPA	（LPR-HPA）	（MPR-HPA）	（HPR-HPA）
		产品数：66	产品数：105	产品数：88
		PRODY 均值：9132 美元	PRODY 均值：15 360 美元	PRODY 均值：21 227 美元
		PATH 均值 :159	PATH 均值 :167	PATH 均值：164

根据“好”“坏”产品的分类，进一步对国家进行分类研究，以国家出

口$RCA>1$核心产品① 的数量占出口$RCA>1$的总产品数量的比例作为标准把国家分为两类："高核心国家"（High-core）指上述比例高于30%的国家；"低核心国家"（Low-core）指上述比例低于30%的国家。按照这一标准统计，有62个高核心技术的经济体，92个低核心技术的经济体。高核心技术的经济体和低核心技术的经济体及其精密性、转换性的状况如表2-8所示。

表2-8　按出口产品的"好""坏"分类的国家和地区

高核心技术的经济体		低核心技术的经济体	
"好"产品占比高（21个国家和地区）	尖端产品和互联产品的显著份额（41个国家和地区）	相当比例的不复杂和连接良好的产品（42个国家和地区）	"劣质"产品的比例很高（50个国家和地区）
澳大利亚、白俄罗斯，比利时、克罗地亚、捷克、丹麦、芬兰、法国、德国、匈牙利、意大利、日本、挪威、波兰、斯洛伐克、斯洛文尼亚、西班牙、瑞典、瑞士、美国、英国	亚美尼亚、巴巴多斯、伯利兹、波斯尼亚和黑塞哥维那、巴西、保加利亚、布隆迪、加拿大、中国香港、哥斯达黎加、塞浦路斯、冈比亚、格鲁吉亚、几内亚比绍、印度、爱尔兰、以色列、约旦、黎巴嫩、利比里亚、马来西亚、马耳他、墨西哥、荷兰、尼日尔、巴拿马、菲律宾、葡萄牙、韩国、罗马尼亚、俄罗斯、圣基茨尼维斯、安圭拉岛、萨摩亚、塞内加尔、塞舌尔、塞拉利昂、新加坡、南非、泰国、乌克兰	阿尔巴尼亚、安哥拉、阿根廷、巴林岛、柬埔寨、智利、中国澳门、哥伦比亚、多米尼加共和国、埃及、萨尔瓦多共和国、爱沙尼亚、斐济、希腊、危地马拉、冰岛、牙买加、科威特、吉尔吉斯斯坦、老挝人民民主共和国、拉脱维亚、立陶宛、马达加斯加岛、马拉维、毛里求斯、蒙古、摩洛哥、尼泊尔、新西兰、阿曼、巴基斯坦、卡塔尔、摩尔多瓦、沙特阿拉伯、叙利亚共和国、塔吉克斯坦、马其顿、特立尼达和多巴哥、突尼斯、土耳其、阿拉伯联合酋长国、乌拉圭	阿尔及利亚、澳大利亚、阿塞拜疆、孟加拉国、贝宁、玻利维亚、布基纳法索、喀麦隆、中非、乍得、刚果共和国、科特迪瓦、刚果民主共和国、吉布提、厄瓜多尔、赤道几内亚、埃塞俄比亚、加蓬、加纳、几内亚、圭亚那、海地、洪都拉斯、印度尼西亚、伊朗、哈萨克斯坦、肯尼亚、利比亚、马拉维、马里、毛里塔尼亚、莫桑比克、尼加拉瓜、巴布亚新几内亚、巴拉圭、秘鲁、卢旺达、斯里兰卡、苏丹、苏里南、多哥、土库曼斯坦、乌干达、坦桑尼亚、乌兹别克斯坦、委内瑞拉、越南、也门、赞比亚

文章的结论是，国家能否较快增长的关键是生产产品的结构以及出口产品的特性，这些取决于企业拥有的生产能力。精密性和转换性都非常显著的41个国家和地区（大部分都处于中等收入水平），由于一方面其有能力将产

① 此处的核心产品是指具有最高的精密性以及最高的转换性的商品。

品做到更加精密化，另一方面找到其他产品出口也比较容易，因此由出口带动的经济增长具有优势。精密性和转换性不显著或较低的国家，如果不加强企业能力积累，激发创新精神，受到收益递减的影响，其出口拉动的经济增长就会呈下降趋势。

三、政府在经济结构变迁中的作用

虽然理论界对于政府能否有效引导经济结构变迁尚存争论，但也不否认有为的政府可能在经济结构变迁中发挥的积极作用。当然，反对者通常认为弊大于利。对于如何核算利弊尚无先例，但各国政府显然都希望通过一定的政策措施扶持产业发展。

Lin（2012）对政府的战略和措施做了比较完备的阐述。文章认为，从战略上看政府要采用一种务实、渐进的退出战略，一方面为已经发展的产业提供阶段性保护，另一方面则帮助那些符合比较优势的产业得以发展。之所以要采取渐进的办法，是因为在这些企业没有获得足够的发展能力之前就停止保护，这些企业很可能面临倒闭的风险，会造成严重的社会和经济后果。

在财政政策方面，文章认为反周期的财政政策是合适的；政府可以通过提供必要的基础设施引导产业结构升级，尤其是经济进入衰退周期。原因有三：①政府的基础设施投资不仅可以增加短期需求，而且有利于提高长期的经济增长率；②投资成本相对较低；③长期经济增长率的提升和税收的扩张能弥补投资成本，避免“李嘉图等价陷阱”。

在公共租金管理政策方面，文章主张从资源性商品收入中拿出一定比例用于人力资本、基础设施和社会资本的投资，改善当前的资源禀赋，引导产业多样化和产业升级。这类投资应更着眼于增长瓶颈，针对基础设施和教育。因为低效的基础设施将不利于这些国家在世界市场上进行竞争。政府可以将资本投放到那些能够协助本国、本地区经济发展和结构变迁的部门。

在货币政策方面，政府可以利用利率政策作为反周期的调控工具，通过鼓励萧条时期的基础设施投资和产业升级投资，提升未来的经济增速。对于发展中国家，即使国内出现产能过剩，产业升级的空间仍然很大；只要利率足够低，企业就有动机进行投资，提升生产率，促进产业升级。

在金融发展方面，政府为国内金融和外贸制定一套有序的自由化政策是至关重要的，因为这直接关系到能否在经济转型过程中获得持续稳定的经济

增长（通常两者不能兼得）。在一定发展水平上最优金融结构可能取决于当时的主流产业结构、平均企业规模和典型风险种类，而这些因素又进一步取决于经济体当时的要素禀赋结构。发展中国家宜将地区性的中小银行作为金融系统的基础，以方便农业、工业和服务业中的中小企业获得充足、高效的金融服务。随着产业升级，经济体逐渐转向资本密集型产业，金融系统也会要求大型银行和复杂的资本市场与之匹配。

在利用外资方面，一方面，FDI 是最为有利的外国资本流动形式；另一方面，FDI 会带来技术、管理、市场渠道和社会网络，有利于发展中国家的产业升级；相反，旨在套利的投机资本不应受到鼓励。

在贸易政策方面，发展中国家应利用其比较优势和后发优势，缩小其与世界技术前沿国家的技术差距。另外，有必要采用渐进的贸易自由化政策，将国内那些不符合比较优势的产业逐步转型或淘汰；对过去被严格管制但符合比较优势的产业应放开准入。

在人类发展方面，要提前做好人力资本投资规划，有利于应对产业升级和技术创新过程中面临的风险和不确定性。同时应该注意，人力资本的提升必须与物质资本的积累和产业升级保持一致：人力资本投资不足会成为经济发展的瓶颈，而人力资本投资的相对过快会导致教育深化和知识失业。

Felipe（2013）虽然也认识到政府干预市场对经济效率的损失作用，但从更长远来看，政府在产业结构变迁中的积极作用更明显。政府的干预有利于提供及发现新的有利可图的与生产活动相关的信息外部性和与规模经济相关的协调外部性，在没有政府指导的市场经济中，出口新产品的商机以及出口的多样化都不可能产生。中国政府支持出口产业已经数十年了。虽然整个经济形态正在转变为由市场导向，但政府在引导出口方面仍可以有所作为，代替以往的出口补贴，政府的作用在于促进私人企业的协作。

Lemoine（2015）从实践出发，发现政府可以改变某些经济要素，但这些要素对产业发展的积极作用从数据上看还不明显，即无法证明政府干预能对产业结构变迁和经济增长有显著的影响。例如，虽然政府可以引导和提供投资，但没有证据表明投资的增加是区域经济赶超的决定性因素；政府也可以提供和调动资源进行基础设施建设，但也没有研究表明基础设施建设对经济的追赶存在有利影响（可能有但暂时没有数据能够证明）。政府在协调区域发展，把穷的地区和富的地区联系起来从而对产业进行重新布局方面可以

有所作为。

政府在贸易政策与引导 FDI 的投资布局方面可以发挥作用，但并不能保证 FDI 的投资能有效促进出口，从而不能保证经济的追赶。

政府也可以通过工资限价等法规对经济进行调控，通过限定最低的工资上涨幅度来保证低收入人群的追赶。然而，研究发现，工资率上涨越高的地方生产率增长得越快。工资上涨率越低的地方生产率增长越低，不可能实现经济的收敛。

政府也可以通过补贴和管制的手段对特殊的部门进行调控，使其出现收敛的特征，但如 Rodrik（2013）所述，制造业本身就呈现绝对收敛的特征，无法证明政府调控的有效性。

第三节 简评

本节总结了在经济发展过程中，中等收入阶段国家经济结构的特征事实，并从产业层面、部门层面、产品层面对经济结构的现状及变迁进行了剖析。从中我们得到的启发是，经济结构既是经济发展的结果，也是经济发展的原因，不同发展阶段对应不同的经济结构，预示着未来的经济发展水平。从产业层面看，在经济发展过程中，尤其是中等收入阶段，制造业水平是经济增长的关键。一方面，制造业在低收入阶段是经济快速增长的主要引擎；另一方面，在中等收入阶段能否促进制造业的发展、实现制造业的升级将直接影响经济体能否持续增长、跨越中等收入水平，过早地去工业化使中等收入阶段国家增长后劲不足。从部门层面看，部门之间存在劳动生产率的差异，既表现在同一个部门的正式部门和非正式部门之间，又表现在行业各部门之间资源的重新配置，由此带来的经济效率的提升，以及部门自身技术进步是经济增长的坚实基础。从产品层面看，国家生产和出口的产品也是其经济增长的重要组成部分，从发展的经验看，一方面，发展的阶段越高，出口产品的精密性越高；另一方面，在中低阶段水平上，可以通过产品的多样性增加出口的数量，应对出口潜在风险。政府在经济结构变迁中可以发挥一定的引导作用，但无论是市场的博弈还是政府的引导，一个基本的指导思想是利用自身的比较优势。

本部分分析的不足在于以下两个方面。第一，有一些理论对实践具有指

导意义，但对这些理论的认识还须进一步深入，如制造业在中等收入阶段后期的地位还存在较大争议，是继续制造业单引擎，或制造业、服务业双引擎，或多引擎，或制造业被服务业替代等；再如，经济结构变迁的主导因素，是由供给侧主导的，还是由需求侧主导的？目前也没有一致认可的定量研究；又如，出口产品如何在多样性与精密性间权衡。第二，在结构变迁的研究中，大部分文献缺乏一个一致性的理论框架，比较优势理论虽然有一个一致性的核心变量，但缺陷也很明显。首先，它仅仅涉及供给侧，忽略需求侧；其次，比较优势如果内生于经济系统，尤其是在系统中存在不确定性时，决策者如何把握比较优势的变动趋势，又如何根据比较优势选择产业和产品。

关于中国的经济结构变迁，研究者发现中国经济发展过程中出现了区域的发展不平衡，内陆城市比沿海城市在经济结构方面要落后 15 ～ 17 年，沿海地区更愿意与世界发达经济体联系，不愿与内陆地区联系，两个地区的经济发展水平的差距进一步拉大；从需求侧看，曾经拉动中国经济增长的“三驾马车”（投资、政府支出与出口）都显疲软，启动国内消费是当务之急，政府支出与发达国家比在健康支出和社会保障支出方面比例较低；从供给侧看，中国进入中等收入阶段以后部门内部的生产率的增长是生产率整体上升的主要部分，资源再分配对生产率提高有一定的作用，但相对较弱；具有比较优势的出口产品的种类比较丰富，产品的精密性也有很大提高。

本部分分析的不足还在于文献对现状描述较多，对形成原因的机制及强度研究不足，以至于无法就现状的改善提出有建设性的建议。例如，投资和出口下降，有的认为是内部原因，有的认为是外部经济周期的原因，两方对投资、出口的下降各能解释多少？再如，政府如果可以引导经济结构升级，应该如何系统性地进行引导，作用的机制是什么，作用的效果如何，政府退出的条件是什么，政府判断产业发展趋势的依据是什么？

第三章　经济增长动力及理论进展

处于中等收入阶段的国家面临的一个重要挑战就是以往推动经济快速增长的动力正在减弱甚至消失殆尽，要维持经济的快速增长就必须寻找并启动新的增长动力。问题的关键是如何选择新的增长动力？如何实现新、旧动力的转换？政府可以从哪些方面引导动力转换？本章梳理了近期对以上问题的一些研究成果，希望为中等收入国家的经济动力转换提供一些有益的思路。

第一节　引言

经济增长是多种因素共同作用的结果，既有经济方面的因素，也有非经济方面的因素；而经济方面又由需求侧和供给侧组成，核算时也从这两个方面进行，因而有必要对增长动力分门类进行说明。

一、经济方面

从需求方面看，Bulman、Maya Eden 和 Ha Nguyen（2017）通过比较跨越中等收入阶段和滞留在中等收入阶段的国家的出口在 GDP 中的份额发现，跨越中等收入阶段的国家更加开放，出口在经济总量中的份额非常高，对经济的拉动作用显著。如图 3-1 所示，当国家的经济发展到美国人均 GDP 水平的 20%～30% 后，出口占 GDP 的比重迅速提高，由 20% 左右上升到超过 60% 的水平，并保持高于这一水平直至跨越中等收入阶段；而滞留在中等收入阶段的国家出口份额徘徊在 40% 左右。

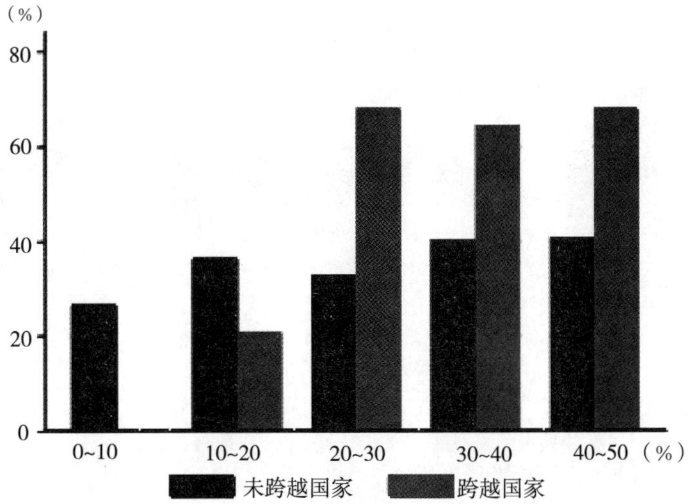

图 3-1　出口占 GDP 的比重

但是，想保持出口的持续增长并不容易，前文也论述到 Felipe、Kumar 和 UsuiNetal（2013）发现要想保持出口的份额，一个国家在不同阶段需要采取不同的产品出口策略：在低收入阶段主要靠出口多样化来增加出口和降低出口风险；而到了高中等收入阶段，出口产品应该走精密化的发展道路。

在供给方面，又可以从不同层面解析经济增长动力，从生产的总体层面来看，Aiyar 等（2013）比较了 20 世纪 70 年代、80 年代两个时间段内拉丁美洲经济增长速度与要素贡献率的差异，并与亚洲经济体进行了比较，从一个侧面反映了经济增长动力的差异。文章分别从物质资本、人力资本以及 TFP 几个方面进行了比较，如图 3-2 所示。拉丁美洲国家中，TFP 的迅速下降对经济增长减速影响非常明显，物质资本的减少也有部分影响，人力资本的积累有助于减缓经济的减速；相反，亚洲国家（地区）的 TFP 增长非常快，对经济增长有显著拉动作用，中国超过了 50%，此外人口增长的拉动作用也比较显著，物质资本和人力资本也有一定的贡献，如图 3-3 所示。[①]

① 图中数据的起止日期分别如下：亚洲“四小龙”都是从 1970 年到其人均 GDP 增长到按照 PPP 价格计算的 3 000 美元的年份；中国从 1970 年到 2009 年；印度从 1980 年到 2009 年。

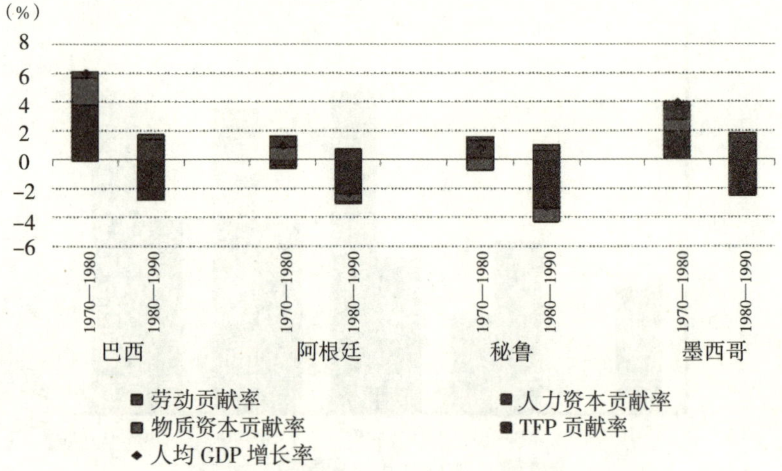

图 3-2　拉丁美洲 20 世纪 70 ～ 80 年代经济增长减速比较

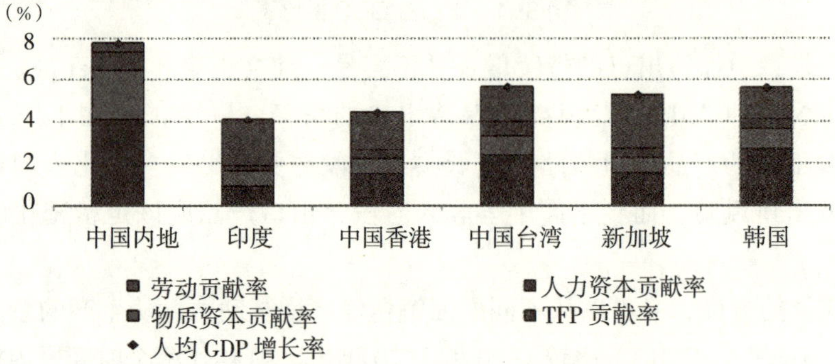

图 3-3　亚洲国家（地区）的经济增长要素贡献比较

Bulman、Maya Eden 和 Ha Nguyen（2017）的研究可以看作对 TFP 进行注解，通过比较跨越中等收入阶段和滞留在中等收入阶段国家的指标，发现两者在教育水平和专利数量上存在显著的差异。跨越中等收入阶段的国家在初等、中等、高等教育的受教育时间长度上均高于滞留中等收入阶段的国家，而在专利的数量上更是明显，前者高出后者一倍多（见图 3-4）。文章认为，教育质量在中等收入阶段向高收入阶段过渡时至关重要，过渡时的主要动力是创新，增长类型应该是创新驱动的经济增长。

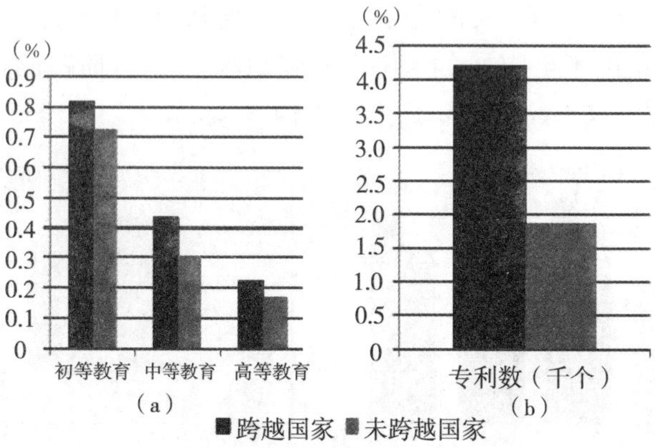

图 3-4　跨越国家和滞留国家受教育时间与专利数比较

从产业层面来看，三大产业的结构变迁既是经济增长的结果，也是经济增长的原因。正如 Rodrik（2014）指出，有组织的、正规的制造业部门呈现无条件收敛的特征，是经济增长的重要引擎。Bulman、MayaEden 和 HaNguyen（2017）认为，跨越中等收入阶段的国家呈现出明显的从农业向工业的转型；与滞留在中等收入阶段的国家相比，其工业在 GDP 中的比重更大，而服务业和农业的比重偏小。

从产业动态的变化来看，跨越中等收入阶段的国家工业的增长率要高出很多，农业下降的速度也快得多，如图 3-5 所示。

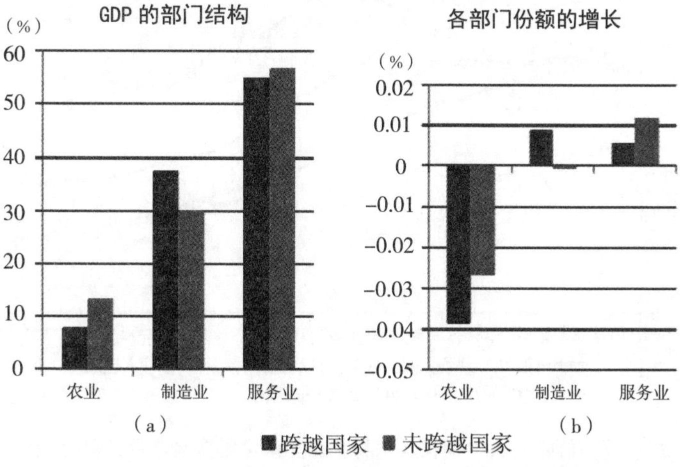

图 3-5　跨越国家和滞留国家产业份额及增长率比较

另外，跨越中等收入阶段的国家工业从相对于美国人均 GDP 的 10% ～ 20% 阶段的不足 30% 的水平上升到 20% ～ 30% 阶段的超过 40% 的水平（见图 3-6），两个阶段的年均增长率均在 3% 左右。

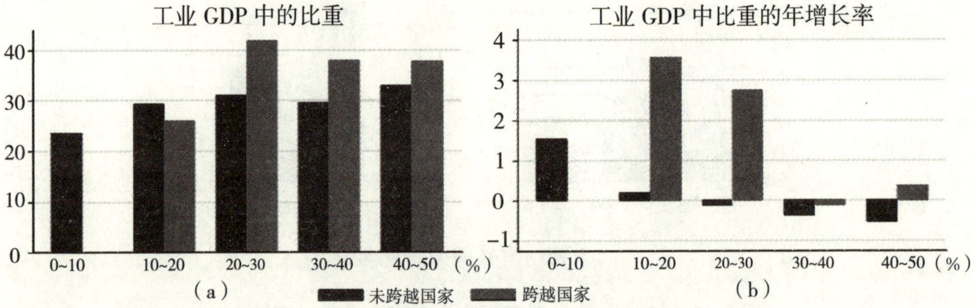

图 3-6　跨越国家和滞留国家工业份额及增长率比较

从具体的行业来看，对经济增长可能影响最大但也最富争议、研究最多的是金融行业。Yiping、Qin 和 Xun（2014）将金融抑制指数作为经济发展的指标，分析了低收入、中等收入和高收入国家发展过程中金融抑制水平的变化规律，如图 3-7 所示。图中纵轴表示的数值越高，表明金融抑制水平越高。可见，第一，近 20 年三个收入阶段的国家整体金融抑制水平不断下降；第二，从整体上看，收入阶段越高的国家，同期的金融抑制水平越低；第三，三个阶段的国家金融抑制水平始终保持一定的差距。

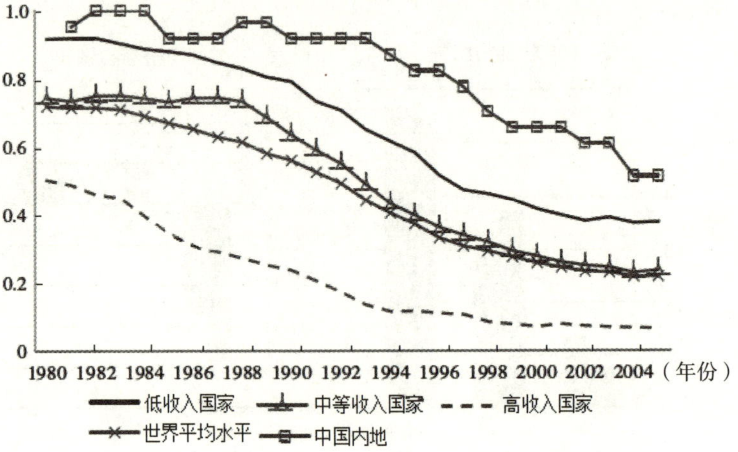

图 3-7　低收入、中等收入和高收入国家金融抑制水平的动态变化

Greenwood、Sanchez 和 Wang（2013）对金融中介对经济发展的影响进

行了定量研究。沿着 Goldsmith（1969）的经典研究思路，把金融中介的资本深化效应通过数据整理分析用下图展示出来，左图表明越低的利差对应越高的资本产出比；而越高的资本产出比则会带来越高的人均产出水平，如图 3-8 所示。

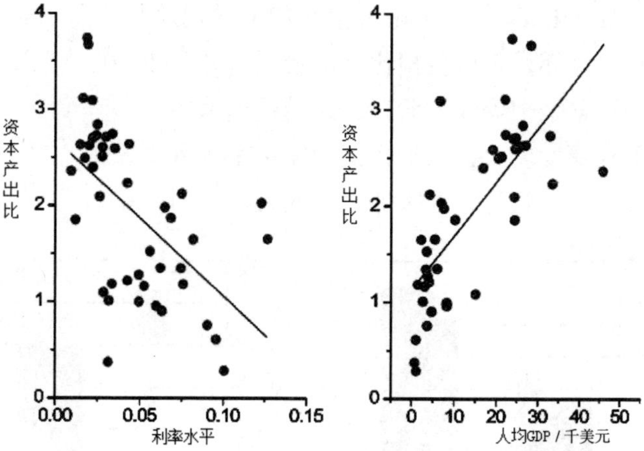

图 3-8　利率差与资本产出及人均 GDP 散点图

文章把金融中介的再分配效应用下图展示出来，左图表明越低的利差对应越高的 TFP，即金融中介把资本配置到效率更高的行业中；而越高的 TFP 则会带来越高的人均产出水平，如图 3-9 所示。

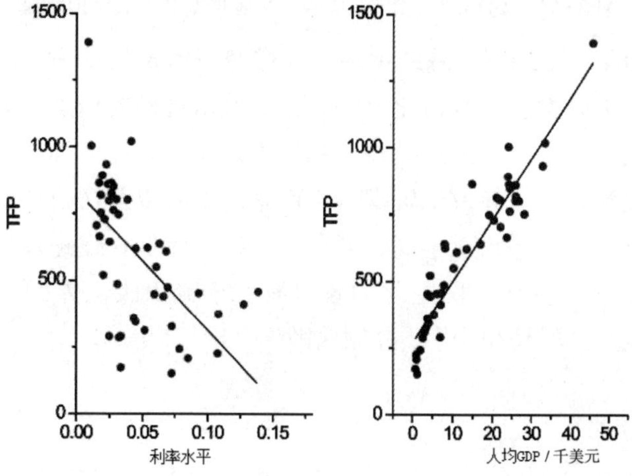

图 3-9　利率差与 TFP 及人均 GDP 散点图

文章通过校准模拟得出结论：美国经济增长的 29% 可以归因于金融中

介的技术进步，中国台湾经济增长的45%可以归因于金融创新；如果全世界国家都采取最好的金融实践，则可以增加53%的产出。

二、非经济方面

Bulman、MayaEden和HaNguye（2017）发现跨越中等收入阶段的国家不平等程度相对较低，人口负担比例也较低（见图3-10）。而且，从变动情况来看，几乎在整个中等收入阶段，跨越的国家不平等程度都没有上升，人口负担比例下降幅度较大；而滞留的国家不平等程度显著上升，人口负担有所下降，但没有获得像跨越国家那么大的人口红利。

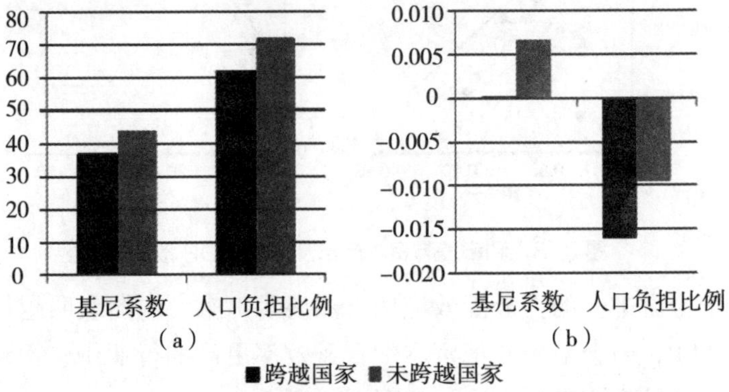

图3-10　跨越国家和滞留国家不平等程度及人口负担比较

Gill和Kharas（2015）总结了多项促进经济增长的动力，除了经济因素以外还包括以下因素。①城市化。一方面，城市规模的增加、人口密度的上升可以降低交易成本，带来规模经济和聚集效应；另一方面，人口的聚集有利于思想的交流，可能导致工资率、生产率的上升以及房价的上涨。中等收入国家通常城市化水平相对不高，城市人口密度较低，促进城市化有利于带动经济增长。②民主化。民主化的政府有利于减少收入差距，提高管理效率，能有效减少"经济租金"，控制腐败。

第二节　主要理论进展

中等收入阶段是一个特殊的阶段，经验表明国家进入这个阶段后先前的经济增长动力逐渐消失。一方面，这既有经济规律本身的原因，也有此阶段出现的一些非经济因素的负面影响，国家面临较大的增长减速的风险；另一方面，前期经济发展又为新动力的出现积累了物质基础和发展经验，很多国家通过寻找并启用新动力成功实现经济的持续高速增长，从而快速跨越中等收入阶段进入高收入阶段。沿着这样一个思路，本部分从动力减弱和新动力开发两个方面对相关文献进行梳理。

一、动力减弱

Gill 和 Kharas（2015）综合了近 10 年来研究中等收入国家经济增长减速的文献，总结了以下导致经济增长减速的因素。第一，贸易。由于较多的中等收入国家曾经的发展道路都是外向型的，对外贸易是其经济增长、收入增加的一个强劲动力。但随着中等收入阶段出现的结构性问题以及近年来贸易保护主义的增加，中等收入国家的出口都受到不同程度的限制，降低了经济增长的速度。第二，创新。很多中等收入国家经济增长后对教育和研发投入不足，导致企业的创新不足，不能维持企业的竞争力。第三，金融与外汇。很多中等收入国家都采取固定汇率，以便更深入地融入全球产业链。但随着金融市场的开放，固定汇率会加大两类风险：货币风险和外部流动性带来的风险。随着国际资本在中等收入国家投机行为的增加，会引起国内经济的波动，不利于经济增长和就业。第四，不平等。随着经济的增长，尤其是处于中等收入阶段，个体收入的差距可能在拉大。第五，腐败。虽然大部分中等收入国家加快了民主化的进程，但没有制定有效的制度来防止腐败的增加。第六，人口。多数中等收入国家人口红利逐渐消失，老龄化现象越来越突出，未富先老的现象普遍存在。人口负担的加重，有效劳动的相对不足对经济增长是一个严重的挑战。第七，企业家精神。中等收入国家有的重视科研，专注于培养科技人才，忽视了企业家精神的培养，不利于企业的长期发展。第八，资源配置效率。中等收入国家面临从农村转移的不熟练工人消失、工资上涨、成本上升问题，而且部门之间资源再分配的效率红利也在下降。其中，严格属于中等收入阶段经济增长动力减弱的因素包括：出口增长

减速、人口红利消失、资源配置效率下降；其他因素可看作妨碍经济增长的阻碍性因素。文章虽然很好地总结了导致经济减速的因素，但对于减速的机制缺乏细致的分类和逻辑清晰的梳理。

Aiyar 等（2013）仔细比较了以中等收入国家为样本与总体之间在解释经济增长速度上的差异后指出，中等收入阶段的国家和其他阶段的国家大部分变量的影响差异不大，除了以下少数变量。第一，法律的完善程度与政府的介入程度。在发展的初期，知识产权的保护、合同的执行等要依靠政府的法治来保证，一旦私人部门得到一定程度的发展后，这些因素起的作用将逐渐减小，此时更需要的是政府减少直接干预私人部门的经济活动。第二，基础设施。基础设施的提升在经济水平进入中等阶段后对经济增长的促进作用比较大，当经济水平比较低的时候，基础设施投资对经济增长没有显著的促进作用。第三，产品和贸易的多样化。在经济水平比较低的时候，产品和贸易可以通过多样化的方式拉动经济增长，这种模式在经济发展到中等收入阶段后作用不大，甚至可能出现多样化阻碍经济增长的可能。

Aiyar 等还从大量关于经济增长的文献中发现 42 个解释变量并总结为 7 大类进行研究，包括制度、人口、基础设施、宏观经济环境和政策、经济结构、贸易结构以及其他。在制度大类中，良好的法律体系、合同执行以及知识产品等法治水平显著降低了经济减速的可能性，而政府的规模及其在经济活动中的参与程度显著影响了经济增长速度，两者与经济减速的可能性呈正相关。在人口大类中，赡养比例与性别比例显著地影响经济增长速度，赡养比例越高以及男性比例越高会增加经济增长减速的可能性，因为男性比例越高反映性别歧视越严重，导致更高的出生率、婴儿死亡率和营养不良，从而阻碍经济增长。在基础设施大类中，电话拥有量、发电量以及道路数量对于整体样本而言影响是不显著的，但如果只针对中等收入国家进行研究，发现上述三个变量都有利于降低经济增长减速的可能，说明基础设施只在经济发展的特定阶段发挥作用。在宏观经济环境和政策大类中，总流入资本占 GDP 的比例越高，经济增长减速的可能性越大。实证研究表明，流入资本的初始水平与真实汇率的变动无关，而与流入资本的变化有关（初始的流入资本水平越高，后续流入资本会减少）；经济体的贸易开放程度与经济增长减速相关，开放程度越高，经济增长减速的可能性越低，一个可能的解释是对外贸易可以看作国内风险的分散化机制，由国内和国外混合成的结构有利于分散

国内的异质性风险。在经济结构大类中，三个部门的初始比重以及比重的变化对经济增长的影响是显著的，农业和服务业初始产值的比重越低以及比重的下降伴随着更高的经济减速的风险，意味着经济体经历较快的经济结构的变迁可能导致增长减速的风险，当工业吸纳从农业转业出来的过剩劳动力时能促进经济增长，但如果工业不能及时吸纳这些劳动力时可能出现一定时期内的经济增长减速。在贸易结构大类中，贸易距离（用 GDP 加权）与区域融合（区域内部的贸易总额占贸易总额的比重）都显著地影响经济增长，距离越远经济增长减速的风险越高；区域融合度越高，经济增长减速的可能性越低。因为距离越远，扩展贸易的机会、外国投资机会、知识的溢出效应都会减少，而且增加的运输成本会减少国内企业的规模经济。

他们把上述指标（除经济结构外）的值绘成一张蛛网图，各个轴上反映该指标的相对强弱，连接起来围成的面积反映该经济体面临经济增长减速的可能性，面积越大表示经济环境越好；面积越小表示可以改进的空间越大，通过改进避免陷入减速的潜力越大。图 3-11 比较了亚洲同拉丁美洲和其他地区国家的水平，图 3-12 比较了亚洲几个中等收入国家的水平。可以看出，当前亚洲国家的整体经济环境强于拉丁美洲，解释了当前亚洲经济增长水平高于拉丁美洲的事实；另外也说明，拉丁美洲有很多可以改进的地方，经济增长的潜力很大。

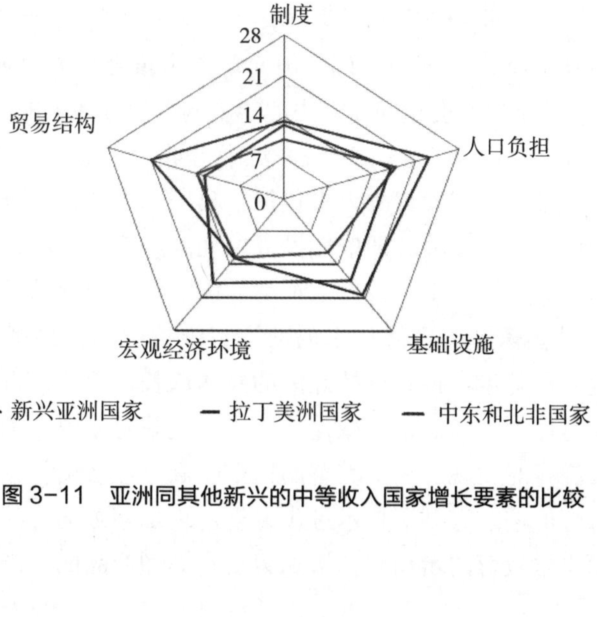

图 3-11　亚洲同其他新兴的中等收入国家增长要素的比较

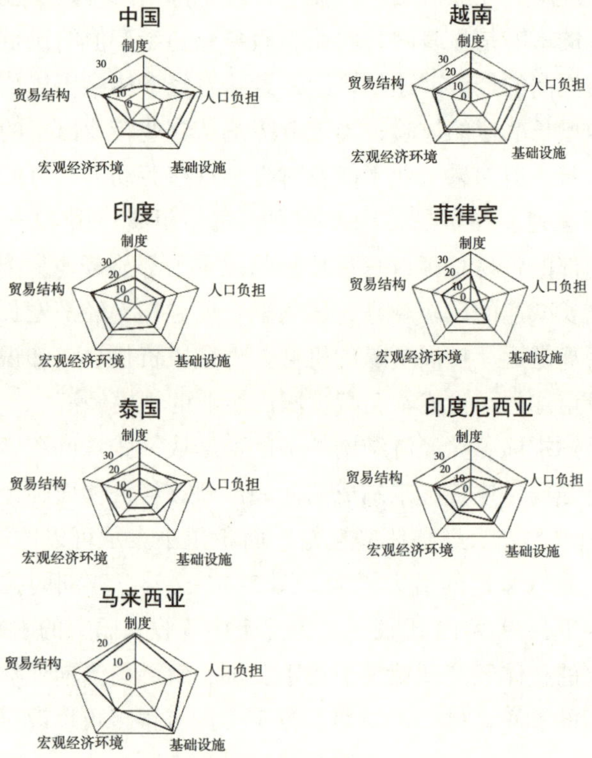

图 3-12　亚洲的中等收入国家增长要素的比较

他们给出了一个研究经济增长动力水平与经济增长速度预测的理论框架，为这一方向的研究奠定了理论基础，但文章在定量分析方面显得不够严谨，对于相关变量的测度以及变量间相对强度的影响和划分并未进行清晰的阐述。

Eichengreen、Park 和 Shin（2013）对中等收入阶段增长减速的原因进行了多维度的验证。他们找到的因素包括：第一，投资率。投资率高的国家出现增长减速的可能性较大，即依靠投资拉动的经济增长和收入水平的提高是不能持续的。第二，汇率。被低估汇率的国家增长减速的可能性较大，即汇率被低估导致国家缺少升级技术的动力，维持劳动密集型产品的出口方式，低附加值的重复生产很难维持经济的高速增长。第三，人力资本。上学受教育年限从总体上与经济增长减速无关，但把教育年限分为小学教育、中学教育、大学教育时发现，大学教育的比重越高，经济增长减速的可能性越小，即大学教育的增加有利于技术进步，生产更加精致的产品，促进长期的经济增长；而小学教育的增加则会增加劳动密集型产品的生产，尽管能促进

短期的经济增长，但当面对其他国家更低的劳动力成本竞争时，往往会出现经济增长的减速。第四，政治变革。分为正、负两个变革方向。正的政治变革（如民主化）会增加经济增长减速的可能性，即民主化进程可能会导致劳动力成本的上升，从而阻碍经济增长。第五，经济危机。股票市场危机与经济增长减速呈显著负相关（但目前关于股票市场与经济增长的关系是否为因果关系还存在争论），当作者加入投资的中间变量时，发现股票市场的危机主要通过抑制投资从而影响经济增长，而股票市场危机的系数变为0。文章对上述因素的影响进行了详尽的实证研究，并对结果给出了合理的解释。但由于缺乏一个分析框架，存在两个不足：一是这些因素间是否会相互影响；二是这些因素合在一起，在多大程度上能解释增长减速？

二、新动力开发

Ohno（2009）把工业化划分为5个阶段，认为不同的阶段需要启动不同的增长动力，才能拉动经济增长从而跨越进入下一个阶段。文章认为从阶段0到阶段1（也可以看作从低收入阶段到低中等收入阶段）过渡的主要动力来自外国对制造业的直接投资；从阶段1到阶段2（也可以看作从低中等收入阶段到高中等收入阶段）过渡的主要动力来自制造业的发展，此时国内投资的增加、劳动力的转移、集聚效应创造的正外部性为经济增长提供了有利条件；从阶段2到阶段3（也可以看作从高中等收入阶段到高收入阶段）过渡的主要动力来自人力资源积累带来的技术和知识的内化，产出不但能满足国内需求，还能出口高质量产品；从阶段3到阶段4（也可以看作从高收入阶段到发达阶段）过渡的主要动力来自创新，能研发新产品、主导全球市场趋势。工业化阶段与增长动力关系（如图2-12所示）。

如前文所述，该理论过于机械化地强调增长的阶段和动力模式，忽略了国家间的禀赋差异和文化制度背景，与经济发展的现实有一定的差距。但值得肯定的是，作者给了经济学的研究者和实践者启示，即要根据发展阶段调整增长动力，并且为他们提供了一个动力升级的蓝本。

如图2-12所示及前文所述，deVries等（2012）比较了金砖国家中巴西和印度的经济改革带来的资源配置差异对劳动生产率的影响，说明制度差异、结构差异并由此导致的劳动生产率差异对增长水平的影响。从表3-2中可以看出，区分正式部门和非正式部门后再配置的正效应从0.17%上升到

1.24%，较好地解释了2000年以来巴西的经济增长水平，说明其经济增长基本是由经济结构变迁驱动的。而印度与之不同，当区分正式部门和非正式部门后，再配置的正效应从1.1%下降为0，显示出结构变迁可能会导致经济增长减速，即存在负的再配置效应。

如表3–2所示，如果没有区分正式部门和非正式部门，那么再配置的正效应仅为0.17%；当区分正式部门和非正式部门后，再配置的正效应为1.24%，基本上可以解释2000年以来巴西的经济增长水平，即其经济增长基本是由经济结构变迁驱动的，一个可能的情形是，原本非常有效率的非正式部门的企业主将企业变为正式部门。然而这一过程并不伴随部门内部生产率的提高，表3–2中正式部门和非正式部门生产过程的生产率都在下降。可见，能够驱动经济增长的结构变迁，并不必然会带动生产率的提高。

表3–2　正式部门和非正式部门生产率的增长效应

单位：%

	2000—2008年10个部门	2000—2008年非正式部门
生产率增长公司		
农业	0.33	0.19
工业	–0.10	–0.50
服务业	0.59	0.07
所有部门（1）	0.83	–0.24
再配置（2）	0.17	1.24
总生产力的增长（3）=（1）+（2）	1.00	1.00

在不区分正式部门和非正式部门的情形下，再配置的正效应为1.1%；当区分正式部门和非正式部门后，再配置的正效应下降为0，即当一个部门的生产率增长缓慢，而非正式就业份额增加，那么这种结构变迁可能会导致经济增长减速。如果结构变化后的部门生产率的增长率小于变化前正式和非正式生产率的增长率的加权平均之和，则称为一个负的再配置效应，如表3–3所示。

表3–3　正式部门和非正式部门生产率的增长效应

单位：%

	1993—2004年21个部门	1993—2004年非正式部门
生产率增长公司		

续 表

	1993—2004 年 21 个部门	1993—2004 年非正式部门
农业	0.3	0.3
工业	0.8	1.4
服务业	1.6	2.1
所有部门（1）	2.7	3.8
再分配（2）	1.1	0.0
总生产力的增长（3）=（1）+（2）	3.8	3.8

他们认为，中国、印度和俄罗斯三个国家劳动力在部门之间再配置有利于部门总体生产率的提高，但巴西不成立；如果当把部门进一步按照非正式生产方式和正式生产方式细分时，发现巴西改革导致的部门内部从非正式生产方式向正式生产方式的变动会促进经济增长（伴随着正的再配置效应和工业的负的生产率增长率），而印度改革导致的非正式就业份额的上升使得经济增速下降（伴随部分部门内部较高的生产率增长率但再配置效应为零）。文章的启示在于，生产率的提高既要重视部门内的生产率的提高，又要兼顾部门间的配置效率的提高，制度是影响劳动力配置的重要因素。另外，从分析方法上看，结构分析方法对研究发展中国家的现象能提供更深入的洞察。

如前文所述，Yilmaz（2016）把劳动生产率的提高分解为部门内部总的劳动生产率提高和部门间的再配置的劳动生产率的提高，从表 2–5、表 2–6 的分析中得出制造业对于中等收入国家非常关键——制造业生产率的提高，尤其是制造业内部生产的提高是经济增长的重要来源。Yao（2017）也得出了相似的结论。

金融是另一个拉动经济增长方面研究者比较关心的行业，但其对经济增长的作用机制和作用效果历来存在较大争论。鉴于此，Bumann、Hermes 和 Lensink（2013）从一个更基础的层面，用元分析的方法对金融自由化与经济发展的关系进行了定量研究。以 60 篇相关文献、441 个统计值为基础，作者采用两层的随机效应模型，具体的估计模型为：

$$t_{ij} = \beta_{1j} + \sum_{l} \beta_l \chi_{l,ij} + \sum_{p} \beta_p \chi_{p,j} + e_{ij}$$

$$\text{with}\beta_{1j} = \pi + u_{0j}$$

回归结果如表 3–4 所示。

表3-4　元回归结果

Variable	(1)	(2) a	(3) b	(4) c	(5) d	(6)	(7)	(8) d	(9) d	(10) d
Constant	1.42***(0.30)	1.57***(0.55)	1.43***(0.47)	1.81***(0.55)	1.15** (0.57)	1.35* (0.76)	2.18***(0.58)	1.78(1.12)	2.25*(1.23)	1.55**(0.62)
De jure		−0.24 (0.67)								
Mixed			−0.13 (0.65)							
dc			0.30(0.38)							
de jure × oecd				−0.93 (1.17)						
de jure × dc				−0.89 (0.83)						
de jure × mixed				−0.43 (0.64)						
de facto × dc				0.40(0.33)						
de facto × mixed				−0.51 (0.73)						
Before 1970					0.83* (0.43)			0.66*(0.40)	0.67*(0.41)	0.75*(0.42)
1970s					−0.64 (0.40)			−0.76*(0.44)	−0.76* (0.41)	−0.77* (0.44)
1990s					0.92**(0.46)			0.86(0.60)	0.88(0.60)	1.00**(0.51)
2000s					−0.93* (0.52)			−0.96*(0.57)	−1.02* (0.59)	−0.82(0.53)

续 表

Variable	(1)	(2) a	(3) b	(4) c	(5) d	(6)	(7)	(8) d	(9) d	(10) d
Working paper						−0.66 (0.75)		−0.62 (0.70)	−0.57(0.72)	
No. of countries						0.00 (0.00)		0.00 (0.00)	0.00 (0.00)	
Panel data						1.02 (1.28)		1.18 (1.36)	1.19 (1.37)	
Endogeneity						−0.03 (0.30)		−0.13 (0.32)	−0.13(0.32)	
Fixed effect						−0.64 (0.71)		−0.48 (0.68)	−0.50(0.69)	
Primary data						−0.02 (0.30)		−0.09 (0.30)	−0.06(0.30)	
Convergence									−0.63(0.82)	
Financial crisis							−0.19(0.86)	−0.39 (0.74)	−0.41(0.75)	
Inflation							−0.43(0.41)	−0.57 (0.36)	−0.57(0.36)	−0.52(0.41)
Financial depth							−0.85***(0.25)	−0.86***(0.24)	−0.86***(0.24)	−0.78***(0.25)
Government							−0.58(0.43)	−0.48 (0.44)	−0.45(0.44)	−0.39(0.41)
Trade							0.66 (0.45)	0.65 (0.42)	0.66 (0.42)	0.63 (0.41)
Investment							−0.38(0.47)	−0.32 (0.39)	−0.34(0.40)	
Institutions							−0.49(0.37)	−0.40 (0.36)	−0.40(0.36)	−0.50(0.34)

续 表

Variable	(1)	(2) a	(3) b	(4) c	(5) d	(6)	(7)	(8) d	(9) d	(10) d
Human capital							0.04（0.42）	0.07（0.44）	0.13（0.46）	
Social indicators							−0.22(0.58)	−0.17（0.55）	−0.16(0.55)	
σ M	1.97	1.97	2.01	2.02	1.87	1.95	1.99	1.84	1.86	1.81
σ e	1.95	1.94	1.94	1.92	1.95	1.95	1.95	1.95	1.95	1.95
R^2	0.00	0.03	0.01	0.01	0.07	0.05	0.07	0.19	0.04	0.12
M	441	441	441	441	441	441	441	441	441	441
N	60	60	60	60	60	60	60	60	60	60

注：***，**，* 表示显著性水平分别在 1%、5%、10%。

回归的结果显示，平均而言，金融自由化对经济增长的促进作用非常弱，金融自由化并不能作为经济增长的直接动力，金融自由化配合财政或货币政策的改革才有可能拉动经济增长。对于这一结果不必太悲观，金融自由化对经济增长的作用不明显，并不代表金融发展对经济增长的拉动作用不明显。值得注意的是，这篇文献的结论正提醒中等收入国家，在市场不一定很完善，人才还不够有经验的情况下，把金融的发展完全交给市场、放松对金融的管制对一个国家的经济发展是一件很危险的事情，历史上有很多惨痛的教训。

金融自由化对经济增长作用不明显，并不代表金融发展对经济增长没有拉动作用。Samargandi、Fidrmuc 和 Ghosh（2015）从实证角度研究了金融发展与经济增长的关系。他们选择了 23 个高中等收入国家和 29 个低中等收入国家为研究对象，利用面板数据进行了经验研究，模型公式为：

$$\Delta\left(y_i\right)_t=\sum_{j=1}^{p-1}\gamma_j^i\Delta\left(y_i\right)_{t-j}+\sum\nolimits_{j=0}^{q-1}\delta_j^i\Delta\left(X_i\right)_{t-j}+\varphi^i\left\{\left(y_i\right)_{t-1}-\left[\beta_0^i+\beta_1^i\left(X_i\right)_{t-1}\right]\right\}+\left(\mu_i\right)_t$$

y 代表 GDP 的增长率，X 代表一系列的解释变量（包含金融发展指标），γ 和 δ 分别表示被解释变量和解释变量滞后期的短期影响系数，β 是长期影响系数，φ 表示向长期均衡调整速度的系数，上下标 i 指示国家，t 指示时间。式中β_0、β_1可由下式推断得到：$\left(y_i\right)_t=\beta_0^i+\beta_1^i\left(X_i\right)_t+\mu_{i,t}$，其中$\mu_{i,\ t}$是平稳的。

回归结果发现：从整体的中等收入国家或者单从低中等收入国家长期来看，金融发展对经济增长有积极的显著的线性影响；金融发展对于高中等收入国家长期的经济增长有负的显著的影响；金融发展在短期内对经济增长都没有显著效应。一种可能的解释是，金融发展的回报取决于储蓄的动员以及资金配置到回报率高的投资项目。由于中等收入国家市场存在比较高的交易成本的摩擦和资源的错配，与经济增长相联系的储蓄和投资并没有发挥很强的作用。由于缺乏法律的约束和银行的监管，信用扩张可能导致资金投向一些不合适的项目，这种情形下金融发展对经济增长起到负面作用。

Greenwood、Sanchez 和 Wang（2013）从金融发展内生的角度研究了金融发展对经济增长的影响。假设有两个经济主体：企业和金融中介。企业利用资金和劳动力生产产品，生产过程会受到异质性的生产率冲击；生产的资金可以通过金融中介筹措，但在签订资金使用合同中，企业有谎报经营状况的可能。企业和金融中介的行为方式用下式来刻画。

企业的生产行为为$o = x\theta k^{\alpha} l^{1-\alpha}$，$x\theta$表示生产率水平，$x$表示总体水平，$\theta$表示异质性水平；企业的最优化方程为$R(\theta_i, w)k = \max\limits_{li}\left\{x\theta_i k^{\alpha} l_i^{1-\alpha} - wl_i\right\}$。金融中介的最优化方程为$v = \max\limits_{k,l_{m1}}\left\{\pi_2\left[1 - P_{21}(l_{m1}, k, z)\right]\left[r_2(\tau) - r_1(\tau)\right]k\right\}$，受限于$\left[\pi_1 r_1(\tau) + \pi_2 r_2(\tau)\right]k - \pi_2\left[1 - P_{21}(l_{m1}, k, z)\right]\left[r_2(\tau) - r_1(\tau)\right]k - \pi_1 w l_{m1} - rk = 0$，其中$P_{ij}(l_{m1}, k, z)$表示企业被发现可能存在欺骗的概率，$\pi_2$表示企业处于实际状态较好的概率。假定企业的生产率水平的分布函数为$F(x, y) = Pr(\theta_1 \leqslant x, \theta_2 \leqslant y)$；企业能获得资金的充要条件为$A(w) = \left\{\tau : \pi_1 r_1(\tau) + \pi_2 r_2(\tau) - r > 0\right\}$；劳动力市场出清的条件为$\int_{A(w)}\left[\pi_1 l_1(\theta_1, \theta_2) + \pi_2 l_2(\theta_1, \theta_2) + \pi_1 l_{m1}(\theta_1, \theta_2)\right]\mathrm{d}F(\theta_1, \theta_2) = 1$。通过以上方程，作者利用数据对上述模型的参数进行校准。

美国的参数如表 3-5 所示。

表3-5　美国校准参数值

参数	定义
α =0.35	收入的资本份额
δ =0.06	折旧率
$\tilde{r}$=0.03	储蓄收益率
ε=32.57	正规化的不变的察觉概率
ψ =0.96	察觉概率（资本取自然常数对数）
γ =0.57	察觉概率（劳动取自然常数对数）
μ_{θ_1}=1.0	ln(θ_1) 的均值
μ_{θ_2}=2.26	ln(θ_2) 的均值
$\sigma^2_{\theta_1}$=0.70	ln(θ_1) 的方差
$\sigma^2_{\theta_2}$=0.27	ln(θ_2) 的方差
ρ =-0.80	ln(θ_1) 和 ln(θ_2) 的相关系数
x_{1974}=0.54，z_{1974}=10.76	1974 年的 TFP
x_{2004}=0.77，z_{2004}=26.44	2004 年的 TFP

拟合结果如图 3-13 所示。

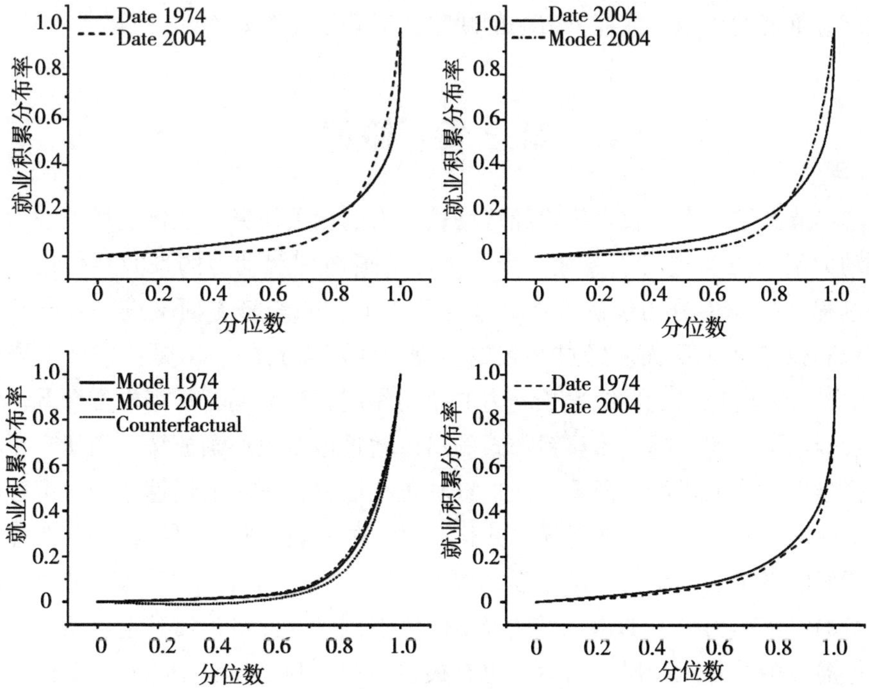

图 3-13　美国就业拟合图

通过数据的拟合，作者得出的结论是：如果各国都采用最好的金融实践，全球的产出将增加 53%，可以弥补潜在产出和实际产出差距的 31%；有利于 TFP 提高 23%；会使资源的错配下降到 1.7%。

除了以上的观点和专门性的论述，有一些文献的部分内容和观点也涉及经济增长的动力问题。例如，Gill、Indermit 和 Kharas（2015）认为，提高城市发展水平和宜居性将有利于经济增长，因为当人们在大城市集中居住，一方面通过就地生产、就地消费有利于降低商品的运输成本，另一方面集聚可以让他们更方便地交流信息、进行交谈，从而相互激发产生更多的新想法；人口密度与生产率和工资水平高度正相关。另外，民主化的政府有利于减少收入差距，提高经营效率，能有效减少“经济租金”，控制腐败。Rodrik（2016）认为，中等收入国家可以通过改善基础面状况来促进经济增长，包括完善制度、增加人力资本积累、增加知识和技能等。Lin（2012）认为，政府可以通过一系列的政策加强基础设施投资、加大人力资本投资、加强金融系统的服务功能、鼓励 FDI 对制造业的投资来提升经济效率，提升

长期经济增长水平。Felipe 等（2013）认为，政府在促进私人企业协作方面发挥着重要的作用，弥补了市场的缺陷，提升了经济效率。

第三节　简评

本节总结了中等收入阶段经济增长动力的相关研究，从传统增长动力和新动力两个方面进行了梳理。为了更加清晰地理解动力的来源及作用，梳理过程又把动力分为经济方面和非经济方面，而经济方面又进一步分解为需求和供给两个层面。经过细致的梳理，我们得到的启示是：经济发展进入中等收入阶段以后传统增长动力的拉动作用逐渐减弱，从需求方面看，整体投资水平开始下降，依靠粗放式的出口增长速度也逐渐放缓，消费在短期内很难提高；从供给方面看，人口红利正在消失，资本的增速达到一定程度后下降，TFP 也可能出现下降。并且，进入中等收入阶段以后，一些非经济因素对经济增长的阻碍作用增强，如不平等、制度因素、腐败等，使本来就下行的经济压力雪上加霜，导致很多国家因此进入经济停滞甚至负增长，长期停滞在中等收入阶段。当然，也有很多国家顺利跨越了中等收入阶段，主要原因是成功启动了新的增长动力，包括通过技术升级和产品的精密化提升 TFP，利用金融的中介作用为企业提供融资服务，加大基础设施投入、降低生产成本、提升人力资本，通过城市化建设扩大消费和投资，提高劳动生产率，以及非经济因素方面的制度、不平等方面的改革等。

本部分分析的不足在于以下 3 个方面。（1）虽然研究者意识到新旧动力的转换问题，但对于新旧动力的承接关系、演化条件并没有进行详细研究。没有理由认为，所有国家都选择相同内容和水平的增长动力，那么如何根据自己的发展历史与实际状况选择新动力是一个国家制定发展战略需要解决的实际问题，而在这方面文献中鲜有论及。（2）经济增长动力是需求和供给两个方面共同决定的，不能将两者结合起来的增长动力不具备持续的拉动作用。尽管有研究者从两个方面分别进行讨论，但对于需求和供给如何共同决定增长动力方面没有文献说明。（3）很多文献都提及非经济因素在中等收入阶段对经济增长的阻碍作用，但对于阻碍的具体作用机制和影响强弱没有做具体的探讨。

关于中国的经济增长动力方面，研究者发现既有一般性发展规律也有很

强的特殊性发展规律。一般性表现在：与其他滞留在中等收入阶段的经济体类似，以往强劲的增长动力（如投资、出口的拉动作用）在迅速下降，TFP也在下降；人口红利已经消失，劳动力转移基本完成，劳动力价格开始迅速上涨；非经济因素（如不平等、腐败等）对经济的阻碍作用凸显出来。特殊性表现在：储蓄率较高但消费水平较低；产能过剩问题比较严重；政府对经济的参与比其他经济体要多。

本部分分析的不足在于：①政府对经济的影响是多渠道的，各有利弊，如何衡量各种利弊是决定政府参与水平的重要依据，目前文献仅仅就机制方面进行了阐述，对于利弊缺乏测度的框架；②对于中国现阶段动力转换缺乏一个系统性的研究，即如何根据中国现有的优势、禀赋来确定新的增长动力，以及如何转换。

第四章 经济增长质量的主要理论及其研究框架

第一节 主流经济学的视角

一、主流经济学当代增长理论[①]

（一）外生增长理论

Harrod 和 Domar 分别提出了最早的经济增长模型，他们假设：第一，全社会只生产一种产品，社会总生产函数具有 C-D 生产函数形式，规模收益不变（间接地假定了资本和劳动不可替代）；第二，储蓄是国民收入的函数，储蓄率是外生给定的不变常数。该模型的主要结论是，经济增长水平主要取决于两个因素：(1) 社会整体的储蓄率水平；(2) 资本产出比。该模型的主要缺陷在于"刃锋上的均衡"：当且仅当实际资本产出比等于企业计划的资本产出比时，实际增长率才会等于有保证的增长率。如果实际增长率超过有保证的增长率，企业家们就会察觉到实际产生的资本存量的增加量小于他们在给定了这种收入和产出增长的情况下所要求的资本增量，他们将增加

① 潘士远，史晋川．内生经济增长理论：一个文献综述[J]. 经济学（季刊），2002（3）:753-786.

投资，从而使实际增长率更加超过有保证的增长率，使实际资本存量和计划资本存量之间的差额变得更大。反之，则相反。

Solow 在 H-D 模型基础上引入新古典生产函数，从而成为新古典的第一个增长模型。他们假定：（1）资本与劳动存在着替代关系，即资本劳动比和资本产出比是可变的；（2）产出的增长主要由资本和劳动两种生产要素推动；（3）资本与劳动的边际生产率递减；（4）市场是有效且完全竞争的，资本和劳动在市场得到充分利用，劳动和资本的边际生产率分别决定工资和利率；（5）不存在技术进步。该模型的主要结论是：经济的增长率等于资本和劳动的增长率乘以它们各自的产出弹性系数之和；经济中存在着一条稳定的均衡增长途径；长期来看，总产出的增长率与人口增长率趋于一致，人均收入增长率在长期中都为零（人均收入水平不同）。该模型的主要缺陷在于：假定资本与劳动力可以任意替代，以便生产要素可以充分利用，实现均衡增长是不符合实际的；认为技术进步是经济增长的决定因素，却又假定技术进步是外生给定的，即通过假设技术进步假设经济增长。

Ramesy-Cass-Koopmans 模型内生了新古典经济增长模型中的储蓄率。它的主要结论是：存在最优的储蓄率和消费水平从而最大化家庭效用，长期经济增长率为零。其主要不足在于：储蓄率的内生并没有消除新古典增长理论关于长期经济增长仍取决于外生的技术进步的局限性。

尽管 Arrow（1962）提出了技术进步是资本积累副产品的观点，认为投资不仅具有负效应，即可以通过积累生产经验提高生产率，而且具有外部性，即其他厂商也可以通过“学习”来提高生产率。通过这种观察与假设把技术进步内生化；Uzawa（1965）突破了传统对单一部门经济增长的考察，建立了一个包括物质生产部门和人力资本生产部门（或教育部门）的两部门经济增长模型将技术进步内生化；但是这两个理论最终的含义都是均衡的增长率由外生的人口增长率决定。这样的结论无法解决“Solow 余值”问题，从而无法有力地说明经济系统如何内生地决定经济持续增长的速度。

（二）内生增长理论

20 世纪 80 年代中期以来，以 Romer（1986）和 Lucas（1988）为代表的一批经济学家再次致力于研究经济持续增长的内生决定因素与机制，被人们称为内生增长理论或新经济增长理论。内生增长的相关研究有以下几个思路。

第一，Jones 和 Manuelli（1997），King 和 Rebelo（1990），Barro（1990），Rebelo（1991），Jones（1993），Glomm 和 Ravikumar（1994），Rebelo 和 Stokey（1995）等用不满足 Inada 条件的凸性假设来替代新古典生产函数，从而解释内生经济增长。其中，Rebelo（1991）以及 Barro 和 Sala-i-Martin（1995）通过在传统资本中增加人力资本而改变了资本的凸性假设；Barro（1990）利用政府提供的公共物品具有外部性来解释内生增长；Jones 和 Manuelli（1997）从产品质量升级的角度解释资本的凸性问题；Rebelo（1991）建立了一个两部门模型说明持续的经济增长可以通过"核心"资本的积累而实现，不受不可再生资源的限制。

第二，通过研究经济的外部性解释内生增长。其中，Romer（1986）沿着 Arrow 的技术外部性或知识溢出效应的思路，证明社会均衡的增长率高于竞争性的均衡增长率；Barro（1990）从政府的生产性支出对企业具有外部性证明政府的干预可以实现社会最优增长率；Lucas（1988），Becker、Murphy 和 Tamura（1990），Tamura（1991），Lucas（1993），Goodfriend 和 McDerott（1995）等主张用人力资本的外部性代替物质资本解释长期经济增长。

第三，以新产品研发为切入点说明技术进步如何内生于经济系统从而解释长期经济增长。Grossman 和 Helpman（1991），Dinopoulos 和 Thompson（1998）认为如果技术进步是追求利润最大化的企业愿意研发的结果，那么在垄断竞争的市场结构下理性的厂商就会愿意进行研发。Barro 和 Sala-i-Martin（1995）考察了开放经济中落后国家如何通过模仿发达国家新产品来促进经济增长，结论是只要模仿成本大大低于研发成本，落后的国家就有可能在长期内通过模仿先进国家新技术而实现赶超发达国家。

第四，通过研究分工提高生产率解释经济增长。Yang 和 Borland（1991）复活了斯密的分工理论，指出分工水平的不断演进提高了劳动生产率，强化了劳动者间相互依赖的内生比较优势，从而扩大了市场容量，进一步推进分工的细致化，提升劳动生产率的长期经济增长的循环机制；Becker 和 Murphy（1992）从社会协调成本出发来研究分工与经济增长的关系，他们指出分工水平并不一定仅仅由市场容量所决定，还由监督费用、工人间交流费用协调成本决定，分工的细化导致协调成本的增加，降低协调成本是提高生产率、促进经济增长的内在要求。

第五，通过内在的人口数量变化说明经济增长。人口变化主要涉及两个

方面，一个方面是人口不流动的情况下，出生率如何决定以及对人口数量的影响；另一个方面是开放的环境中劳动力在各个国家之间流动的决定因素以及对经济增长的影响。Becker 和 Barro（1988），Barro 和 Becker（1989）讨论了家庭生育最优化问题，认为父母的效用随子女数量增多而增加但边际效用递减，养育子女的成本随着人均资本的提高而增加，因而生育率会逐渐下降。Becker、Murphy 和 Tamura（1990），Becker、Glasser 和 Murphy（1999）研究生育率与父母人力资本水平之间的关系，他们认为，父母的工资水平随其人力资本水平的增加而提高，因而养育子女的机会成本也会随其人力资本的增加而提高；人力资本越高的父母越会减少子女的数量，而生育率的降低又会促进父母对人力资本投资的增加，从社会整体上看有利于经济增长。

第六，从收入分配情况解释经济增长水平。这些研究中，Golar 和 Zeira（1993）首先说明了收入分配的不平等，即财富的差异和资本市场的不完全导致了收入分配不平等，且会长期存在。其次关于收入分配不平等对经济增长的影响，有相当一部分经济学家认为不平等将有利于长期的经济增长，主要原因有三个：一是由于富人的边际储蓄倾向高于穷人，社会财富分配越不平等就越有利于投资的增加，从而促进经济增长；二是投资的不可分性也决定了财富越集中越有可能形成大规模投资，带动基础设施和整个社会的发展；三是由于存在不完全信息和激励，分配越平均越容易挫伤劳动者的工作积极性，从而影响长期经济增长。与此相对的是，Aghion、Caroli 和 Garia-Penalosa（1999）提出了相反的论证，即不平等不利于经济增长，原因有三：一是不平等减少了穷人人力资本投资的机会，而穷人的人力资本投资倾向相对较高；二是不平等增加了借款者还贷的道德风险，不利于投资和财富积累；三是不平等增加了经济波动的可能性，这三点都会影响经济增长水平。

第七，从制度完善水平解释经济增长。North（1990）的主要观点是，产权制度完善能为研发行为提供有力激励，是促进经济增长的决定性因素。杨小凯和黄有光（1999）的基本结论是，合理的制度安排可以降低交易费用，从而促进分工水平，导致国家经济绩效的提升。林毅夫等（1994）认为，有效的国家经济发展战略的制度安排对经济增长有显著的促进作用，中国经历和经验表明计划经济体制的改革是中国改革开放以后经济迅速发展的主要原因，而改革前经济发展缓慢的根本原因在于中国推行了重工业优先发展的赶超战略及其相应的计划经济体制。

尽管内生经济增长模型从系统内部部分地解释了经济增长的原因，但是对于解释长期持续的经济增长的可能性有几点不足：第一，持续的经济增长肯定不是单一因素决定的，内生增长理论企图用单一因素解释长期经济增长的全过程，显然是不能令人满意的；第二，经济增长的过程一定存在一些正反馈机制，内生增长理论对正反馈机制的研究不足，从而也无法说明一定阶段内内生、持续增长的动力和机制；第三，同一个因素在不同类型的国家作用机制和效果可能不同，内生增长理论忽视国家的差异而进行统一解释，与事实及经验有一定出入。经济增长质量的研究可以从一个侧面弥补上述不足，通过建立一个综合系统说明经济增长过程中的关键要素组合，动态地看待增长过程的反馈机制，从而有效地监测增长动态过程的发展与关键因素的演变，一定程度上预测经济持续发展的可能性。

二、主流经济学视野下的经济增长质量理论

（一）增长质量内涵

第二次世界大战结束以后，苏联乃至世界出现了有增长而无发展的现象。20 世纪 60 年代末西方国家开始流行一种主张人口和国民生产总值必须停止增长，人类才能避免灾难的思潮。从 20 世纪 70 年代末期开始，经济学家开始重视研究经济增长的质量，在定义经济增长质量内涵时主要有两种观点：一种是从狭义角度，将经济增长质量理解为经济增长效率、经济增长的效果、与资源要素的投入比例；另一种从广义角度来界定经济增长质量，认为经济增长需要从多个维度进行考量。也有少量学者从包容性增长视角提出了增长质量内涵。

1. 狭义增长质量

苏联经济学家卡马耶夫认为经济增长概念中，不仅应该包括生产资源、生产量的增加，而且应该包括产品质量的提高、生产资料的增加、消费品的消费效果的增加。武义青（1995）认为，一个国家或地区经济的增长，既包括数量的扩大也包括经济系统素质的改善，并以投入要素的产出效率来衡量。质量较高的经济增长，表现在以同样的投入量获得较多的产出量。王积业（2000）认为，经济增长是由生产要素积累与资源利用的改进或要素生产效率增加协同作用的结果，提出如果主要依靠增加生产要素量的投入来扩大生产规模，推动经济增长，称为粗放型经济增长方式。如果主要依靠提高

生产要素的质量和利用效率，即全要素生产率来推动经济增长，则称为“集约型经济增长方式”。钟学义（2001）把经济增长方式从粗放向集约式的进化视为经济增长质量的提高。洪银兴（2010）从投入产出角度来定义经济增长质量。从产出角度来看，增长质量的高低表现为单位经济增长率所含有的剩余产品数量；从投入角度来看，增长质量的高低表现为单位经济增长率中投入资金、物资的多少，提高生产要素的组合质量，提高生产要素的效率质量，提高生产要素再配置的质量。钞小静和任保平（2008）在研究中进一步将经济增长质量定义为全要素生产率对经济增长的贡献程度。楚尔鸣和马永军（2014）认为，全要素生产率表示了经济增长的质量效应。

还有一类把狭义经济增长质量单一理解为全要素生产率，丹尼森（1985）将经济增长要素分为三类，即劳动投入量、资本投入量和全要素生产率，并将全要素生产率视为经济增长质量的度量指标，具体包括知识进步、资源配置改善与规模经济。钞小静和任保平（2012）认为，经济增长牵涉到经济增长的后果与前景，质量型经济增长是指主要依赖于技术进步、资源配置效率以及要素利用效率提高等实现的一种经济增长模式。经济增长质量水平的提高不是依靠要素投入数量的增加，而主要依靠技术进步，即通过提高全要素生产率实现。

2. 广义增长质量

从广义上来界定经济增长质量：Barro（2002）把经济增长质量理解为经济增长紧密相关的社会、政治及宗教等方面的因素，具体包括教育水平、预期寿命、健康状况、法律和秩序发展的程度以及收入水平等。单薇（2003）从经济增长的稳定性、协调性、持续性、潜力四方面确立经济增长质量的评价指标体系。赵英才等（2006）从产出消耗、产品质量、经济运行质量和生存环境质量等五个不同方面构造了经济增长质量评价指标体系。冷崇总（2008）从经济发展的有效性、充分性、稳定性、协调性、持续性、创新性、分享性出发，构建了指标体系。魏博通、王圣云（2012）从经济发展水平、居民生活水平、技术发展水平、教育发展水平、环保发展水平 5 个维度构建了指标体系。任保平、钞小静（2012）从经济增长与经济发展的区别与联系入手，清晰界定了经济增长质量的外延和内涵，将其划分为经济增长的结构、经济增长的稳定性、经济增长的福利变化与成果分配，以及资源利用和生态环境代价四个维度来构建经济增长质量指数。戴武堂（2003）在研究

中指出，经济增长质量具有非常丰富的内涵，应从劳动力要素产出效率、社会经济收入规模、社会就业情况、社会消费层次和社会分配公平性五个方面理解。魏敏和李书昊（2018）考察了经济新常态背景下经济增长的质量效应，认为经济增长质量的提升包括转变动力机制、优化经济结构、共享开放稳定、改善生态环境和提高人民生活水平五个维度。

世界银行对经济增长质量的定义是，增长质量是增长速度的补充，指构成增长进程的关键性内容，包括机会的分配、环境的可持续性、全球性风险的管理，以及治理结构。它们不仅直接构成发展的成果，还会扩大经济增长对这些成果所产生的影响，同时要解决经济增长可能会带来的与环境或社会可持续性之间的矛盾。发展过程数量和质量应该遵循三条原则：（1）关注所有的资产，即有形资本、人力资本和自然资本；（2）时时关注分配方面的问题；（3）重视良好治理的机构性框架。凡有利于经济增长的条件都可以看作资产，包括有形资本、人力资本和自然资本。

有形资本一方面提供了生产的物质条件，另一方面带来了技术进步从而提高劳动生产率，提升经济增长率。各国历来都很重视有形资本的累积，但是，人力资本和自然资本对穷人的发展来说也是至关重要的。人力资本决定这个国家人民的基本素养，意味着运用和创造科学技术的能力，是产业发展和升级的关键要素；而自然资本直接关系着生产的成本、人民的健康和生活的质量，是可持续增长的保障。分配问题反映了机会的平等性。此处的分配不完全是指生产结果的分配，更指生产资源的分配，更平等地分配土地、人力资本、其他生产性资产意味着具有的收入机会更平等，增强人民利用技术优势和创造收入的能力。例如，教育机会分配更平等会诱致更佳的减贫绩效和更高的增长水平。有效的机构性框架是促进经济增长的基础，包括政府机构的高效运转、有效的法规框架、公民选择的自由、确保法律规章和民众参与透明度的责任感。治理结构不完善、官僚机构的低效运行以及腐败都是一种倒退，不利于经济持续增长。精英利益集团对国家政策、法律和资源的把持通常会造成错误的激励，使公共支出投向于生产率较低的领域，降低了增长对公共福利的影响。因此，要想提升经济绩效至少要改变关于公共支出的治理结构能力。在惩治腐败等问题时，要充分调动社会的力量进行监督。公民自由不仅有利于改善治理结构、减少腐败和提高公共投资生产率，还是福利本身的内容。好的治理结构不仅仅关注平等问题，还注重扩大公民权利、

倾听不同意见、扶助有竞争力企业的发展、综合自下而上和从上到下的意见制定改革和发展战略。

3. 包容性增长视角

亚洲开发银行（2007）提出的“包容性增长理论”的基本内容如下。（1）当个人背景（或个人努力和勤奋程度）不同时，不仅会导致收入差距扩大，而且会导致非收入差距（就业、教育、医疗等）扩大。个人背景所引起的差距扩大，通常反映为“机会不平等”，这是对人类天赋的浪费，体现了社会不公，损害了经济效率，通常是由“市场失灵”和“制度不完善”所引起的。个人努力程度引起的差距扩大则表现为“结果不平等”，与“机会不平等”不同，这种“结果不平等”反映了“多劳多得，少劳少得”的原则，是一种良好的激励机制。鉴于此，倡导和保证“机会平等”尤为重要。（2）扩大经济福利分享的覆盖面和公平性。虽然较30年前，众多国家的经济发展已经实现了巨大跨越，但发展成果仅由少数人享受，贫困依然存在，底层人民的生活得不到保障，如果不及时加以解决的话，势必构成这些国家未来发展的瓶颈。（3）继续保持稳定的经济增长势头。因为经济增长不仅可以创造新的就业岗位，提升工资福利待遇，还可以支撑教育体系、医疗卫生水平和创新能力提升，降低贫困率。（4）革除贫困人口和弱势群体所面临的权利丧失和社会排斥，使之同样享有政治、经济、社会权利，以及公正平等的劳动力市场机制和借贷市场机制等。[①] 从这种视角出发，认为经济增长质量应该包含机会平等、权利赋予、减贫成果、社会排斥等内容。

叶初升（2014）进一步从发展经济学的视野，分析了经济增长“量”与“质”的内涵与区分。他认为，“量变积累到一定程度会产生质变，量变过程中包含着部分质变”。经济增长是一种量变，经济发展是增长基础上的从落后走向发达的质变；在增长过程中蕴含的“部分质变”应该是经济增长质量。笔者认为，狭义的增长质量理论仅仅是经济增长速度之外的一种“量”的补充，因为它忽视了经济结构、创新、制度等因素的变化，既无法揭示经济体内部因素相互作用的机制，也无法表明经济体的发展方向。因此，狭义的增长质量在本质上所考察的仍是经济增长的“量变”。而广义的经济增长质量存在以下几个方面的问题。第一，混淆了发展与增长的界限，即混淆了

① 禹四明．中国经济增长质量的水平测度及提升路径研究[D]. 沈阳：辽宁大学，2017.

“质变”与“量变”。广义增长质量指标体系中既包含了经济结构、社会进步等试图体现经济体内部作用机制及变化方向的指标，又包含了 GDP、生产率、波动性等反映经济增长本身特征的指标，但两者根本就不属于同一范畴。第二，混淆了原因与结果、手段与目标之间的界限。经济增长水平、经济结构决定社会福利水平等经济结果，把这些指标同时包含在一个指数中，就把原因和结果、手段和目标放到了一起讨论。第三，混淆了存量与增量。现有的经济增长质量研究中，广义的增长质量选取的指标往往是存量，但增量所能反映的增长质量可能更有价值和现实意义。

叶初升（2014）认为经济增长质量至少应该包含以下内容。第一，研究经济增长的量变导致质变的内在机制。研究的重点在于:（1）从经济增长过程中发现规律性的影响因素与影响机制;（2）由单一收入维度扩展到多维度，从发展机会扩展到与发展能力提升相结合。第二，在新的经济增长质量分析框架的基础上，研究具有可操作性的经济增长质量测度与评价方法。第三，依据经济增长质量分析框架及测度方法，对各国经济增长质量做出诊断和评价。第四，探讨提高经济增长质量的发展路径和政策建议。第五，在总结经验的基础上形成有特色的经济增长质量理论。①

（二）增长质量测度

Barro（2002）认为，应该从增长数量和质量两个方面理解经济增长过程，除了用人均 GDP 增长率和投资占 GDP 份额来反映经济增长速度外，还应该从受教育水平、预期寿命、健康状况、法律与秩序的发展程度等方面来衡量经济增长质量。他通过利用 1960—2000 年 20 个发达国家和 20 个发展中国家的面板数据，实证高水平的教育程度、良好的健康状况、低水平的人口出生率、高水平的政府福利支出、完善的法律与秩序和低通货膨胀均对经济增长质量具有促进作用，并与高人均 GDP 增长率和高投资率共同构成真正实现经济健康稳定增长的条件。

基于 Sen 的可能能力视角，Anand 等（2011）从健康、政治表达自由、政治参与自由、信仰自由、思想自由、安全感、环境和社会关系、工作中和工作外的歧视等维度测量增长质量；Binder 和 Coad（2011）采用幸福、健康、

① 此处引用了叶初升论文的主要论述，但省略了贫困的表述。笔者认为应该从更广泛的视角讨论经济增长质量，即使是发展中国家也不能仅以贫困为出发点。

有充足的营养、自由出行、合适的住所、满意的社会关系、物质福利等进行测度；Nussbaum（2003）从充足营养、知识水平、居住质量、生活环境、闲暇活动、自由出行6个维度来考察人们的可行能力。

基于经济运行过程特性，随洪光和刘廷华（2014）把经济增长的稳定性、可持续性和经济增长效率合成测度经济增长质量指标，利用1990—2009年亚太、非洲和拉美地区的数据发现FDI有利于促进发展中东道国经济增长质量的提升和增长的可持续性。禹四明（2017）从增长前景、增长过程、增长结构、增长结果4个维度测度经济增长质量，结果表明：短期内提升经济增长质量的最优提质路径应按照侧重点主次程度依次调整经济增长结构质量、经济增长结果质量、经济增长过程质量、经济增长前景质量；中期内的最优提质路径应按照侧重点主次程度依次调整经济增长结果质量、经济增长过程质量、经济增长结构质量、经济增长前景质量；长期内的最优提质路径应按照侧重点主次程度依次调整经济增长过程质量、经济增长结果质量、经济增长结构质量、经济增长前景质量。

从经济波动的视角来看，陈杰（2011）认为降低经济周期性波动有利于经济增长质量的提升和持续增长，因而应该从改进产业结构、需求结构和所有制结构方面对经济增长质量进行测度。任保平、韩璐等（2015）也持相同观点，认为在经济增长质量综合指数中增加经济稳定性的维度。与上述观点不同，邵军、徐康宁（2011）等发现生产率与经济波动之间存在明显的负相关性，经济衰退是以往经济高涨的延续；动态地看，经济衰退又孕育着新的产业发展和产业结构调整，对提升经济增长质量具有积极意义。

第二节　新结构经济学的视角①

一、新结构经济学的背景与框架

（一）新结构经济学的背景

促进经济持续增长是一个国家发展的永恒主题，也是经济学家研究的主

① 林毅夫．新结构经济学[M]．苏剑，译．北京：北京大学出版社，2012.

要内容。20世纪初，自由放任的市场经济被认为是实现经济持续增长的最佳途径。之后随着将“发展”这个议题引入经济学前沿的讨论，逐渐形成了一个新的经济学分支——发展经济学。发展经济学是第二次世界大战后才从主流经济学分离出来的。第二次世界大战后，原来的殖民地、半殖民地国家纷纷独立，开始了现代化建设，发展经济学也应运而生。当时的主流理论是“结构主义”，认为要变成现代化的国家就必须以政府为主导来发展现代化的、大规模的资本密集产业。第二次世界大战后，许多新独立的、刚刚摆脱殖民统治的国家推行的都是这种经济政策，其导致的结果是建立起现代化的大工业体系，并确实有一段时间，通过投资拉动了经济快速增长，但是，其后经济停滞，危机不断，跟发达国家的差距越来越大。由于效果并不理想，因此到了20世纪70年代末我国改革开放时，就出现了“第二版”的发展经济学，即所谓的“新自由主义经济学”。这一版本的发展经济学提出，应该让政府从市场退出，建立完善的、像发达国家一样的市场经济体系。①

但是经济危机后对于经济发展提出的对策，不管是“新自由主义经济学”所提出的“休克式疗法”，还是“结构经济学”所主张的政府主导产业结构升级的进口替代政策，并没有使发展中国家的经济实现可持续发展，反而导致与发达国家之间的差距越来越大，在发展中国家普遍失败。越来越多的经济学家试图探索更适合于发展中国家的经济增长的理论框架。其中，林毅夫提出的新结构经济学希望能够在反思发展经济学自成立以来涌现的结构主义和新自由主义两波思潮的基础上，推动建立发展经济学新的理论框架。其掀起了发展经济学的第三波思潮，弥补了发展经济学的不足。而新结构经济学的主要目的是研究长期经济增长所面临的挑战，提供一个帮助发展中国家获得经济可持续增长，消除贫困，提高收入水平，改善收入分配，缩小与发达国家收入差距，并实现现代化的综合性理论框架（林毅夫，2010）。

（二）新结构经济学的理论框架

以往的结构经济学和新自由主义都把结构看作外生的，而林毅夫提出的新结构经济学将结构看成是内生的，并通过对现代经济增长本质的分析，提出了以市场为基础，同时强调政府作用的新结构经济学理论框架。因此，所谓新结构经济学就是应用新古典的分析方法，研究一个国家经济结构的决定

① 林毅夫．新结构经济学与中国产业政策[J].决策探索，2014（10）:12-14.

因素及其变迁的原因，以说明发展过程中经济结构为什么不同，为什么发展过程本身是一个经济结构不断调整、不断变动的过程，[①] 其主要包括如下要点。

1. 新结构经济学对现代经济增长的描述

随着工业化进程的不断加快，现代经济增长的本质也变成了产业结构、技术结构、基础设施和制度的不断变迁。韦森将现代经济增长描述为包括“熊彼特型动态增长”的“斯密型增长”，而林毅夫（2013）认为现代经济增长更合适的描述是包括“斯密型增长”的“熊彼特型动态增长”。虽然斯密的分工有利于交易技术的创新，但是，交易技术的创新无法得出新产品、新产业的创新。所以，把现代经济增长总结为广义的“斯密动态经济增长”和现代经济中新产品、新产业不断涌现的主要特征不吻合。熊彼特型的增长则会有不断的新的产品和产业的创新，而新产品和新产业的出现，由于风险和资金需求以及生产规模和市场范围的扩大，则会内生出对交易技术和制度改善的要求。[②] 可以看出，现代经济增长中很难将“斯密型增长”和“熊彼特型增长”完全区分开，即分工、贸易、劳动生产率提高所带来的经济增长（斯密型增长）本身，与技术创新和组织创新所带来的经济增长（熊彼特型增长）常常交缠在一起且互相作用。

新结构经济学主张在现代经济增长中随着技术创新和产业升级，生产的经济规模、产品的市场范围和交易的价值不断扩大，企业对资金的需求越来越多，面对的风险也越来越大，硬的基础设施，像交通、电力、通信、港口等必须不断改进；同时，软的基础设施，也就是金融、法律等制度也必须有相应的完善，这样才能降低各种交易费用，充分发挥技术创新和产业升级增加生产、促进发展的效用。显然，新结构经济学的分析是同时将“熊彼特型增长”和“斯密型增长”结合在一起的。

2. 新结构经济学核心的前提假设

新结构经济学的核心前提假设是经济结构内生决定于要素禀赋结构。在任何一个给定的时间，要素禀赋都是给定的，如有多少劳动力、资本及自然资源。但这些要素又是可变的，如劳动力会随着人口增减变化，资本可通过积累增加，自然资源相对给定，但随着技术开发也会有所改变。

① 林毅夫．新结构经济学的理论框架研究 [J]. 现代产业经济，2012（3）:18-23.

② 林毅夫．《新结构经济学》评论回应 [J]. 经济学，2013（3）:1095-1108.

总之，要素禀赋与其结构同时决定一个国家、一个社会的总预算跟它的各种要素的相对价格。不同要素的相对价格决定其经济的比较优势。

3. 新结构经济学理论框架的原则

任何的理论框架都有其所要考虑的原则作为支撑，林毅夫（2013）认为新结构经济学理论框架所考虑的几条原则如下所述。[①]

首先，一个国家的要素禀赋结构决定了其比较优势，但与特定的发展水平相对应，因此该国的最优产业结构也会因为发展水平的不同而存在差异，包括产业、技术、金融、法律和其他结构在内的最优经济结构随发展水平而异。最优产业结构决定着一个国家的生产边界，生产能否达到这个边界取决于基础设备是否完备等因素。

其次，各个经济发展阶段都是从低收入农业国向高收入工业国连续演进过程中的一个点，因而不能把两个阶段完全割裂：贫穷阶段和富裕阶段，发展中阶段和发达阶段。由于各个发展阶段的产业结构具有内生性，发展中国家的产业和基础设施升级的目标与高收入国家未必相同。

再次，在任何给定的发展水平，市场都是实现有效资源配置的根本机制，但同时政府需要在经济向更高水平的转变中发挥积极的、因势利导的作用。

最后，对发展中国家而言，要持续实现产业升级和经济增长、在国内外市场上形成竞争力，其最佳途径就是发展适应自身比较优势的产业。由此，一个国家能够创造最大的剩余，使投资能够获得最高可能的回报，产生最大的储蓄动力，其资本也就能以最快的速度积累。这样，该国的要素禀赋结构就能从劳动力或资源富余向资本富余过渡，其比较优势也会变得相应更趋向于资本密集型。后进国家的产业升级可以发挥后发优势，进行追赶。这意味着后进国家拥有比领先者发展得更快的潜力。

4. 新结构经济学的主要理论

在新结构经济学理论框架中，要素禀赋及其结构被认为是最重要的变量。林毅夫（2013）通过对最重要的两个变量及相关内容的扩展性研究，进一步发展和充实了该理论的具体内容，提出现代经济增长也就是经济结构变迁具有四个主要的驱动力，即要素禀赋、比较优势、市场和政府。下文将对每个驱动力进行具体的介绍说明。

① 林毅夫．寻求全球经济复苏的动因[J]. 中国报道，2013（111）:24-28.

二、新结构经济学的具体理论

（一）要素禀赋

新结构经济学认为，经济结构将要素禀赋定义为自然资源、劳动力、人力资本和物质资本的相对丰裕程度，在对经济体要素禀赋的概念中，将基础设施引入其中。其认为经济体的要素禀赋是分析经济发展的起点，且一个经济体的禀赋及其结构在每一个特定的发展水平是给定的，并随发展水平不同而不同，因而经济体的最优产业结构也会随发展水平不同而不同。不同的产业结构不仅意味着不同的产业资本密集度，还意味着不同的最优企业规模、生产规模、市场范围、交易复杂程度以及不同的风险种类。因此，每个特定的产业结构都要求与之相适应的基础设施（包括“硬性”和“软性”），尽可能降低运行和交易费用（林毅夫，2010）。

上述的基础设施中，“硬性”基础设施包括能源、交通和通信系统等；“软性”基础设施包括金融体系、管制、教育体系、司法体系、社会网络、价值体系及经济体中其他无形的结构。其还主张给定任意时刻，基础设施禀赋决定着该时刻企业的交易费用，也决定着经济离生产可能性边界究竟有多远。虽然一般而言，企业能够控制其自身的部分成本，但对他们所面临的大部分交易费用却无能为力，这些交易费用主要取决于政府所提供的硬性和软性基础设施的质量（林毅夫，2010）。

虽然新结构经济学对要素禀赋的定义是资本、劳动力、土地和各种资源的相对拥有量，但其主要是以资本与劳动力拥有量的比值来作为实证研究中要素禀赋的操作性指标。林毅夫认为，一般来说，土地和各种自然资源是给定的，因为在现代社会任何国家都不能再像18—19世纪那样去国外扩大殖民地。同时，各国的劳动力增长速度也并不快，因为劳动力的增长主要取决于这个国家的人口增长，即使发展中国家人口增长快一点也不过是2%～3%，发达国家慢一点一般也不低于零，所以差距不大，真正的差距来自资本的积累。有的国家每年的资本积累可以高达GDP的30%～40%，有的国家则不到10%。从长期来看，要素禀赋结构可以随着人口增长和资本的积累而变化。要素禀赋结构的升级主要取决于资本积累的速度，其中高质量的经济增长会通过影响资本积累的速度来影响要素禀

赋结构的进一步升级。

在关于基础设施与发展中国家经济增长质量关系的研究中，林毅夫（2010）认为随着发展中国家沿产业和技术阶梯拾级而上，要素禀赋和产业结构升级不断进行，基础设施也需要同时升级。由此可以看出，软硬基础设施是间接影响经济增长质量的基础性条件，基础设施的改善通过优化要素配置和提高生产要素生产率等路径促进经济增长质量的提升。

第一，发展中国家的政府可以确定一份可贸易商品和服务的清单。这些商品和服务应满足如下条件，在具有与本国相似的要素禀赋结构且人均收入也高于本国约 100% 的高速增长的国家中，这些商品和服务的生产已超过 20 年。

第二，在该清单的产业中，政府可以优先考虑那些国内民营企业已自发地进入的产业，并设法确定这些企业提升其产品质量的障碍，或者阻止其他民营企业进入该产业的障碍。这些可以通过各种方法的组合来做到，如价值链分析或是豪斯曼等人提出的增长诊断框架。然后，政府采取措施来消除这些约束，并运用随机对照试验来测试这一过程的影响，以确保把这些政策推广到国家层面后的有效性。

第三，对国内企业来说，清单上的某些产业可能是全新的产业。在这种情况下，政府可采取特定措施，鼓励在第一步所确定的产业清单中，高收入国家的企业到本国来投资，以利用本国劳动力成本低的优势。另外，政府还可以设立孵化计划，便利国内私人企业进入这些行业。

第四，除了在可贸易商品和服务的清单上确定的产业外，发展中国家的政府还应密切关注本国成功实现自我发现的其他私人企业，并为这些产业的扩大提供帮助。

第五，在基础设施落后、商业环境欠佳的发展中国家中，政府可投资于工业园区和出口加工区，并做出必要的改进来吸引可能愿意投资于目标产业的国内民营企业或者外国企业，对基础设施和商业环境的改善可以降低交易成本，便利产业发展。然而，因为预算约束和能力的限制，大多数政府无法在合理时间内为整个经济做出理想的改进，注重改善工业园区或出口加工区的基础设施和商业环境就是一个更易于实现的选择。

第六，政府也可以为在第一步确定的产业清单里面的国内先驱企业或国外投资者提供激励，补偿它们的投资所创造的非竞争性公共知识。该类措施

应有时间限制和财务成本限制，激励可以是一段时间内的企业所得税减免，或是对合作投资的直接优惠，或是获取外汇的优先权以进口关键设备。激励不应该也不需要以垄断租金、高关税或者其他扭曲的形式出现，寻租和政治捕获的风险可因此避免。对于在第四步里通过自身努力成功发现新产业的企业，政府可采取措施，以认可它们对国家经济发展的贡献。

通过上述过程确定的产业应符合本国的潜在比较优势。先驱企业一旦成功，许多其他企业也将会进入该产业。政府的便利作用主要限于提供信息、协调、改善软硬性基础设施以及补偿外部性。

（二）有效的市场

在新结构经济学中，市场被认为是经济发展的基础，其认为有效市场的重要性在于，只有充分竞争的市场才能使各种要素的价格在经济中能充分反映相应要素的相对稀缺性。如果资本相对短缺，劳动力相对丰富，资金的价格就会相对高，劳动力价格就会相对低。如果有这种价格机制，那么企业家为追求利润最大化，必然会用便宜的劳动力去代替昂贵的资本，也必然会发展劳动力相对密集的技术。反过来，如果资本相对丰富，资本的价格就相对便宜，那么企业家在追求利润最大化时，就会用资本代替劳动力，想方设法进入资本相对密集的产业。

通过上述的分析可以看出，只有价格体系和市场竞争的压力才能引导企业按照要素禀赋的比较优势来选择技术和产业，推动比较优势从劳动力或自然资源相对密集逐渐向资本相对密集提升，为现有产业、技术升级到资本更密集、附加价值更高的新产业、新技术提供物质基础。党的十八届三中全会提出使市场在资源配置中起决定性作用，就是要不断完善社会主义市场经济体制，使各种要素的价格能够反映其相对稀缺性，为我国经济更好地按照比较优势发展提供必要的制度基础。①

（三）有为的政府

在促进经济增长的四个驱动要素中，政府的作用同样重要。在产业结构转型升级的过程中，各种基础设施的完善，包括电力、港口等硬基础设施，

① 林毅夫．新结构经济学视角：政府如何有为[J]．唯实（现代管理），2015（6）:28-29.

以及金融、法制等软基础设施都离不开政府的营造和支持。林毅夫（2013）在新结构经济学中假定所有行为者（包括政府领导）是理性的，其行为、选择是为了满足自己的利益目标的，并以此为基础对政府在经济发展中的作用展开论述。

在经济发展的过程中，如果缺乏政府的协调作用，比较优势可能难以发挥。虽然有些协调，包括很多基础设施的服务，也可以请民营企业参与投资来完善，但其真正能将比较优势发挥出来的较少。因为在国际竞争中，除了比较优势带来的要素生产价格低之外，其交易成本也必须很低。而交易成本取决于各种基础设施的完善，这必须由政府来做。

而政府在进行企业间协调的过程中，不能不对技术创新的方向和所要升级的产业做出判断。林毅夫（2013）认为，政府做出的这种判断不一定会比企业的判断差，企业要获得这些信息需要投入资金和人员，政府同样也需要投入资金和人员，但政府应该比企业有能力去聘请更多、更好的专家，收集更多、更全面的信息。而且，信息收集和处理的成本很高，分享的成本近乎为零，具有公共产品的特性。如果由企业自己收集，就不会和其他企业分享，因此每个企业都要自己去收集、处理，就整个社会来说是重复投资，不如由政府收集、处理后和企业分享。另外，政府还可以根据这些信息采取因势利导的支持措施，使有限的资源发挥最大的支持技术创新、产业升级，促进经济发展的效应。

同时，产业升级、技术变迁都有一定的风险。比如，产业升级过程中，新的比较优势产业难以准确判断。即使判断准确，要素生产价格也低，而且交易成本能否降下来，不是产业能决定的，这是产业结构升级先行者面临的巨大风险。企业如果失败，就必须承担产业升级投资的所有成本，这会给社会传递一个信号：政府协调还不够，或者这个产业并不真正具有比较优势。企业如果成功，就代表这个新产业有比较优势。这会导致大量跟风者涌入，先行者并不能获得垄断利润，而发展中国家又不像发达国家，产业、技术与产品在本国是新的，但在全球来看并不新，所以没办法申请20年的知识产权保护。

如此一来，理性的企业家就不会做先行者，而会让别人付出先行的成本，自己从中获益。如果这样，就会打击先行者，也就难以推动结构变迁。所以，政府要给先行者一定的补偿，经济学家称为“外部性补偿”，以鼓励这种倾向。

（四）有自生能力的企业

新结构经济学将自生能力定义为一个处于开放自由竞争的市场环境中，具有正常管理水平的企业，无须依靠政府或外部补助就可以预期获得一个社会可接受的正常的利润水平的能力。反之，如果一个正常管理的企业无法在开放竞争的市场中获得不低于社会可接受的利润率，就说明该企业不具有自生能力，只有在政府的保护补贴下才有人投资和经营。企业的自生能力是新结构经济学的微观分析基础。自生能力决定企业所使用的技术和所在的产业是否跟要素禀赋结构所决定的比较优势相一致。如果企业要素生产成本最低，当经济中的软硬基础设施合适时，交易成本也会最低，从而形成最强的竞争力，企业不需要政府的保护补贴就能生存。新结构经济学指出，只有当企业所在的行业符合该经济体的要素禀赋结构所决定的比较优势时，其才有自生能力。

林毅夫（2017）认为，利用企业自生能力的概念可增加人们对许多发展中转型现象的理解。例如，我国经济学界在讨论国有企业改革时，往往忽视我国大型国有企业所在的产业通常资本非常密集，超过我国发展阶段下的比较优势，这些企业在开放竞争的市场环境中缺乏自生能力，政府只能给予必要的保护补贴扶持这些没有自生能力的企业。20 世纪 80—90 年代经济学界普遍认为国有企业经营绩效差是产权问题。林毅夫（2017）认为，在符合比较优势的竞争性行业，企业经营绩效差可能和产权因素有关。但在违反比较优势的产业，不能把企业经营绩效差都归于产权问题。针对上述问题，林毅夫做了一条理论推论：如果这些企业因为国防安全或社会稳定的因素不能破产，政府给予国有企业的保护补贴少于民营企业时，给出上述推断的逻辑是什么？因为缺乏自生能力的国有企业向政府索要保护补贴后，由于国有企业的管理者是政府官员，存在法律和制度约束，不能明目张胆侵吞保护补贴。私有化后，由于民营企业属于私人所有，因而可以将保护补贴据为己有。在政府无法推脱责任的情况下，民营企业向政府索要保护补贴的积极性会更高，企业得到的保护补贴也会更多。

综上所述，以企业自生能力为新结构经济学分析的微观基础，可以从更小的层面去探索对产业结构升级的策略，从而促进经济可持续增长。

三、新结构经济学的理论见解

林毅夫（2017）认为，从新结构经济学的角度来看发展中国家和发达国家的差异，不仅仅是量的差异，更多的是质的不同，因此，适用于发达国家的理论在发展中国家可能并不适用。不同发展阶段的国家，其经济运行方式也有所不同。因此，林毅夫（2017）从九个方面提出了一些新的理论见解，① 如下所述。

（一）最优金融结构

现代金融学倡导股票市场、大银行和风险投资等现代金融安排。这种金融结构对发达国家而言是合适的。因为发达国家的产业处于世界最前沿，其产业升级需要大量的资本投入，且技术创新需要依赖自主研发，伴随的风险很大，大银行、股票市场和风险投资适合为大的投资项目融资，而股票市场和风险资本有利于分散风险。但发展中国家采取这样的金融制度安排则未必合适，因为其产业主要是劳动密集型的加工业或传统农业。一般而言，这些产业规模较小、资本需求少，而且产品基本是成熟的，且技术大部分是引进的，风险主要在于企业家的经营能力，适合发展中国家的金融制度安排应该是地区性中小型金融机构。因此，处于不同发展阶段的经济体具有不同的产业结构、技术、企业规模、资本需求和风险特性，对应于不同的最优金融结构。如果发展中国家的金融制度安排盲目照搬发达国家，就会造成金融与实体经济脱节，导致金融无法为实体经济服务。

（二）人力资本投资

现代增长经济学（包括内生增长理论等）通常认为决定一个国家经济发展的唯一要素是人力资本，其他要素都是次要的。和最优金融结构的论述类似，人力资本投资应与发展阶段的产业特性和风险特性相匹配。如果是产业处于世界前沿的发达国家，就必须进行新产品和新技术的自主研发；又因为人力资本与处理风险的能力密切相关，所以对人力资本的需求就非常大。但对于发展中国家来说，大量技术是从发达国家引进的，而引进技术需要的人

① 林毅夫.新结构经济学、自生能力与新的理论见解[J].武汉大学学报,2017(6):4-16.

力资本与发明新技术需要的人力资本并不相同。发展中国家没有很多高资本、高技术产业，如果此时盲目进行教育投资，大幅提高人力资本的结果很可能是大量受过高等教育的人没有合适的就业机会。在国内无法合适就业就会到国外就业，从而造成人才外流；而留在国内的人由于找不到好工作而失业，可能造成社会和政治不稳定。因此，人力资本投资应与实体经济需要相符合。

（三）刘易斯拐点和人口红利

现在我国经济学界比较关注刘易斯拐点[①]问题。随着我国农村剩余劳动力大量转移到城市，很多人担心中国的人口红利即将消失殆尽，未来经济将缺乏增长动力。我认为这个看法不完全正确。刘易斯的模型是两部门模型，只有农业和制造业两个部门，农业部门劳动生产率较制造业部门低，农业的剩余劳动力转移到制造业会带来劳动生产率提升，因而存在人口红利。但我们在分析问题时，不能简单套用现成的理论，要注意理论背后的假设和内涵，了解问题的实质。从本质来看，农村剩余劳动力向制造业转移的红利来自劳动力从劳动生产率较低的农业转向劳动生产率较高的制造业。刘易斯模型只有两个部类，但现实中附加价值较高的制造业并非只有一个部门，而是一个无穷多级的工业阶梯。如果把劳动力从附加值较低、劳动密集型的加工业重新配置到附加值较高、资本技术密集型的产业，同样会带来劳动生产率提升和人口红利。因此，只要政府能够采取措施创造产业升级空间，使附加价值较高的产业不断涌现，人口红利就会一直存在。新结构经济学认为，对于刘易斯拐点问题要有新的认识。

（四）经济开放

经济开放好还是不好？这个问题在国际上很有争议。事实表明，20世纪80年代以来，很多发展中国家在开放过程中的经济绩效更差、效率更低。经济学家丹尼·罗德里克（1997）就曾忧虑地认为经济开放不见得是好事。按照新结构经济学的理论，开放是遵循比较优势理论发展的前提。那开放就是不好的吗？忽略对问题本质的清楚认识，就容易得出不正确的结论。林毅

① 刘易斯拐点，即劳动力过剩向短缺的转折点，是指在工业化进程中，随着农村富余劳动力向非农产业的逐步转移，农村富余劳动力逐渐减少，最终达到瓶颈状态。

夫（2017）认为是因为这些发展中国家在开放之前，经济中存在大量违反比较优势的产业，企业缺乏自生能力。如果在开放过程中采取休克疗法，这些产业就会垮掉，经济出现“去工业化”现象，从而导致经济危机。为什么中国改革开放取得了巨大成功？笔者认为是因为中国在开放过程中采取渐进双轨制的方式，对没有比较优势的产业继续给予转型期的必要保护补贴，维持稳定；对那些过去被严格管制和抑制但却符合比较优势的产业因势利导，帮助企业参与开放并发展。如果不考虑发展中国家的结构因素和现实背景，盲目开放可能带来经济危机。

（五）国际资本流动

是否应该开放资本账户？现代国际金融理论通常认为开放资本账户是好事，认为发展中国家缺少资本，所以应该开放资本账户让资本流入。但现实中大部分发展中国家资本账户开放后，却遇到了经济危机。原因在于这些理论把资本看作同质的，没有细致区分不同结构的资本。资本应该分为投入实体经济的外国直接投资（FDI）和短期的金融资本。外国直接投资能增加实体资本，而且这种投资一般会投入该国符合比较优势的产业，也能带入先进的技术、管理经验和国际销售渠道，对发展中国家发展很有帮助。但短期的金融资本一般不进入实体部门，而是大量进入房地产和股票市场等投机部门，造成经济泡沫。此外，如果大量短期外国金融资本突然流入，会造成货币升值，企业出口竞争力下降，影响实体经济的发展。所以在讨论资本流动时，一定要有结构的概念，一个发展中国家对外国直接投资应该鼓励，对短期资本流动则应该有一定的管制。

（六）卢卡斯之谜

主流理论认为发展中国家资本稀缺，投资回报率高，资本应该从发达国家流到发展中国家来。但现实中资本却从大多数发展中国家流向发达国家。当然这并不绝对，经济绩效好的发展中国家表现出来的是资本净流入，而经济绩效差的发展中国家表现出来的是资本净流出。对此，新结构经济学认为最主要的原因在于，如果一国采取符合本国比较优势的发展战略，那么资本回报率高，财富积累具有合法性，因而资本不会外流，并且外国资本也会流入本国符合比较优势的产业，总的表现为资本净流入。相反，如果采取违反

本国比较优势的赶超战略，产业不符合比较优势，资本回报率低；而且为了发展不符合比较优势的产业，政府会采取各种保护政策，引发寻租和腐败行为，依靠寻租和腐败而积累的财富缺乏合法性，这些资本不敢也不愿在国内投资，就会大量外逃到发达国家，而且外国资本也不会流入违反该国比较优势的产业，所以总的表现为资本净流出。

（七）货币是否中性

芝加哥学派认为货币是中性的，货币只影响物价水平而不影响实体经济。实际上，货币中性理论是一个静态的概念，并没有考虑技术和产业升级以及结构变迁的动态发展过程。新结构经济学认为利率的高低会影响企业家技术创新和产业升级投资的积极性。降低利率有利于降低投资成本，提高技术创新和产业升级的积极性，进而促进经济发展。货币政策并非是中性的，较宽松的货币政策有利于经济增长。然而，货币增长速度与技术创新和产业升级的速度密切相关。如果货币政策过度宽松，超过技术创新和产业升级的可能速度则会导致通货膨胀，所以要有一个最适度的货币增长速度。由于发达国家技术和产业位于世界最前沿，其技术创新和产业升级的速度相对较慢，但发展中国家能够利用后发优势，较发达国家技术创新和产业升级的速度更快，从而发展中国家较发达国家的最优货币增长速度也更快。因此，如果考虑结构因素，货币并非是中性的，那么货币增长速度需要和发展阶段相适应。

（八）货币政策和“流动性陷阱”

目前发达国家货币政策宽松，但民间投资增长乏力，存在“流动性陷阱”。原因在于发达国家的产业在世界前沿，当经济下行时，需求减少，产能过剩，这时很难找到好的投资机会，货币政策对刺激投资基本无效。但是，发展中国家则不同。新结构经济学认为，在发展中国家，即使在衰退和萧条期出现产能过剩，但由于存在产业升级的巨大空间，降低利率仍可降低投资成本，刺激企业向中高端产业投资，促进产业升级，从而避免“流动性陷阱”。因此，在发展中国家，如果货币政策能将增发的货币用于支持产业升级（而非流向投机性市场），货币政策仍然能够成为稳定经济增长的有效工具。

四、新结构经济学的政策洞见

林毅夫认为，其所提出的新结构经济学对经济增长的主要贡献，需要由其提出的新政策洞见和未来研究计划的绩效来评说。林毅夫（2010）以新结构经济学的理论框架为基础所提出的新政策洞见包括如下几点内容。

（一）财政政策

从新结构经济学的角度来看，反周期的财政政策对于发展中国家是合适的；这些国家的政府需要通过提供至关重要的基础设施来在产业结构升级中发挥重要作用。于是衰退将成为进行基础设置投资的绝佳机遇。原因有三：一是这些投资不仅增加了短期需求，也提高了长期经济增长率；二是投资成本低于正常情况；三是未来经济增长率的提升和税收的扩张将有效弥补当下的投资成本，从而避免出现李嘉图等价陷阱（Lin，2009）。①

进而，如果发展中国家的政府能够按照新结构经济学的理论，遵循本国的比较优势来对产业发展因势利导，将最有可能获得强劲的经济增长、良好的贸易表现，减少需要政府保护补贴的、缺乏自生能力的企业，因而经济将更有竞争力，并有更为稳健的财政状况和宽裕对外账户。

（二）货币政策

在货币政策方面，新结构经济学认为，利率政策完全有可能作为反周期的调控工具，通过鼓励在萧条时期进行基础设置和产业升级投资，提升未来的经济增速。其认为对于发展中国家，陷入“流动性陷阱”是不太可能的：即使面临国内现有产业出现产能过剩，产业升级的空间仍然很大；只要利率足够低，这些国家的企业就会有动机投资提升生产率、促进产业升级；况且，这些国家通常有很多基础设置瓶颈，在萧条时期降低利率将促进对这些基础设施的投资。

① LIN J. Beyond keynesianism: The necessity of a globally coordinated solution[J]. Harvard International Review,2009,31（2）:14-17.

（三）金融发展

新结构经济学认为，这些扭曲政策都源于要保护发展中国家优先发展的产业部门中缺乏自主能力的企业这一事实。因此，新结构经济学强调，为国内金融和外贸制定一套有序的自由化政策才是至关重要的，因为这直接关系到国家能否在经济转型过程中同时获得持续稳定的经济增长。

新结构经济学认为每个给定发展水平的最优金融结构可能取决于当时的主流产业结构、平均企业规模和典型风险种类，而这些因素又进一步内生决定于当时经济体的要素禀赋结构。观察到发展中国家经常不顾自身经济结构而偏重于大型银行和资本市场，新结构经济学建议，这些收入较低国家不应复制发达工业化国家的金融结构，而应将地区性的中小银行作为它们金融系统的基础，以使农业、工业和服务业中的中小企业能够获得足够的金融服务。随着产业升级，这些国家的经济就会越来越转向资本密集型产业，大型银行和复杂的资本市场也将在这些国家的金融体系中占据越来越重要的地位。

（四）资源丰富国家的公共租金管理政策

新结构经济学提倡从资源商品收入中拿出合理的一部分用于人力资源、基础设置和社会资本的投资，以对产业多样化和产业升级提供因势利导的支持。

（五）外国资本

新结构经济学认为，外商直接投资是一种对发展中国家最为有利的外国资本流动形式，因为它的目标就是通过发展与这些国家比较优势相一致的产业而获利。外商直接投资较少受到突发危机的影响，而且不会像债务和投机资本突然进出导致类似的金融危机。同时，外商直接投资一般都会带来技术、管理、市场渠道和社会网络，这些正是发展中国家所缺乏的，也是其产业升级所必需的。

（六）贸易政策

新结构经济学也认识到，许多发展中国家在参与全球分工、开始攀登产

业阶梯的时候，往往遗留着旧结构经济学的进口替代战略所造成的诸多扭曲政策。因此，有必要采用渐进的贸易自由化政策：在转型中，对那些不符合比较优势的产业，政府可以提供临时保护；同时对那些在过去被严格管制和抑制但却符合比较优势的产业，应该放开准入。

（七）人类发展

新结构经济学认为，人力资本是一个国家禀赋的组成部分。对经济中的个体而言，随着经济发展，在产业升级和技术创新过程中，不可避免要面临风险和不确定性；当企业沿着产业阶梯攀登至新的、资本更密集的产业时，它就更接近世界产业前沿，因而也面临着更高的风险。人力资本可以帮助劳动者对付风险和不确定性，但其形成则需要很长时间。

因此，在一个动态增长的经济体中，在经济因新产业新技术而要求新的劳动技能以前，提前作好规划、进行人力资本投资是十分重要的。需要注意的是，人力资本的提升必须与物质资本的积累和产业升级保持齐头并进，否则人力资本要么因为投资不足而成为经济发展的瓶颈，要么因为教育训练投资过快而使一批高学历的劳动者无法找到相应工作。

五、新结构经济学的增长质量观点

（一）产业升级与金融创新①

按照新结构经济学中关于金融的基本看法，随着经济发展水平越来越高，金融结构的演进会呈现直接融资比重升高、间接融资比重降低的趋势。林毅夫等（2019）通过研究中国现阶段金融创新与经济增长质量的关系，揭示了从新结构经济学视角看待金融创新对经济增长质量的作用机制，其中不乏对经济增长质量的一般性的洞见。他们发现中国现阶段金融结构存在三个层次七个方面的金融结构矛盾：第一个层次是直接融资与间接融资之间的结构矛盾；第二个层次是直接融资、间接融资内部的结构矛盾；第三个层次是微企业升级与中小银行之间的结构矛盾、产业升级与金融产品之间的结构矛盾、

① 林毅夫，付才辉，任晓猛．金融创新如何推动高质量发展：新结构经济学的视角[J]．金融论坛，2019，24（11）：3-13.

产业升级与债券市场之间的结构矛盾、产业升级与股票市场之间的结构矛盾。

在第一个层次上，新结构经济学的最优金融结构理论认为，处于世界最发达阶段的英、美的主导产业和技术都曾处于世界产业技术的最前沿，适合其产业、技术的金融结构能大量动员资金并分散风险，是市场主导的典型；德国、日本在追赶阶段时期主导产业处于世界产业、技术链的内部，相对于最前沿的国家，其企业的技术创新风险和产品创新风险较低，因而侧重于间接融资。但随着德、日经济的发展，其产业和技术越来越接近世界的前沿，股票市场的重要性也凸显出来，金融结构变革的要求就越来越大。可以推测，最优产业结构的变迁是一个连续渐进的过程，相对应的最优金融结构也应依循相似的过程。

在第二个层次上，服务于中小企业的中小银行以及服务于技术创新创业的金融产品依然滞后。截至 2017 年年底，中小微企业的数量占全部企业数目的 90%，贡献了 50% 的税收、60% 的 GDP、70% 的专利和 80% 的就业，然而小微企业贷款余额仅占各项贷款余额的 25% 左右。上述矛盾是小微企业与银行业组成之间的结构矛盾。此外，中国经济结构的升级、产业结构的多元化导致创新的方式多元化、投资需求和风险类型多元化，这必然要求金融产品随之多元化，从本质上看，这其实是利率市场化与风险定价之间的矛盾。因此，只有鼓励金融产品创新才能支持中小银行转型，化解我国间接融资内部结构性矛盾。

在第三个层次上，间接融资内部也存在结构不合理现象。大银行相对小银行在甄别软信息方面不具有优势，为了防范风险而对企业要求抵押品数量并施行严格的违约清算。大银行的这种融资特性不利于中小企业融资，但能与大企业的特性匹配。要从根本上缓解中小企业的融资难题，关键在于改善银行结构，发挥中小银行善于甄别中小企业经营能力的优势。通过供给侧调整银行结构，鼓励中小银行发展，降低行政干预。

转型融资需求与银行结构，特别是地区性中小银行的间接融资方式，存在的问题更加突出。一般而言，劳动密集型中小企业在转型升级阶段，其融资需求与常规经营不同，不同的转型升级路径对融资的额度、期限、条件等提出了不同的要求。风险越大，那么转型融资的风险也相应越高。此时，中小银行的短期贷款只能满足中小企业的常规融资需求，而无法满足规模更大、风险更高的转型融资需求。

直接融资内部的结构问题也是制约产业升级的重要因素。直接融资主要包括债券融资和股票融资。当产业结构处于世界前沿时，其生产、销售都比较有保障，景气度较高、前景稳定、资本投资回报率较高，这类产业的企业会通过举债的形式加杠杆；与之相反，如果产业结构向前沿升级，面临的不确定性较高、风险增加，这类产业中的企业采取股权融资的方式去杠杆。通常情况下，随着经济发展水平的提高杠杆率会逐步下降，但是全球金融危机之后的 10 年中国的非金融企业杠杆率不降反增，暴露出直接融资内部的结构问题。

债券融资内部企业债券和政府债券（国债和地方政府债）之间的比例也反映了经济发展的阶段和增长的质量。在经济结构转型升级过程中，政府需要提供软硬基础设施为产业结构升级奠定基础，为此政府需要为软硬基础设施建设融资，发行政府债券是重要的融资方式。随着基础设施建设的逐步完善，政府融资总额应该逐渐减少，政府债的比重应该逐步下降；相应地，企业债比重应该逐步上升。然而，数据表明，中国最近新发的地方债上升得很快，企业债占比很小且有萎缩之势，暴露了债券融资内部的结构问题。

股市融资对经济增长质量也有重要的影响。良好的股市结构和新兴产业升级以及新技术的研发相互影响、相辅相成。但从目前中国的股市看，股市服务了相对成熟的传统产业，对新兴产业和新技术研发的服务相对不足。中国证券行业监管部门出于对股东利益的保护，制定的政策对上市企业有比较严格的盈利要求，这使得新兴产业和新技术项目难以满足上市门槛。由于缺乏多层次的资本市场体系或管理模式存在问题，中小板、创业板和主板功能差异不明显，没有体现出服务于科技企业融资的市场定位。

（二）企业自生能力与环境污染[①]

企业的环境污染问题一直被经济增长和发展研究所关注。“环境波特假说”认为，合理而严格的环境约束可以促使企业进行更多的创新活动以提升企业的生产率和竞争力，创新补偿可以部分或全部弥补由污染治理带来的额外外部成本，从而释放环境红利和经济红利，创造节能减排和经济增长的双赢机会。而“波特假说”能否实现的必要条件就在于企业是否具有自生能

① 郑洁，付才辉．企业自生能力与环境污染：新结构经济学视角[J]. 经济评论，2020（1）：49-70.

力。企业只有具有自生能力，才能够在环境约束和环境激励下，激发出“波特效应”。

企业自生能力是研究环境污染的微观基础，指一个处于开放自由竞争的市场环境中，具有正常管理水平的企业无须依靠政府或外部补助就可以预期获得一个社会可接受的正常利润水平的能力，它意味着企业愿意投资进行环境治理。新古典经济学的研究框架假设企业具有自生能力；但在许多转型和发展中国家，发展战略并未遵循比较优势，导致一些企业缺乏自生能力。在面对环境约束时，企业能通过创新活动提高生产效率、缓解环境治理成本带来的企业自身经营负担，“波特效应”才能够得到有效激发。相反，当企业缺乏自生能力时，在缺少政府补贴的情况下，企业无法获得正常利润而不能开展环境治理；在面对环境约束时，也不愿主动执行法律法规，从而形成环境软约束。

具有自生能力意味着企业在市场上能够获得正常的利润，其生产成本和交易成本是最低的。当这些具有自生能力的企业面临环境约束时，尽管总成本增加，在短期可能会亏损，甚至部分企业会被淘汰，但长期来看，这些具有自生能力的企业有能力采用绿色环保的生产要素和节能减排技术，提升绿色技术创新和环境治理水平，从而降低环境污染排放。企业自生能力是实现“波特假说”的关键。

事实上，企业缺乏自生能力的程度越大，环境污染将越严重。企业自生能力通过环境治理机制、环境约束机制和技术进步机制影响环境污染，其中主要是环境治理机制，即企业缺乏自生能力会使得环境治理投入水平不足、环境约束软化以及抑制技术进步，从而加剧环境污染。具体而言，缺乏自生能力的企业会通过减少工业污染源治理投资、降低排污费以及减少自主研发经费支出、技术引进经费和技术改造经费的方式，加剧环境污染的排放强度。

（三）政府引领作用①

新结构经济学构建了一套“增长甄别与因势利导框架”（GIFF）来确定

① 朱富强．如何保障政府的积极“有为”?——兼评林毅夫“有为政府论”的社会基础[J].财经研究,2017，43（3）:4-16；朱富强．如何理解新结构经济学的GIFF框架：内在逻辑、现实应用和方法论意义[J].人文杂志，2017（7）：28-38；朱自华．关于增长甄别与因势利导框架的适用与发展[J].金融经济，2018（2）：117-120.

发展的目标产业。在 GIFF 框架中，林毅夫对政府的功能定位包括：①提供自由的环境、法制和产权保护；②为风险与收益不对称的早期创新活动或创新过程中的正外部性提供补偿，从而鼓励企业家勇于创新；③提供交通、电力、港口等硬基础设施；④提供引导产业发展的产业政策。

之所以需要产业政策，是因为不同产业对经济增长的推动作用和贡献率是不同的，在资源有限的情况下，政府必然会有倾向地将资源用于对经济持续发展贡献最大的产业；新型产业的发展具有外部性，容易引发“搭便车”行为，技术创新和基础设施也具有公共品性质，因而在技术创新和产业升级过程中需要政府协调企业家群体解决外部性和“搭便车”问题。关于政府的产业政策导向，林毅夫提出需要把增长甄别和因势利导相结合，提出一个指导产业政策制定的“两步六法”的“增长甄别和因势利导框架”。两步是确定一国可能具有潜在比较优势的新产业、消除阻碍这些产业发展的制约条件并创造条件促成其比较优势的扩张。六法包括以下内容。第一，政策制定者应选择禀赋结构相似、人均收入高出 100% 的高速增长国家作为参照对象，确定这些国家过去 20 年发展良好的贸易产业。第二，如果本国的重要私营企业已经出现在这些行业中，则应识别出这些企业技术升级或进一步发展的制约因素并尽可能采取行动加以消除。第三，如果这些行业中没有本国企业，政府可以尝试引进外商直接投资，或孵化相关项目。第四，除了第一条中确定的产业，政府还应该关注私营企业的发展，并支持成功的私人创新在新产业中推广。第五，对于基础设施薄弱和商业环境恶劣的国家，设立经济特区或工业园区应打破企业准入和外国直接投资（FDI）的障碍、鼓励产业集群的形成。第六，政府应积极使用税收优惠政策鼓励产业中的先驱企业加快发展，并提供融资或外汇支持。

六、简评

新结构经济学是在（旧）结构经济学对当前发展中国家经济增长指导失效的情况下，总结当前发展中国家经济发展情况及规律后提出的指导发展中国家制定经济增长策略的理论框架。（旧）结构经济学忽视按照比较优势进行战略规划和产业引导的重要性，否定市场在经济配置中的基础作用；而新结构经济学则强调市场对于资源配置的基础作用，并认为政府应在产业升级过程中对企业所面临的外部性和协调问题起到因势利导的作用，充分肯定了

政府和市场的作用。此外，在具体措施方面，（旧）结构经济学提出以发达国家的产业结构作为参照、发展中国家照搬发达国家产业发展的经历和经验来引导发展中国家的产业升级，而新结构经济学主张从自身出发，按照自身要素禀赋和软环境发展具有比较优势的产业，探索符合发展中国家实情的发展道路。

韦森（2013）认为，新结构经济学的主要理论贡献包括以下几点。第一，新结构经济学的理论框架更加强调市场在资源配置中的核心作用，坚持竞争性市场是人类社会资源配置的最优机制、市场应该成为经济的基础性制度。在此基础上，该理论把经济发展作为产业、技术以及各种软硬基础设施结构不断变迁的过程来研究，是对古典经济学、新古典经济学的延续和发展。第二，新结构经济学从经济思想和近现代经济史研究的视角，重点考察现代经济增长的实质及其普遍特征事实，特别注重技术进步、产业升级和经济结构的变迁，并提出根据现有的要素禀赋决定当前的产业结构。第三，新结构经济学提出了有为的政府应当在经济发展中，尤其是促进企业技术创新、扶植产业升级和实现经济多样化方面起积极的因势利导作用。①

从对新结构经济学中关于经济增长质量内容的梳理可以看出，新结构经济学所强调的经济增长主要包括数量和质量两个方面，其中数量主要是指经济增长的速度，质量主要是指经济增长潜力、可持续性以及经济结构的升级。同时，新结构经济学认为，要素禀赋结构内生地决定产业结构，挖掘要素禀赋的比较优势，并按其发展产业，并在有效市场和有为政府的保障下，可以带来高质量的经济增长，即发挥经济增长的潜力、保持经济增长的稳定，并促进经济结构升级；而这些符合比较优势发展所带来的结果，又会进一步带来要素禀赋结构的升级。

所以，在研究经济增长质量的过程中，不仅需要研究要素禀赋对经济增长质量的影响，还要对经济增长对要素禀赋结构变化的影响进行研究，以加深对经济增长的理解，从而使政府方面更好地发挥要素禀赋的比较优势，出台相应的产业政策和激励政策，同时能提高企业自身的能力，使企业能够更好地挖掘和利用生产要素的潜力，增加企业的创新动力，进而激发后发国家的“后发优势”，保持经济稳定和高质量增长。

① 韦森．探寻人类社会经济增长的内在机制与未来道路——评林毅夫教授的新结构经济学理论框架[J]. 经济学（季刊），2013，12（2）：1051-1074.

新结构经济学在经济增长质量方面的研究还不够充分，具体表现在以下几方面。

关于 GIFF 框架，其理论含义和实践价值是不言而喻的，但最要害的问题在于一国的比较优势本身是动态演变的，与产业政策所推动的技术创新和产业升级密切相关，从动态角度看很难找到一个最优产业结构——因为此处的“最优”是一个静态概念，而比较优势是动态变化的，那么两者之间必然会存在差距。由此引起的实践中产业结构调整应该领先还是滞后于比较优势的变动？这些还需进一步考察和研究。

与此相关，新结构经济学比较强调根据资源禀赋、比较优势引导产业发展，但忽略了资源禀赋中人力资本、社会资本、心理资本、自然资本等现代普遍认可的发展资本都是可以培育的，有为的政府从广泛的意义上应该把资源禀赋的积累、比较优势的转化、产业结构的升级综合起来进行引导，才能使长期增长效果更好。

再进一步，国家在资源禀赋积累、比较优势转化和产业结构升级中应该从短期、中期和长期进行整体布局，一方面要兼顾当前的社会现实和发展压力，另一方面又要谋划长期发展所需的硬软条件。因此，还需要在动态中研究如何进行短期、中期、长期布局，实现当前和长远增长的协调以及从短期到长期的过渡机制和长期对短期的引导机制。

此外，在新结构经济学中，“有为的政府”强调的是引导产业升级的能力，“有效的市场”侧重的是最优配置资源的制度，但似乎缺少一个微观层面的动力机制，即政府为什么要“有为”、市场主体为什么要“有效”？因此，从动机和情感层面分析上述问题，会使新结构经济学的学理逻辑更严谨，而且更能揭示国家间甚至同一个国家不同阶段经济增长的差异。

第三节　本书的研究框架

本书正是基于新结构经济学的基本理念，结合上节所分析的新结构经济学存在的研究不够充分的问题，从三个对象维度和三个时间维度考察一个国家经济增长的质量。三个对象维度即有效的市场、有为的政府和有志的民众，三个时间维度分别是短期、中期和长期。在本书的模型中，有效率的经济增长不仅表现为通过市场经济的运转使 GDP 呈现出数量上的快速增长、

国民拥有更多的物质财富，而且还更多地表现为经济增长产生的负效应。这种负效应表现为两个方面。第一，市场虽然是最有效率的资源配置的手段，但这是建立在其拥有良好的制度条件等其他外部优势的基础之上，由于市场本身不能提供制度、法律、基础设施等公共物品，就需要一个有为的政府为其平稳运行保驾护航。所以市场在高效运转的同时，也使政府在提供公共物品以及其他服务的能力方面得到了进一步加强，实现了自身的优化升级。第二，有效的市场在促进一个国家经济稳定增长的同时，能够给国内民众以自信心、安全感以及对国家的亲密感、认同感甚至忧患意识，因此形成了有志民众、有为政府、有效市场三者间的相互联系（如表4–1所示）。下文将对这三者间的逻辑关系作进一步的解释。

在短期，国家要想实现经济的迅速发展总是步履维艰，在制度设计、市场运行、市场监管、产业结构、工业水平等方面要想实现短期的超越都十分困难，因此就不得不利用本国现阶段在生产某一（或某些）产品上拥有的比较优势或绝对优势，来带动整个国民经济的发展。市场在利用这些优势促进经济增长的过程中，常常会面临短期内自身无法解决的问题，例如，因为无法进行公共物品的无偿供给而影响自身的高效运转（公共物品包括良好的法治环境、安定有序的社会环境、积极的政策等）。这都不得不要求该国政府采取积极的政策缓解市场运转的压力，为市场提供有序的监管、有效的法律、有力的政策支持，实现政府职能的转型和升级，促进服务型政府建设。因此有效市场和有为政府之间形成了相互促进、互为补充的良性关系。

表4–1　时间维度与对象维度的关系

时间维度	对象维度		
	有志民众	有为政府	有效市场
短期	克服当前困难	引导和创造优势	利用绝对优势和比较优势
中期	克服享乐思想、锻炼企业家精神	人才培养、培育新的比较优势、引导产业发展	竞争中确立比较优势
长期	具备危机意识和民族荣耀感	规划、补足短板	比较优势转化为绝对优势、巩固绝对优势

当市场利用该国在生产某一（或某些）产品上拥有的比较优势或者绝对优势促进经济增长的同时，民众更愿意对国家的政治制度充满信心。在短期，当一个国家的发展在遭到强大外力的阻挠甚至破坏时，民众便更有可能

倾向于产生一种合力，共同应对外部环境，抛弃个人的私利，克服眼前的危机、困难或者诱惑。这时，有志的民众在行为上表现为“牺牲”，并且这种对国家的情感会随着经济良性发展产生微妙的变化。因此，有效市场与有志民众之间形成了相互促进、互为补充的良性关系。

国家的民众在短期内表现出行为上对国家的支持和理解，甚至牺牲自我、抵制诱惑，能够在一定程度上减少“搭便车”、道德风险等一系列不利于经济良性发展的阻碍要素，同时也减少了政府为管理民众而必须支付的各种成本。因此，有效市场与有志民众之间、有志民众与有为政府之间形成了相互促进、互为补充的良性关系。

在中期，国家在某一（或某些）产品的生产上拥有的短期比较优势会有逐渐丧失的可能性，其经济发展往往会遭遇困境和挑战。若该国想要谋求高质量的经济增长，便会对市场提出更进一步的要求。有效的市场表现为对本国比较优势的升级，使比较优势转化为绝对优势，并在此基础上培育出新的比较优势。当一个国家的经济增长遭遇某种瓶颈并想要实现突破和飞跃时，市场要建立起新的产业优势、稳固原有的优势，就不仅需要市场内部的资源，还需要更多的外在资源的加入和补充，例如，在该领域有着较高建树的专家能够为各个产业输送专业人才。而人才的培养并非市场力所能及，于是便产生了第二种负效应，即一个国家的经济在不断增长的同时，也会驱使政府努力实现本国教育的现代化。因此，有效市场与有为政府之间形成了相互促进、互为补充的良性关系。

若该国以有效市场为依托，促进经济在中期实现加速增长，会进一步激发民众对于本国制度的自信和肯定，这时，有志的民众在行为上表现为“克己”，人们能够克服享乐主义和物质贪欲，更加发愤图强，这种政府与民众间形成的合力进一步加强，从而实现国民经济的飞跃。因此，有效市场与有志民众之间形成了相互促进、互为补充的良性关系。

在长期，一个国家的经济发展会形成一种有序的良性循环，这时，新的问题在于如何保证本国经济能够实现长期的持续增长。要达成这一长期性的目标，市场还需做出进一步的努力，将原有的比较优势产业转化为绝对优势产业，并巩固好原有的绝对优势产业。长期的市场在资源、制度等各方面已经趋于完善，但要保证一些优势产业成为领先世界的绝对优势则需要补足市场中以及本国体制内的漏洞。这些漏洞极有可能对经济增长产生破坏，这就促使政府必须做好这项“修补”工作。例如，国家的法律体系是否随着时间

的推移需要进行新的补充和完善、对于行业的监管与服务是否与经济发展的水平相适应、产业的调整与升级是否需要进一步改善等。因此，有效市场与有为政府之间形成了相互促进、互为补充的良性关系。

当一个国家的市场实现了进一步升级，促进本国经济有效增长，民众对于国家的情绪已经逐渐从信任转变为民族自豪感和荣耀感。这时，有志的民众表现为一种“意识”，即与国家命运共存亡的共同体意识。这种意识不是短期的，也不是一时兴起，它会随着时间的推移逐渐加深，最终形成一种仿佛植根于基因中的优秀文化自觉。其不仅表现为民众在国家遇到困难时会与国共患难，而且表现为在稳定发展时期的忧患意识，使民众时时刻刻思索着如何使国家变得更好，个人应当如何贡献自己的力量。因此，有效市场与有志民众之间形成了相互促进、互为补充的良性关系。

一个国家的经济在不断增长的同时，对该国的市场、政府以及民众产生的正向连带效应见图 4–1。值得注意的是，本书的模型对于一些经济增长方面失败的国家案例同样具有解释力。一个处于动荡中的国家，由于政府无法提供安定有序的发展环境，市场便难以高效运转。某一国家的国民表现出极强的政治冷漠，奉行利己主义甚至“民粹主义”，其国家经济往往很难有高质量的发展。

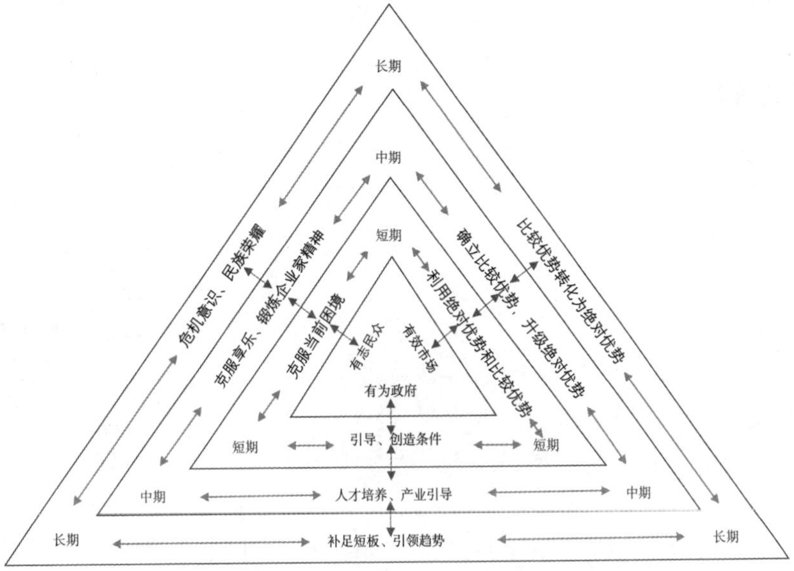

图 4–1　经济增长对政府、市场及民众的正向连带效应

下篇

典型国家中等收入阶段经济增长质量案例分析

第五章　韩国

第一节　前中等收入阶段背景

一、概况

韩国位于东亚朝鲜半岛南部，总面积约10.329万平方千米（占朝鲜半岛面积的45%），主体民族为韩民族，通用语言为韩语。

1897年10月，朝鲜高宗建立大韩帝国，“韩国”作为正式国名开始使用。1910年8月，日本迫使大韩帝国签订《日韩合并条约》，朝鲜半岛沦为日本殖民地。1919年4月11日，“大韩民国临时政府”在中国上海成立，在中国抗战期间辗转杭州、嘉兴等地，于1940年到达重庆。今天的韩国政府以在上海成立临时政府的1919年作为“大韩民国”开国元年。1945年8月日本投降，美、苏军队分别进驻朝鲜半岛南北部；同年8月15日朝鲜半岛南半部建立大韩民国，李承晚出任首届总统。1948年8月和9月，依北纬38度线，朝鲜半岛南北先后成立大韩民国和朝鲜民主主义人民共和国。1950年爆发朝鲜战争，1953年7月27日依《朝鲜停战协定》，朝韩双方停战。

二、韩国经济社会的发展

20世纪50年代，韩国经济还是以农业为主，经济发展停滞不前，是世界上最贫穷的国家之一。1949年，韩国颁布了《农地改革法》，政府通过农地

改革从地主手中购买土地，然后分给每个农民3公顷土地，使“耕者有其田”，并限制每人拥有的土地面积不能超过3公顷。1960年随着韩国非农经济的发展，部分农地被转为非农用途。韩国政府开始通过拓荒和填海来扩大农田面积。20世纪60年代经济起飞，韩国一直保持经济持续快速发展态势。半个多世纪以来，韩国经济基本保持着年平均8%的增长速度。从韩国发展过程分析，1961年韩国人均GDP只有92美元，属于低收入国家。1962年韩国工业化起步，并开始执行第一个五年计划。1977年韩国人均GDP达到1 042美元，首次实现“贫困陷阱”的超越，进入中等收入阶段，经济发展开始起飞。

作为亚洲四小龙之一的韩国，在20世纪50年代经济从溃败的边缘走向苏醒，60年代成功地奉行了外向型经济发展战略，70年代跻身于新兴工业国（地区）队伍，80年代发展成为国际市场上一个具有竞争力的国家，90年代开始把进入发达国家队伍作为努力目标。

韩国1948年建国后直到1960年经济水平非常低，人民经常处于吃不上饭的状态。1953年朝鲜战争停战后，通货膨胀严重，粮食、药品等生活必需品都十分紧缺，社会也比较动荡。1948—1949年地主把约50万公顷土地直接出售给佃农；约52%的耕地所有权被转移给佃农。自1954年开始，韩国政府实施“有偿征用”和“有偿分配”的农村土地所有制改革，抑制了流民数量的增长，“耕者有其田”得以实现。到1956年，拥有耕地最多的6%的人占地比只有18%。佃农家庭占农村家庭的比例从49%下降到了7%，佃农耕种的土地面积比例从65%下降到了18%。土地改革使地主精英解体，财富和收入分配变得非常平等。这也让大多数人有经济实力为子女提供教育，从而促进了教育水平和受教育率的迅速提升。1945—1955年，韩国小学入学率增加了一倍，中学入学率增加了8倍多，大学入学率增加了10倍。

朝鲜战争后，韩国社会经济遭受到了沉重打击，直到20世纪60年代才逐步恢复。在政治上，军人集团执掌政权，实行权威统治；经济上开始迅速起步，20世纪60年代早期韩国的情况要比大多数发展中国家更有利于经济增长。韩国政府开始实行以促进出口为特征的外向型经济发展战略，并取得了长足发展，国内人民生活水平也开始显著提升。人均GDP从1960年的158美元升至1969年的243美元。

20世纪70年代，韩国走上了发展经济的轨道。在政治方面，东亚各国除了日本，别的国家都属于独裁制。在1961年至1979年长达18年的统治

期间，朴正熙按照韩国国情开展了“新村运动”和韩国五年计划，使韩国的农业和工业得到快速的发展。朴正熙使韩国经济逐步腾飞，他掌权的18年，是韩国经济腾飞的时刻，人均GDP从93美元涨至1 783美元。朴正熙在全国范围内主导了“新村运动”。同时，第四期经济开发计划的成功完成，在一定程度上解决了当时韩国国民们的绝对贫困问题。但是，人民相对性的贫困现象的深化、长期执政所带来的副作用以及反维新民主化运动在很大程度上削弱了朴正熙的执政基础。政府通过了紧急措施，有很多人因此而被捕，此后民主化运动以及以在经济开发过程中被忽略的劳动者和农民为中心的保卫生存权运动愈演愈烈。朴正熙是以反腐败的名义上台的，他打击腐败的范围很广，但即使这样，他的反腐败依然是有问题的，主要表现在三个方面：一是政治献金问题；二是腐败现象太多；三是对可能影响经济发展的腐败，或者一时不便打击的对象，他总是予以容忍。但在经济和文化上，这期间韩国创造了举世瞩目的“汉江奇迹”，其广义上指的是韩国飞速发展的外向型经济，包括快速的工业化、科技进步、国民教育和国民思想道德素质的提高、国民生活水平的迅速提升、城市化、现代化。

1961年韩国人均GDP只有92美元，属于低收入国家。1962年韩国工业化起步，并开始执行第一个五年计划。1977年韩国人均GDP达到1 042美元，进入中等收入阶段，经济发展开始起飞。1994年韩国人均GDP达到1.04万美元，首次突破1万美元，成功跨越中等收入阶段，历时17年。

第二节　中等收入阶段的政府规划与推动经济增长手段

一、政府的发展规划

从20世纪60年代开始韩国就仿照苏联开始实行“五年计划”。在20世纪60年代的“一五计划”和“二五计划”中，韩国重点加强已经略有规模的轻纺、水泥等轻工业，用这些轻工业的初级产品出口换取外汇。外汇被用来换取外国的设备、技术以及人才培养，推动自身加速发展。在1973年之前，韩国制造业产值中轻工业一直维持在60%以上，而重工业最高时也只达38.9%，所以韩国真正开始经济自立是以“三五计划”时期实施的重工业战略为标志的。

（一）“三五计划”（1972—1976 年）

这一计划期间韩国开始重视稳定增长，力求使开发成果惠及农民和社会低收入阶层，确立自立经济结构，促进地域均衡开发。这期间的新村运动、出口、重工业化取得重大成果，资本品的对外依存度下降。当时石油危机席卷全球，但韩国仍实现高速增长，跨入新兴工业国行列。但是，高额外债、工业结构脆弱、慢性国际收支逆差和通货膨胀等问题仍未得到解决。

（二）“四五计划”（1977—1981 年）

这一计划仍以经济高速增长作为基本点，继续推进重工业化，但是考虑到社会发展的矛盾，公平问题开始受到广泛重视，被纳入计划之内。前两年韩国经济仍高速增长。但是，1979 年发生第二次石油危机、出口不振、朴正熙总统遇刺身亡，1980 年粮食严重歉收，使韩国经济陷入危机，出现严重衰退（–6.2%）。这是韩国推进经济开发以来首次出现的负增长。这样，“四五计划”期间经济增长率严重不及计划目标（计划 9.2%，实际 5.5%）。所有这一切情况，促使韩国政府和经济界经过反思认识到了转变经济运营方式的必要性。

（三）“五五计划”（1982—1986 年）

该计划的制订工作始于 1980 年，1981 年完成，后于 1983 年 12 月提出“修正计划”（1984—1986 年）。与以前的经济计划相比，“五五计划”根据经济体结构日趋复杂、民间企业活动日趋活跃的新情况，更重视市场机制在经济活动中的作用。主要有下列几个方面的特点。

首先，五年计划的名称由原来的“经济开发计划”变成“经济社会发展计划”，这表明政府计划从主要（或单纯）关心经济增长转变为关心通过经济增长和社会发展提高国民福利。

其次，经济运营情况相当不错。经济恢复高速增长；国内投资在总投资中的比率明显增加；国际收支得到改善，1986 年出现巨额顺差；尤其是物价高度稳定，年均批发物价上涨率只有 1.0%；企业经营合理化、技术开发和企业活力明显得到加强。这些成果的取得不能忽略当时有利的国际环境，但也不能抹杀当时政府政策的贡献。

最后，从韩国现代经济发展史上看，“五五计划”期间最重要的成果是根据韩国经济发展的新情况制定的新的经济发展战略，即“民间主导、稳定发展、自由竞争”的经济发展战略。“五五计划”更明确地区分了经济计划在民间经济活动中的地位和政府活动中的作用。在民间活动领域，政府强调计划的诱导功能，除了对大型项目制订定量计划之外，在其他领域更注重提出努力方向，发展经济运营机制（如各种鼓励制度），减少保护和管制等政府介入，诱导民间的创造性努力。但是，在教育、住宅、保健等与国民基本需求有关的领域，政府要积极介入，以弥补市场功能。在社会开发、技术与人力开发、社会间接资本设施建设等领域，加强政府作用，由政府提出具体投资计划，在总的财源范围内谋求政策的综合性和连贯性。

（四）“六五计划”（1987—1991 年）

该计划的制订工作始于 1985 年，完成于 1986 年，后于 1988 年提出“修正计划”（1988—1991 年），该计划初期借助所谓“三低”（低利率、低汇率、低油价）因素，使韩国国际收支顺差大增，但是这导致国内物价、股市和房地产价格普遍上涨。政治民主化的胜利和不同阶层之间经济利益的对立也导致社会不稳定，为解决这些问题而提出的“修正计划”在计划目标的具体内容方面作了大幅修正。

与“六五计划”（原计划）的目标与重点政策课题不同，“修正计划”所要达到的目标有实现“自主、稳定、福利的协调”；提高公平性，确保公正性；实现均衡发展；提高庶民生活；推进经济开放化与国际化。为此所要推进的重点政策课题有提高税收负担的公平性；抑制房地产投机，改善土地制度；推进金融自主化；缓解经济力集中，加强公正交易制度；建立面向未来的劳资关系；提高农渔民收入，改善农渔村生活环境；改善低收入阶层住宅与生活环境；扩充医疗、年金等社会保障制度；改善教育环境质量；促进区域均衡开发，扶植地方工业；保护小商贩，促进流通现代化；改善国际收支顺差管理；促进出口产业升级和出口市场多元化，增进与发展中国家的经济合作，扩大对外投资。

1972—1991 年是韩国政府的“三五计划”“四五计划”“五五计划”“六五计划”时期。为了确保自己一手主导的工业化进程不夭折，朴正熙采取了不那么光彩的方式获得了连任。1972 年 10 月 17 日，朴正熙宣布“全国非常

戒严令”，解散国会、禁止一切政党活动、缩小和弱化政治领域、扩大和强化总统权力，形成以总统为顶点的中央集权政治体系，集立法、司法、行政大权于一身。这样一来，政府通过集权化的行政管理，把民众的力量从政治舞台引向经济建设舞台，集合一切力量于经济开发，确保经济迅速发展，加速推进工业化。

在“三五计划”和“四五计划”时期，韩国政府建设的重点转向战略重工业：钢铁、造船、化工。韩国经济从这时起真正开始走上腾飞之路。韩国的经济实力迅猛膨胀，国家综合实力也急速上升。到“五五计划”、“六五计划”时期，韩国政府建设的重点又转向了技术密集型工业。韩国政府提出技术立国，从引进技术转向自主研发。就在这段时间，韩国建立了大批研究所等机构，促进技术研发，发展尖端产业。也正是在“五五计划”和“六五计划”时期，韩国将大量的国有企业转化为私有企业，只保留了一些需要巨额投资、私人无力负担或不适合私人经营的企业。到 1986 年，韩国的国企只剩下 13 家。如果说“三五计划”和“四五计划”时韩国经济还是粗放型增长的话，那么“五五计划”和“六五计划”时期其就开始转向集约型发展了。20 世纪 70 年代和 80 年代是经济发展势能全面转为动能时期。韩国在这段时间内实现了突飞猛进的发展。到“六五计划”结束的时候，韩国已经成为中上收入的国家。

二、推动经济增长的手段

20 世纪 60 年代以来，韩国根据本国经济发展的需要，不断适时地调整其产业结构，使原本经济落后的农业国发展成为新兴的工业化国家，创造了令人瞩目的“汉江奇迹”。20 世纪 60 年代发展的主要是食品产业；70 年代由于国内需求弹性和需求结构发生了变化，迫切需要扩大汽车、船舶、电视机等产品的生产。在国外，由于美国政府在亚洲战略的改变，韩国出于军事抗衡的需要也迫切要求建立国防工业。这一时期，韩国在发展钢铁、机械、石油化工和造船等产业的同时，还重视电子机械、家用电器、汽车等高新技术产业的形成和技术进步。

20 世纪 80 年代到 90 年代，政府依据对国内外形势的判断提出“科技立国”，重点发展技术密集型产业。对那些在发达国家已属于夕阳产业，但在韩国仍具有优势的产业（如纺织、水泥、石化、钢铁、家电、汽车、

造船等）进行技术升级，提高国产化率与附加值，形成出口主力产业。将那些在发达国家正处于成长期，而在韩国尚处于引进、吸收阶段的产业（如精密化学、精密仪器、计算机、电子机械、航空航天等），作为本国的“战略产业”，予以重点扶持。产业变化情况如图 5–1 所示。以下就各个时期代表性产业进行分析。

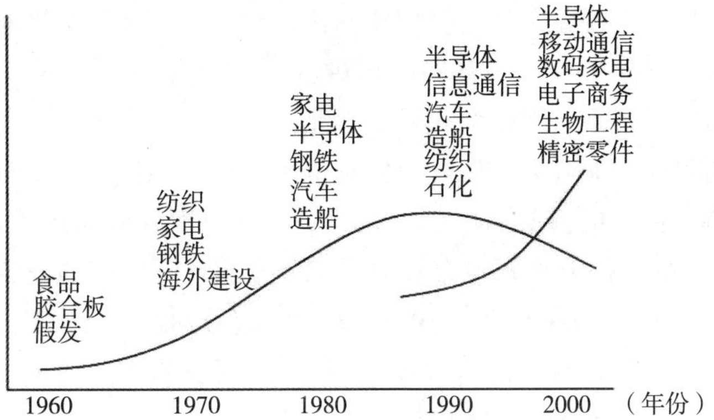

图 5–1　韩国产业变化情况

（一）推动重工业发展

在 20 世纪 60—90 年代的韩国经济腾飞过程中，韩国政府的介入力度最大的是全面推进重工业化的 20 世纪 70 年代。在“三五计划”和“四五计划”中也有体现。1977 年以前韩国工业结构一直是轻工业大于重工业，1977 年首次实现重工业大于轻工业；1972—1979 年工业结构中重工业比重的增长速度大于 1961—1971 年的增长速度。这期间许多大型企业集团从以轻工业为主转变为以重工业为主。20 世纪 70 年代重工业品的出口明显增长表明重工业国际竞争力的增强。在韩国重工业的重点培育时期，重工业的增长率高于轻工业的增长率，也高于国民生产总值的增长率，而且重工业在国民生产总值中的比重也有了明显增加。1972—1979 年重工业生产在国民生产总值中的比重从 8.7％增加到 17.9％，而轻工业生产在国民生产总值中的比重从 12.1％增加到 14.8％。

如果把 1974—1981 年作为重工业重点培育时期，就可以知道韩国经济在这一期间在一些宏观经济指标（如国民生产总值、物价、贸易收支等）上的表现不如那以前（1967—1973 年）和那以后（1982—1989 年），即

1974—1981年经济增长率低，物价上涨快，贸易逆差增大。例如，年均经济增长率在1967—1973年为9.4%，1974—1981年为8.6%，1982—1989年为10.1%。但是，这不能简单地归因为重工业化政策对资源配置的扭曲。首先，1974—1981年，两次石油危机使经济滞胀扩散到整个世界，美国、日本、德国等许多国家也出现经济增长率低于那以前和那以后、批发物价高于那以前和那以后的现象。与这些国家相比，当时韩国经济表现非常不错。其次，进入20世纪80年代，1982—1989年韩国经济在增长率、物价、国际收支等方面取得了令人瞩目的成果。不能排除当时有利国际环境的影响和加强市场机制等新产业政策的影响，但是也不能否认20世纪70年代重工业化政策的影响（由于时滞等原因，它在经济效率方面的效果到了80年代才显示出来）。最后，需要重新考虑韩国重工业重点培育期间的设定。如果把相关期间设定为1967—1972年、1973—1979年、1982—1989年，那么各期间年均经济增长率分别为9.7%、9.9%、8.1%。可知重工业重点培育期间的经济增长率还是高于那以前和那以后。

可以看出20世纪70年代韩国五年计划中的重工业政策不仅有力推进了当时的经济发展，而且为后来的高速发展奠定了重要的基础。重工业化政策在实行中的重要问题在于不顾国内外市场实际需要而进行的超前投资、重复投资等，导致韩国一度出现重工业设备开动率过低、大量设备被闲置、国际收支恶化、物价上涨加速等问题。但是，从总的方面来看，20世纪70年代的重工业化不仅为韩国产业结构与工业结构以及出口商品结构的升级做出了贡献，而且为韩国经济构建完整的自立经济体系也做出了贡献。

（二）推动创新

在20世纪80年代以前，尤其是20世纪60年代，韩国以技术引进、消化、吸收为主，企业对技术创新的需求并不十分强烈。这一时期，政府在科技创新活动中起到主导作用。1962年，随着五年经济计划的推出，韩国政府科技发展规划也随之产生，同时基础科学培训计划也得以建立并执行。政府还成立了科技研究院和科技部，专门研究科技产业。工业振兴厅、国家研究院等多个政府研究机构陆续成立。

韩国20世纪80年代的创新体系与之前相比发生了很大变化。一方面，20世纪80年代的“科技立国”发展战略使科技预算显著增加；另一方面，

1987 年实施的民主化制度改革使政府逐渐减弱了对私人部门的直接干预，并影响到韩国的创新体系，使之从政府主导向企业主导转变。政府科技预算的支出对象转向了企业研发，并减少了对公共研究机构的资助。

从相关数据可以看出韩国创新推动力的变化。从政府和企业研发投入比重来看，20 世纪 60 年代，政府投入占研发投入的 97%，其余为民间资本；到了 20 世纪 80 年代，民间资本（民营企业和个人）所占比重不断上升，1997 年达到 73%。从民营企业研发支出占 GDP 的比重来看，1980 年以前，这一比重为 0.3% ～ 0.5%，之后快速上升，到 2006 年增长到 2.5%。从研究人员的分布来看，1988 年公共研究机构的科研人员占 10.4%，大学科研人员占 34.8%，企业科研人员占 48.8%。到 2006 年，这三个比例分别达到 6.5%、36.1% 和 57.4%，可以看出企业已经成为科研开发的主力军。政府的投入和支持为民间经济发展营造了更好的发展环境，帮助其解决了经济发展中的困难，让民营经济创新活跃，为韩国经济发展注入了更多的活力与新鲜的血液。

（三）推动教育和知识产权保护

韩国的历次五年计划都有发展科技、重视教育、开发人力资源的规定。最初韩国的科技政策主要着重于引进、消化和使用外国技术，同时采取各种措施加强科技教育，增强国民科技意识，提高国民科技素质。韩国教育培养出来的具有较高科技文化水平与极强的民族精神和国家意识的韩国人民，在经济发展中发挥了不可估量的作用。20 世纪 80 年代韩国实行全方位跟踪的科技发展方针，全面推进技术立国战略，极大推动了经济的发展。经过多年的努力，20 世纪 80 年代韩国建立了比较完备的科技行政体制和科研体制；其产业结构也由重工业向知识和技术密集型的信息产业转变；同时扶植高科技产业的发展，加强科技基础设施建设，加大科技开发和技术改造力度，拓宽科技成果应用范围，以科学技术为龙头推动产业结构的优化调整。如三星、LG 等电子品牌无疑是韩国 GDP 增长的主要推手，而它们也是在五年计划的出口产业的背景下发展起来的，为韩国经济融入全球化奠定了基础。

韩国在经济发展初期，科技水平较低，技术发展以模仿、引进为主，技术严重依赖进口，其实施的较为宽松的知识产权保护政策有利于技术的引进和传播。20 世纪 80 年代开始，韩国大力发展技术密集型产业，这对国外企业构成了威胁，造成技术引进成本提高。为了应对这一问题，韩国将知识产

权政策与技术创新政策并举，注重加强知识产权保护力度。进入 21 世纪以来，韩国无论经济发展水平还是科技竞争力都处于国际领先水平，也从技术输入方转变为技术输出方。在这一阶段，韩国调整知识产权立法，加强知识产权执法，采取高水平的知识产权保护，并且积极开展知识产权国际合作。

第三节　韩国主要产业的发展及政策制定

一、农业

一般来说，农业在国民生产总值比重下降是一个国家由农业国转变为工业国的重要特征之一。第二次世界大战后，韩国农业 GDP 占整个国家 GDP 的比重约为 50%，随着工业化及城市化的快速推进，1960 年该值下降为 40%，1970 年又下降到 23% 左右，在 1975 年下降到了 5% 以下，到 2000 年仅为 4%，农业在国民经济中的占比不断降低。

韩国农业在国民经济中的占比虽然下降了，但是政府对农业的重视程度不断加强。以政府对农业的投入为例，农业开支在整个政府开支中的比重有所提高，1975 年为 6%，1995 年提高到了 13%，尽管 1997 年有所下降，但这个比例也超过了 11%。另外，政府用于农业方面的开支（包括对农业的贷款）在农业 GDP 中的比重也不断提高，这个比重在 1985 年是 12%，1997 年提高到了 37%。

韩国政府对于农业的政策措施主要包括以下几点。（1）价格保护。在 20 世纪 80 年代中期之前实行价格保护，韩国政府实行价格双轨制，高价从农民手中收购粮食，然后低价卖给城镇居民。（2）投入补贴。韩国政府为了减轻农产品的生产成本和鼓励农民增加对农产品的资本投入，经常以价格补贴与提供低息贷款相结合的形式对农民进行资助。（3）土地管理。韩国政府制定了《土地开垦促进法》，鼓励农户拓荒、整治土地、把旱地改为水田以扩大水稻田面积。（4）农村建设。1972 年韩国政府发起“新村运动”起到显著效果。修建乡村排水系统、供电系统和通信网络。（5）鼓励农户扩大土地经营规模，1994 年制定《农地基本法》，农户可拥有 10 ~ 20 公顷的土地面积。（6）调整农村产业结构和农业结构。1989 年韩国出台了《农村振兴计划》，提高农业生产效率和改善农村生活条件。（7）改善基础设施。韩国

政府对农村进行灌溉系统建设、农地整治、大规模区域开发。（8）完善市场体系，提高流通效率。政府加强对批发市场建设资金的投入，大规模建设农产品物流中心，保障生产者销售渠道的畅通。

二、汽车工业

在20世纪70年代以前，韩国尚无汽车出口，但到1988年时，韩国出口汽车数量达57.6万辆。1994年，韩国汽车出口数量增加到73.8万辆。韩国不仅成为汽车生产大国，而且成为世界第5位的汽车出口大国，仅次于日本、德国、法国、美国。

政府对汽车产业的扶持包含以下四方面。一是直接干预生产。1972年，韩国政府颁布了《中小装配厂废止措施》，规定中小企业只能从事汽车零部件生产，而不能从事整车生产，有效地防止了乱建汽车制造厂的现象。二是立法支持。在第一个“经济开发五年计划”阶段颁布的《汽车工业扶持法》催生了韩国第一家现代化的汽车组装厂，20世纪70年代制订的“汽车工业基本育成计划”和《汽车工业长期发展计划》对自主设计的汽车提出了明确要求。韩国先后颁布的一系列促进扶持汽车工业发展的政策和措施，有效地促进了韩国汽车工业的发展。三是实施政府采购制度。韩国已颁布的《科学技术促进法》《科学技术基本法》等相关法律规定，对于尚处于市场发展早期、需要重点扶持的本国高新技术产品，在性能相近的情况下，即使价格高于国外同类产品一定比例，政府仍应优先采购。四是制订汽车研发计划。韩国在1985年提出了以技术为先导的口号，开始实行五年科技计划，支持汽车工业提高技术水平。在国家科学技术研究院中还设有汽车研究机构，研究尖端汽车技术。

政府还施行关税和非关税保护。关税保护指韩国于1962年5月颁布《汽车工业保护法》，大幅度提高汽车进口关税，虽然1967年正式加入关税贸易总协定（GATT），但政府对汽车产业仍然保留高关税政策。为了扶持民族汽车产业，韩国用了20多年时间才把进口汽车关税降到了较低的水平，直到1987年政府对进口轿车还要加收60%的关税。后来，汽车产业基本成熟后，迫于他国的要求和压力，也为了加入WTO，韩国政府才大幅度降低关税，到1994年降低为10%，到1995年正式加入WTO时，关税已经降低为8%。非关税保护措施有以下几点。政府推行反奢侈和“买韩货”运动，

鼓励使用国产车；不允许外国汽车厂家直接投资在韩国建厂，并通过股权比例限制；对汽车进口设置了各种非关税壁垒，如限制建立进口汽车销售网络、禁止在电视和报刊上做广告、对购买外国高级汽车的顾客进行特别税务检查、对每辆汽车进行单项技术验收等。

此外，韩国还积极开拓海外销售市场。国内汽车销售市场接近饱和状态，韩国的汽车生产企业都在为自身的生存和发展而全力开拓海外市场。以“现代”为例，现代公司一方面努力巩固原有的美国等销售市场，另一方面积极地在中国、东南亚、中东及非洲建立生产和销售基地。

三、高新技术产业

韩国政府对于高新技术产业的政策是“两条腿走路”：“一条腿”是引进外国先进技术，“另一条腿”是科技立国，自力更生。在先进技术引进方面，政府在1972年颁布了《技术发展促进法》，同年在韩国技术进口协会设立了技术进口咨询中心，韩国发展银行也开始通过技术发展基金对技术进口给予支持。从1978年起，政府技术进口政策进入自由化时期。随着工业结构的调整和产业升级，经济发展对先进技术需求急剧上升，革新技术和提高生产力、产业竞争力成为第四个五年计划的目标，政府采取自由化政策，促进更有效的技术转让的实现。引进先进技术，对韩国在困难时期的发展起步起了很大的作用，一度成为韩国高新技术产业发展的重要基础。自力更生方面，早在1962年，韩国开始在实施第一个“经济开发五年计划”时，就将“振兴技术”提上了日程。此后，“二五计划”也提出“振兴科学技术，提高劳动生产率”的目标。为加强对科技工作的组织和协调，韩国在这一时期专门设立了韩国科技研究所、韩国科学技术处（1998年改为科学技术部）等机构，并颁布《科学技术振兴法》和《科学技术振兴五年计划》。这一时期的科技发展重点是发展改良型技术，即在引进国外先进技术的基础上，经过消化，提高吸收能力，发展一些适用技术，开发自主技术。

（一）20世纪80年代发展战略

20世纪80年代韩国工人工资上涨，靠低工资取胜的优势已基本丧失，而改变产业结构所需的新技术又尚未形成；日本对韩国采取封锁核心技术、“保持差距”的政策，迫使韩国决心从“贸易立国”转向“科技立国”。具

体措施如下。

第一，快速发展技术密集型产业。产业结构升级的核心是要能迅速开发新技术、新产品。20 世纪 80 年代是半导体、机器人、新材料等尖端技术快速发展的时期，20 世纪 90 年代是高技术、信息产业突飞猛进的时期，为了“不落人后”，韩国必须大力强化本国的科技开发能力，发展本国的技术资源，为跻身发达国家、地区的行列打下基础。

第二，加强产品竞争能力，以适应国际市场的需求变化。韩国存在的主要问题是设备陈旧、劳动生产率低、产品质量比不上发达国家、品种变化慢、机械工业基础薄弱。进入 20 世纪 80 年代，世界科技和贸易竞争空前尖锐，只有优越的产业结构才能具有较高的价格竞争力和技术竞争力，促进产品更新换代，确保出口能力的增长，适应世界市场千变万化的需求。

第三，改变单纯依靠大企业集团出口的状况。韩国以往出口产业主要依靠大企业集团，因其具有规模经济效益，能满足国际市场旺季的需求。但是，随着世界上小批量、多品种需求趋势的发展，原有的产业结构已不能适应新出现的需求。为此，必须发展以中小企业为基础的产业，改变单纯靠大企业集团出口的状况。

韩国在调整产业结构过程中，将开发新产业技术置于优先的地位，其具体分为如下三大类。第一类包括纤维、水泥、钢铁、石化、家用电器等技术。对这类 20 世纪 70 年代骨干产业技术，主要是要采用先进技术对其进行改造，以提高劳动生产率和产品的国际竞争能力。第二类包括汽车、船舶、产业机械、重型电机、精密化学、工程技术等技术。这是韩国正在大力发展的技术，目标是要赶上发达国家的水平。这类产业技术多是 20 世纪 60 年代后半期开始引进的，正处于消化和改良阶段。韩国通过提高自动化程度和产品质量来实现重工业技术密集化。第三类是以尖端技术为基础的，包括半导体、机器人、电子计算机、遗传工程和系统工程等。这类技术是产业结构向技术密集型和智能型转变的关键，也是其当时的主攻方向。开发这类技术业已成为其重要国策之一。

实施的具体措施如下。(1) 将发展科技摆在首位。政府在宪法中规定了科学技术在经济建设中的地位，并成立直属总统的技术开发最高审议机构——技术振兴扩大会议，审议发展科技的重大决策，解决实施过程中遇到的难题。(2) 对科技研发进行大规模投资。当时科技研发费用占国民生产总

值的2.2%，计划在1991年将增加到3%，2000年增至5%。（3）建立和健全科研机构。1969年，韩国在美国的帮助下，建立了“韩国科学技术研究所”，由美国为其提供科研器材、设备，并培养了一批人才；后又陆续成立了一些科研所。1980年后，韩国政府为使科研机构经营合理化，提高科技投资效率，采取了一系列改革措施，如合并科研所、精简机构、将所有科研所划归“韩国科学技术处”统一领导，并制定了中长期研究开发计划。（4）重视智力开发。政府将培养和吸引人才作为重要的国策，视之为实现产业发展战略的关键，为此拨出大量资金用于培养和招聘人才。计划到2000年，高中升学率和大学升学率将分别达到95%和71%，迈入高学历社会；培养出2000名博士，科学家人数将增至15万人，每1万人中就有30名科学家，接近当时先进国家科学家占比水平；向国外增派留学生、进修生，并以各种优惠条件吸引侨居国外的科学家回国服务。（5）建立“工业团地”。“工业团地”大多既是科研基地，也是出口基地，把科研、生产和流通融为一体。其中最为突出的是“大德高科技中心”，致力于开发技术密集型的出口产品。（6）官民合作开发科技事业。除官办的科学院、研究所之外，当局还鼓励和扶植企业办研究所，投资开发新技术。（7）同发达国家建立新的水平分工关系。为避免同发达国家发生重复性的竞争，韩国政府争取建立互补性的分工合作关系，尤其在电子、机械和尖端产业部门更是不遗余力地谋求同发达国家建立新的水平分工关系。（8）利用外资，引进技术。韩国政府不断放宽对外资的限制、扩大投资产业的范围、简化审批手续、改善投资环境，并规定对新技术产业的投资无须事先获得批准。不仅如此，政府还不惜重金购买技术，1981—1987年引进技术2 598项，付专利费15亿美元。（9）从法律和政策上，保证科技和新产业的发展。政府先后制定了《科学技术振兴法》《国家技术人员资格法》《技术开发促进法》《电子工业振兴法》等许多法律，并不断地予以修订，以便从法律上保证科学技术和新产业的发展。（10）积极扶植中小企业。制定《创业扶植法》，从财政、金融上支持中小企业，包括在信贷上提供优惠，规定中央金融机构、保险公司必须将对外借贷总额的35%、地方银行必须将借贷总额的50%贷给中小企业等。

（二）20 世纪 90 年代发展战略①

20 世纪 90 年代，韩国政府将高技术发展置于最优先地位，要求各部门以科学技术为中心制定各项政策，尤其是重视高新技术战略的制定与实施。金泳三总统强调：（1）将生产技术基础提高到先进国家的水准，以确立完全的“黑字经济体制”；（2）将先导性关键技术提高到世界一流水平，以期韩国拥有独有的技术；（3）扶植基础科学，以构筑创造性技术源泉的自主基础。为此韩国政府在 1990 年制订了 1990—1997 年“高技术及其产业发展的七年计划”，重点发展信息技术、自动化技术、新材料技术、机械电子技术、精密化学技术、生物技术、航空航天技术等，基本囊括了当今世界高技术发展的重点领域。具体的实施措施和特点如下。

（1）大幅度提高高技术投入。为确保高技术规划的实施，韩国政府最优先考虑的是提高科研经费。1990 年韩国科技经费为国民生产总值的 2.6%，达到发达国家的水平，1992 年韩国政府及民间在确定的 11 项高技术项目，共投资 1 751 亿韩元。按计划在 1990—1996 年的 7 年时间里，科技投资将达到 560 亿美元；到 1996 年科技经费为 15 亿美元，占国民生产总值的比重将增至 4%；到 2000 年，科技经费将达到 500 亿美元，占国民生产总值的比重将超过 5%，超过发达国家的投资比重。政府还设立 15 亿美元的高技术发展基金，以支持高技术产业化。另外，政府还通过给予技术开发和新技术投资以税收优惠，积极鼓励企业向科技投资。政府对高技术领域的重大项目进行大规模投资，投资重点是企业无力承担的重大的技术研究开发项目。1995 年以前投入 395 亿美元，重点用于已选定的高技术研究开发项目。

（2）以加快高技术产业化为重心，以点带面大力促进科技开发。韩国工商部门制订了高技术产业发展五年计划，勾画了 90 年代韩国高技术产业发展的蓝图。该计划的总目标是到 2000 年，人均国民收入达到 20 100 美元，出口总额达到 1 973 亿美元；增强产品在国际市场竞争力，加速产业升级进程；推动各产业内部技术、知识密集度的提高；全力发展高技术产业，重点发展电子、新材料、机电一体化、精细化工生物工程、光电子、航空等多个高技术产业，并使其在 20 世纪末达到世界一流水平。到 20 世纪 90 年代高技术产业的年平均增长率为 19%，其中航空产业增长率将达到 30% 以

① 戚超英.90 年代韩国高技术发展战略探析 [J]. 世界经济与政治，1994（3）：7-10.

上，高技术产值占全国产值的比重，从1990年的12.3%提高到2000年的32.7%，高技术产业在制造业中所占的比重从9%提高到2000年的33%，形成技术、知识密集型的产业结构。高技术出口生产增长率为年均20%，出口额占全国出口额的比重，从1990年的7.1%提高到2000年的40.3%，高技术产业的产值在2000年达到1 135亿美元。其中，微电子产业为517亿美元，占45%；出口额达到327亿美元，占高技术产业出口总额的40%。韩国政府以微电子产业等个别产业的突破为重点，以点带面，并进一步加强政府对高技术及其产业研究开发的组织管理。

（3）扶植高技术基础科学研究。金泳三总统强调，韩国要根据自己的条件和能力，严格选择取胜把握大的技术，集中力量加以开发，以期韩国拥有其独特的技术。为此，政府将“科技七强课题”指定为国家课题，由总统直接掌管和评估，以此大力扶植基础科学的研究。政府全力支持拥有韩国77%高级人才的大学科研活动，以使大学成为“研究的根据地”。为了改善大学的基础研究条件，除了政府的大力支持外，还要组建“基础研究民间支援协议会”，并使这种支援制度化。

（4）全方位加强高技术的国际合作。为在世界高技术领域拓展并稳定韩国的地位，韩国在20世纪90年代更加注重加强同美、日、俄的科技合作，同时也加强同中国、东南亚一些国家的高技术合作。利用美、欧、日等科技发达的优势，通过在发达国家建立研究机构并同欧美先进的科研机构合作、共同研究、留学进修、招聘人才等诸多手段，展开多边合作。

（5）确保高技术人才的培养和待遇。韩国一方面大力培养国内高技术人才，另一方面广泛聘请国外高技术专家。1994年韩国制定了“以国家政策在海外培养高级人才的制度”，为今后组成优秀科学智囊团确保高级尖端技术人才保障。20世纪90年代，韩国重点扩大招收理工科大学生，平均每年增招理工科大学生3 500名，使理工科学生由1990年的94 155人增加到1996年的117 000人。1993年创办第二科技大学，以生产技术革新为主课，重点放在半导体、计算机、光通信、机器人、新材料、生物技术等尖端技术方面；并且做到科技教育从小学抓起，特别是对优秀学生给予特殊培养。另外，韩国在20世纪90年代投资17.6亿美元，每年培养8 000名程序编制与系统工程方面的人才，加强软件人才的培养。韩国将1991年兴办的4所信息技术学院作为培养软件人才与开发软件技术的基地，从而为实现韩国高技

术战略奠定长期坚实的基础。选派留学生、科技人员到国外深造，聘请国外高技术人员到韩国工作，是韩国拢聚高技术人才的重要方面，韩国政府和企业十分重视留学人员的学成回国问题，开展“脑力回归”工作，对学成回国人员均给予多方照顾：尽全力为他们创造良好的工作和生活环境；配备科研设备与资金，让他们承担国家重要的科学项目；对优秀科技人员以终生养老金；对研究成果卓著的科学家实施补偿、奖励、研修、破格的研究经费等鼓励制度。

第四节　韩国民众的精神面貌

一、韩国民众精神面貌的表现

（一）20世纪70年代精神面貌表现——企业员工吃苦精神

1973年1月，韩国总统朴正熙发表了重工业宣言，成立重工业促进委员会，确定把钢铁、造船、冶金、石化、汽车制造、电子等行业作为第三个五年计划的发展重点。从轻工业到重工业，是工业化进程中最难的一步，它对资本、技术、资源、市场的要求，远不是轻工业所能比拟的。然而，同年10月，第四次中东战争爆发了，韩国深受石油危机的打击，也就在这时，一个派驻沙特阿拉伯的美国人向韩国三焕公司写信，说沙特阿拉伯有大批工程项目等待被承包。这个美国人曾是美军工兵顾问，当年在越南与三焕公司合作过，觉得这个公司靠谱，所以提供了这个信息。

三焕公司立即赶赴沙特考察，并在1973年年底拿下了第一个工程项目——2 459万美元，修一条高速公路。因为宗教活动的原因，这条高速公路工期特别赶，其他国家的企业都不敢接，三焕公司接了。由于韩国建筑工人之前接触的大多是军事工程，工人队伍也实行军事化管理，具有很强的组织性和纪律性，特别能吃苦耐劳。既然工期紧张，就24小时开工连轴转，晚上挑灯夜战，整个工地始终有条不紊、热火朝天，把沙特国王都震惊了。

高速公路最后如期完工，但是花了近3 000万美元，三焕公司赔了。虽然亏钱了，但赚了口碑：韩国建筑公司吃苦耐劳，活干得好，报价还低。自

三焕之后，韩国建筑企业纷纷涌入沙特，并以沙特为桥头堡，转战科威特、阿联酋、伊朗、伊拉克、卡塔尔、约旦，甚至到了北非的利比亚。

有数据表明，1973 年韩国企业在中东的工程承包额达 2 400 多万美元，1974 年承包额增至 8 900 万美元，1975 年为 6.4 亿美元，到 1978 年，这一数值达到了 78.9 亿美元。从 1974 年到 1979 年，韩国在中东拿下的建筑工程合同总价值达 410 亿美元。这个也很好理解，军事化管理，吃苦耐劳，善于攻坚克难，欧美企业不敢接的活，韩国企业敢接，接了还能在保证质量的前提下，提前完工。在三四十摄氏度的沙漠中，其他国家的工人都在避暑，韩国工人却坚守岗业，将东亚人勤劳、忍耐、顽强、敬业的精神发挥得淋漓尽致。

（二）20 世纪 80 年代精神面貌——研发创新事业报国精神

韩国早期自身研发活动开展较少，到了 20 世纪 80 年代，由于欧美国家加大知识产权保护以及受高科技限制出口政策的影响，韩国开始加大对本国的研发支持，积极鼓励企业尤其是中小企业开展研发活动、创立企业研发机构。韩国在 1980 年的研发投入强度为 0.56%，到了 1993 年，已经猛增为 2.12%。尤其值得注意的是，自 1982 年始，10 年内，韩国的企业研发经费增长速率惊人，平均达到 33%，超过同期政府经费投入的年平均增长率 27%。这一时间内，韩国的政府研发投入从 1963 年的占比 97% 不断下降；而企业的研发投入经费占比不断增长，到了 1997 年已经超过 70%。

自 20 世纪 80 年代末以来，韩国创立的企业研发机构尤其是中小企业研发机构，增长了很多倍。从企业数量来看，1981 年，韩国只有大企业拥有企业研究机构，并且仅有 53 家；到了 1988 年，中小企业创立的研发机构数量已经超过大企业，该年，中小企业拥有 322 家企业研发机构，而大企业仅拥有 282 家。中小企业研发机构后续如雨后春笋，1993 年即突破 1 000 个研发机构的大关，达到 1 113 个。有研究数据显示，研发投资对韩国经济增长贡献率在 1970—1990 年已经达到 22.7%。总体来看，由于韩国企业研发机构的大力兴建以及卓有成效，韩国的科技竞争力也不断提升，初步建立了以企业为创新主体的国家创新体系，从而使得韩国迅速跨越“中等收入陷阱”，进入科技强国和经济强国行列。韩国是个重视人才的国家，受到高等教育的人才进入企业，更能加强企业管理，提高工人的敬业度。同时，相关产业形成集群，提高市场占有率以及国际市场地位。

这些企业中的优秀典型代表是三星集团。1938 年，集团创始人李秉喆在韩国大丘市创建了“三星商会”，主要向中国出口韩国本土生产的干制鱼、水果和蔬菜等，这是三星的前身。早在 20 世纪 50 年代，三星建立了面粉加工厂，生产和销售面粉，因为受到朝鲜战争的巨大影响，损失惨重。在战争结束后，三星将公司转移到韩国釜山。在韩国各种物资都非常紧缺的情况下，三星发现商机，建立了制糖厂、毛纺厂，满足了国内白糖、布料自给自足的需要。

1969 年三星电子公司成立，三星在 20 世纪 70 年代开始以生产黑白电视机等家用电器为主，到 80 年代，三星企业走向多元化，进行集团的“二次创业”，并逐步开发掌握核心技术，慢慢打开了全球技术市场大门，提高了三星的国际竞争力。1993 年三星宣布实施“新经营”思想，掀起了一场其含义可以归纳为“产品一流化、为顾客提供全方位的服务及树立优秀的企业公民形象”的经营革新运动。

三星在创业之初就推出了五种经营精神，包括“创造精神、道德精神、第一主义、完美主义、共存共荣”。“创造精神”是指三星通过不懈的努力去探索和创新，由被动变为主动，从一个小企业逐步发展成为优秀的大企业。“道德精神”则是培养企业员工诚实端正的品行，良好的道德素质也是企业文化的外在组成部分，三星多年来一直坚持“事业报国”的宗旨，认为盈利并不是最重要的，重要的是为社会的发展奉献自己的力量。三星一直对经营和管理做到公平公正、赏罚分明，领导阶级有着良好的道德素质，为道德精神的培养做出了榜样。“第一主义”是在所有方面都要奋争第一，不做第二。李健熙常说，国家的竞争力取决于有多少个全球第一的事业。正是因为坚持了“第一主义”，三星才能不断继续前进走向繁荣。“完美主义”是做事情一定要细致精确，力求完美，对自己要求完美，对工作也会有一份特别的热情，这种精益求精的信念也为三星的成功做出了贡献。

（三）20 世纪 90 年代精神面貌——众志成城化解危机的精神

20 世纪 90 年代，韩国爆发了金融危机，国民经济严重衰退，1996 年 12 月 13 日，韩元对美元汇率降至 1 737.60 ：1，对比 1996 年官方汇率 804 ：1，降幅超过 100%，当月韩国外汇储备仅剩 50 亿美元，不但无力维护汇率，而且无法满足对外支付的基本需要。1996 年韩国的贸易赤字高达

177.5 亿美元，每个月的进口高达 108.1 亿美元。当时韩国必须从外国输入生活必需食粮，仅这一项一年就要花费 120 亿美元。当时不但没钱买粮食，而且工商企业还要偿还大量的外债。

但值得一提的是，韩国仅用了三年时间就重回高收入国家行列。一方面，韩国进行彻底的结构性改革，改革政府职能，由全能型政府向有限型政府转变，由管理型政府向治理型、服务型政府转变。另一方面，对在经济发展中逐步建立起强烈民族自尊心的韩国人而言，这样的窘迫难以接受。为此，举国上下多方筹措美元还债，其中的一个壮举是 200 多万韩国人自发捐出总额高达 10 亿美元的黄金，当时关于韩国老妇人和新媳妇含泪向国家捐献黄金首饰的新闻报道广为流传。

二、韩国民众精神面貌的成因

韩国民众精神面貌的成因可以分为前期和后期两个时间节点来讨论。在前期由于自身的发展较落后，韩国民众受战争创伤、各国军事威胁，他们在那时就已经植入了要奋发向上的思想。到了后期，经济水平得到提升，市场非常活跃，各企业之间存在着激烈的竞争，也要求国民具备敬业精神。同时，民众想要追求美好的生活也是敬业精神的原动力。

（一）历史伤害

战乱纷扰给韩国民众带来的损失是不可弥补的。1910 年《日韩合并条约》的签署使整个朝鲜半岛沦为日本的殖民地，直到 1945 年 8 月 15 日才获得解放。此后的朝鲜战争使韩国几乎“灭亡”，战后艰难的生活给人民留下的苦难记忆，深深地扎根在韩国民众的心中，使国家富强、不再遭受欺凌、过有尊严的生活成为民众的基本奋斗目标。

（二）危机意识

韩国地理位置处在亚洲大陆东北部、朝鲜半岛的南段，各种自然资源相对匮乏，又因为其国土面积的 2/3 为山地，所以也不适合种植粮食等农作物；朝鲜的核武威胁，迫使其提升自身的经济实力和军事实力以保卫和平；与西方的科技差距也使韩国民众深深感到落后的压力。来自自然资源、周边军事威胁、科技差距的压力使得韩国民众具有深深的危机意识，成为激发其爱国

敬业精神的源泉。

（三）儒家文化影响

受地缘因素影响，早在战国时期，随着汉字的传入，儒家文化传播到了朝鲜。朝鲜当时是封建社会，所以很快就接纳了儒家思想，并根据其制定了相关政策，今天韩国政府也在推行部分儒家思想，在中小学各个阶段分别开设相关课程。儒家思想对韩国经济发展的影响表现为：第一，儒家思想倡导的勤奋、诚实有利于提升劳动供给的数量和质量，促进韩国经济发展初期的劳动密集型产业的迅速发展；第二，节欲思想有利于形成高储蓄率和大量投资，从而有利于劳动密集型产业向资本密集型产业升级；第三，修身精神和尊重学问的思想有利于韩国政府重视教育投入，而人力资源的形成又使韩国能够以较快的速度模仿、赶超发达国家，实现从资本密集型产业向技术密集型产业的升级；第四，对士农工商社会身份秩序的规定，使韩国人民容易接受精英官僚制度和权威主义政府，有利于国家引导和干预经济发展、制定的经济发展战略得到有效实施；第五，和谐和共同体思想，有利于实现集体利益优先和利他行为，有利于减少社会矛盾，实现社会分配平等。

（四）社会与经济取得的成就

从威权政治向民主政治的转型，使韩国民众的独立精神得到了正向反馈。在良好的社会治安氛围下，韩国民众的生活质量也慢慢追上了经济发展速度，民众获得了具体的成就感和民族自豪感，积极地把成功归因于吃苦、奉献、团结的精神。

第五节　经济增长质量剖析

韩国用不到 20 年的时间跨越了中等收入阶段，并且此后 20 年时间里经济增长强劲，GDP 排名常年在第 10 左右，其骄人的经济发展水平与中等收入阶段打下的良好基础不无关系。韩国之所以在中等收入阶段实现了经济增长，政府起主导作用。韩国政府对经济的主导和带动作用非常有效，表现在长中短期的不同功能。

从长期看，首先，韩国政府对韩国发展的整体布局符合国家经济发展的一般规律。从20世纪60年代开始的进口替代到80年代的出口导向再到90年代的服务业和高科技产业的跟进与超越，符合落后国家经济起飞和发展的阶段特征。其次，在经济和社会发展进程方面，独裁和民主分别起到了恰当的作用，又完成了适时的转换。朴正熙的独裁时期正是韩国推进重工业时期，需要政府的强力介入，从而创造了“汉江奇迹”；卢泰愚执政时期打破了政治上的传统禁区，解除了各种有碍民主的禁令，公民有权自由表达自己的政治意愿，此时对应的是出口导向战略时期，需要大力培植市场经济，自由民主是其发展的基础，此阶段韩国达到中等发达国家水平；90年代以后发展服务业和高科技需要更加自由民主的环境，金泳三当选总统进一步保障了自由民主的发展和市场化进程，使韩国经济发展得更加迅速。

从中期看，首先，政府的阶段性规划和引导比较具有前瞻性和及时性。20世纪70年代政府引导重工业的发展，实施进口替代战略；20世纪80年代韩国政府考虑到工人成本增加、产业技术的核心竞争力尚未形成、日本采取的核心技术封锁策略，从而决心实施“科技立国”战略；90年代，考虑到全球技术竞争日益激烈，韩国政府将高技术发展置于最优先地位，要求各部门制定与实施高新技术发展战略。其次，政府对功能定位比较准确，“进退”有度。70年代韩国政府直接参与重工业化生产和决策，用国家资源启动产业发展；80年代政府已经逐步意识到政府参与过多、企业经营效率不高的问题越来越突出，于是逐步退出对企业的直接干预，鼓励自由公平竞争、充分发挥市场作用，严厉打击腐败行为；90年代政府推动社会的公平和公正改革，营造和谐的社会氛围。最后，政府对公众意识形态的塑造增强了民族的凝聚力，韩国“身土不二”等国家营销使人民在日常生活中深受爱国主义教育，形成国家荣誉与个人努力之间的良性循环——个人努力增加国家荣誉，国家荣誉激发个人努力。

从短期看，首先，政府制定相关政策，有效地执行战略规划，并适时调整有偏差的战略，使之更符合世界的趋势和实际的状况。“一五”“二五”期间经济已经起飞，因此在“三五”“四五”期间韩国政府就推动“新村运动”、出口、重工业化，使得资本品的对外依存度下降。“五五”期间经济结构更加复杂，私营企业的活力日益增长，政府更重视市场机制在经济活动中的作用，除政府计划诱导功能和大型项目投资外，减少政府的保护和管制，诱导

私营经济的创造性努力。“六五”期间社会矛盾日益突出、社会不公已经成为阻碍生产发展的障碍；为了提高公平性和公正性，政府采取了一系列如税收改革、抑制房地产投机、推进金融自主化、加强公正交易制度、扶植地方工业、保护小商贩等手段。20 世纪 90 年代以后世界经济格局发生变化，韩国面临更强大的国际竞争压力，因而“七五”期间政府提出了强化产业竞争力的发展战略，从人力及基础技术的研发、经营环境的改善等方面支持企业强化竞争力；此外，继续推进社会公平性和公正性改革。其次，政府确保经济的安全，引导比较优势的发展。政府对农业的重视不断加强，农业开支在整个政府开支中的比重有所提高，1975 年为 6%，此后逐步提升到 1995 年的 13%；政府的农业开支在农业 GDP 中的比重也不断提高，从 1985 年的 12% 提高到 1997 年的 37%。韩国政府在 70 年代开始引导汽车产业的比较优势发展，先后出台了《中小装配厂废止措施》《汽车工业扶持法》《汽车工业基本育成计划》《汽车工业长期发展计划》等计划、法律、法规，有效引导汽车产业比较优势的形成。90 年代开始，政府引导人力资本比较优势的形成，提升智力开发利用，包括把高中升学率和大学升学率提升到 95% 和 70% 以上、大力培养博士和科学家、向国外增派留学生、以各种优惠条件吸引侨居国外的科学家回国服务等。最后，政府把个人发展、社会进步同国家命运联系在一起，对人民的爱岗敬业精神进行积极宣传。80 年代政府宣传并鼓励“事业报国”的家国情怀，民众齐心协力帮助政府渡过了 90 年代的经济危机。

此外，韩国政府对债务的管理比较严格，没有出现严重的债务问题和债务违约；对货币的管理也比较有效，没有出现货币严重超发和恶性通货膨胀。但是，韩国除工业品外农产品和服务业价格偏高、韩国经济增长带来的生活压力导致人口增长出现严重下滑、韩国严重的市场保护不利于公平开放市场的形成并存在遭报复和惩罚的可能性，都是这个国家面临的严峻挑战。

总的来说，韩国在 20 世纪 70—90 年代实现了经济增长，完成了从进口替代到出口导向再到高科技产业的升级，完成了从独裁向民主政治的过渡，完成了计划经济向市场经济的转型，完成了人民从追求温饱到爱国敬业的家国情怀的升华，政府的执政能力得到极大提升，市场的激励机制得到充分发挥，人民的敬业精神得到有力宣扬，经济增长伴随的负面效应得到严格的限制，是非常有质量的经济增长，为后续的经济增长打下坚实的基础。

第六章　新加坡

第一节　前中等收入阶段背景

一、概况

新加坡的发展与英国的殖民发展紧密相关。19 世纪初期英国正在扩张其在印度的版图以及与中国的贸易，急需找到一个能够让其船只停泊、维修的港口，以在与荷兰人的贸易竞争中取得优势。莱佛士于 1819 年 1 月 29 日在新加坡河口登陆之后，发觉新加坡具备发展为港口的优越条件，该水域宽敞，很少受风暴影响，邻近的溪涧也有可靠和充裕的水源。此处最初隶属于英属印度殖民当局管辖，1867 年 4 月 1 日，新加坡正式成为英国的直辖殖民地，由位于伦敦的殖民地办公室直接管辖。到了 20 世纪初，新加坡从沼泽遍布的荒地，跃升成为全世界第 7 大港口。

第二次世界大战中，新加坡特殊的地理位置使其成为兵家必争之地。作为英国在东南亚的政治经济中心，日本必须拿下新加坡才能彻底把英国人赶走。1941 年底，日本出其不意地攻击新加坡。偷袭珍珠港后的第二天，日军在马来亚北部的哥打巴鲁登陆，两个月后就占领了整个马来半岛与星洲。1942 年 2 月 15 日，马来亚英军总司令白思华宣布无条件投降，逾 13 万名英国、澳洲、印度等守军沦为阶下囚，这是英国军史上的最大浩劫（新加坡战役）。日本在接管新加坡后将其改名为“昭南岛”。

第二次世界大战结束后，英军重新回到新加坡。1946 年 4 月 1 日，新加坡成为英国直属殖民地。战后的新加坡已经与战前大不相同，人民要求在政府中有更大的发言权，总督的权力被分散，一个由官方人士及被任命的非官方人士组成的顾问组成立。1948 年 3 月 20 日，新加坡举行了第一次选举；1953 年年底，新加坡修改宪法，享有较大的自治权。1955 年，新加坡举行选举，马绍尔成为新加坡第一位首席部长，由他所领导的劳工阵线，同巫统和马华工会组成联合政府。1958 年 8 月，英国国会通过了《新加坡国家法令》，新加坡从此实现了完全自治。1959 年，新加坡自治邦成立，同年 5 月举行第一次大选，人民行动党在 51 个立法议院议席中赢得 43 席。6 月 5 日，新加坡自治邦首任政府宣誓就职，李光耀出任新加坡首任总理。1961 年 5 月，马来西亚首相东姑阿都拉曼公布了想把新加坡、马来西亚、文莱、沙捞越和北婆罗洲联合起来组成联邦，对此，李光耀决定举行全民投票，最后有 71% 的人投赞成票。于是在 1963 年 9 月，新加坡脱离英国的统治，正式加入马来西亚联邦。

新马合并后，新加坡与中央政府对治国方针有不同的看法，再加上马来西亚的种族问题和差别对待，两者的矛盾不断加剧。时任首相东姑阿都拉曼担心华人会主宰马来西亚的政治及经济环境，认为解决两个族群冲突的最好办法就是以华人为主体的新加坡独立出去，以保证马来族的统治，于是，以巫统为首的执政联盟在国会紧急通过修改宪法，以 126 票赞成、0 票反对将新加坡驱逐出马来西亚。1965 年 8 月 9 日，新加坡脱离马来西亚，成为一个有主权、民主和独立的国家；12 月 22 日，新加坡成为共和国，尤索夫·宾·伊萨克出任首任总统。新加坡面积只有 700 多平方千米，国土面积狭小；人口也只有 400 多万人；由于国土面积小，新加坡的自然资源也很匮乏。新加坡在独立之初，经济严重依赖转口贸易和为英国军事基地服务的第三产业，本身制造业非常薄弱。

二、经济文化状况

20 世纪 60 年代之前，新加坡的经济发展主要依赖于转口贸易，但是随着东南亚国家在 20 世纪 50 年代末纷纷开展直接进出口贸易，新加坡转口贸易额急剧下降，经济备受打击，失业率节节攀升。新加坡另一经济支柱，即驻扎在新加坡的英国军队和行政机构，又在 1963—1971 年从新加坡撤出。

英国人的撤出，让新加坡的 GDP 一下减少 20%，影响了国内 3 万人的就业。1966 年，新加坡失业率达到 14%，这样的失业率已经接近引发国家动乱的失业率。

李光耀从新加坡的实际情况出发，研究得出新加坡的劣势是缺乏天然资源，优势是拥有勤劳的人民、良好的基础设施、诚信的政府。“虽然新加坡没有广阔的腹地，但全世界又何尝不是新加坡的腹地！处于第三世界的新加坡要成为第一世界的绿洲！”新加坡确立了发展出口导向型工业的战略，而发展出口导向型经济意味着新加坡需要和世界各个国家竞争；新加坡必须比本区域其他国家更加刚强勇猛，更加有组织和富有效率。

新加坡独立时就取消了所有进口关税，奉行自由开放的经济政策，没有外汇管制和产业保护。对自由经济缺少保护带来了阵痛，不少在新加坡从事制造生意的人遭遇失败。然而幸运的是，新加坡成为全球幼稚产业保护浪潮中的一个例外。在外向型经济导向下，新加坡开始发展劳动密集型产业。早期新加坡的工业主要是制造植物油、化妆品、假发、蚊香、发膏、金银纸甚至樟脑丸，附加值高一点的行业就是拆船和废钢轧碾。20 世纪 60 年代中国台湾和中国香港的投资人到新加坡设厂，发展纺织、玩具工业，但规模都不大。但到了 1968 年，裕廊工业区已有近 300 家工厂，雇佣 21 000 名工人，产业以劳动密集型为主。

引进外资方面，新加坡招商引资真正取得成果要到 1968 年。欧美投资人认为中国香港、中国台湾太靠近中国大陆，开始考虑转移至新加坡。1968 年 10 月美国德州仪器开始在新加坡投资，紧接着是美国国家半导体公司，后来得州仪器的竞争对手惠普公司也决定在新加坡投产，美国其他的电子公司也接踵而来。美国的跨国公司为新加坡奠定了高科技电子工业的基础。电子工业不但解决了失业的问题，还把新加坡变成了 20 世纪 80 年代的一个主要电子产品出口国。

新加坡处于中等收入的时期（1971—1989 年）处于新加坡国家发展的第三阶段（20 世纪 70—80 年代中期），政府的注意力放在研究与开发、设计、工程、信息科技、电脑、电脑附件制造业等电子行业上，并推动其成为先导产业。第三产业开始向专业化、系列化、高效化方向发展，为从总体上提高商业运营效率和质量提供了保证。到 20 世纪 70 年代末期，新加坡已经成为在世界上闻名遐迩的亚洲新兴工业国，位列“亚洲四小龙”。

第二节　新加坡发展战略制定与产业发展

一、战略制定与产业结构升级

（一）劳动密集型出口战略

1967—1973 年，新加坡处于劳动密集型产业阶段。为了解决大量的失业问题，新加坡首先采取了发展面向出口的劳动密集制造业的方针。一方面，新加坡政府于 1967 年底颁布了《经济扩展法案》，该法案对 1959 年颁布的《新兴工业法案》和《工业扩展法案》两个法案的内容进行了修订。内容大致包括：改善基础设施；实施税收优惠；积极为企业提供贷款融资服务；突出鼓励发展面向出口工业，为出口厂商提供减免所得税等各种优惠。另一方面，成立了裕廊镇管理局等机构，这些机构负责管理、经营所有的出口加工区，积极引进外资发展面向出口工业。为了全面实施这一时期的经济发展战略方针，新加坡政府也对其他经济部门的发展采取了一系列相应的政策与措施。在对外贸易方面，提供税收优惠鼓励出口厂商开辟新的出口市场，并于 1969 年在港区设立了第一个自由贸易区（后增加到 8 个），以进一步促进转口贸易和发挥海港航运潜力。在发展海、空运输业方面，新加坡建成了亚洲最大的集装箱码头之一，并于 1968 年建立国家船队；为了促进空运业和旅游业发展，新加坡政府于 1965 年投资 15 亿新加坡元兴建了亚洲最先进的樟宜国际机场，并在 20 世纪 70 年代加速城市重建步伐，精心建设“花园城市”。在发展金融业方面，采取放宽外汇管制政策和鼓励外资银行在新加坡设立分行的政策，在 1968 年 10 月批准设立亚洲美元市场，并在 1969 年 4 月创设黄金交易市场，快速推动了金融业的发展；1973 年又进一步批准离岸银行和证券银行经营亚洲美元业务，批准发行亚元债券和组织财团进行贷款活动，同年又放宽了对黄金交易的限制，进一步促进金融业的活跃化。在此阶段，一些像服装纺织、玩具、陶瓷之类的劳动密集型工业初步形成，制造业占 GDP 的比重由 1965 年的 16.27% 增长到 1979 年的 27%。

以上的有关政策与措施有力地推动了新加坡经济的全面快速发展，并形成了以制造业为中心的五大经济支柱，使经济活动建立在多元化经济结构的基础之上，因此虽然新加坡经济在这一时期（1968—1979 年）也与其他发

展中国家与地区一样遭受到世界第一次石油危机的冲击，但由于新加坡坚持了建立多元化经济结构的正确战略方向，不仅增强了抗御经济危机的能力，而且整体经济也取得了较为均衡的发展。在此期间，新加坡国内生产总值的年平均增长率高达 10.1%，而制造业、运输业和金融业等产业部门的产值年平均增长率也分别达到 13.6%、19.9% 和 11.6%；它们在国内生产总值中所占的比重也发生了明显的变化，分别由 1968 年的 17%、11.4% 和 13.3% 提高到 1979 年的 23.5%、18.4% 和 15.4%。与此同时，随着经济的全面发展，失业率在 1979 年已降低到 3.3%，不仅达到全面就业的标准，而且已出现劳动力供应紧张的局面。

（二）资本密集型产业发展战略

1973—1980 年，新加坡开始进入资本密集型产业阶段，制造业已经得到了快速发展，就业问题也得到了很大的改善，那么随之而来的问题就是通货膨胀。这时候新加坡也开始重视发展资本密集型产业来应对经济转型的挑战。这一时期新加坡重点发展的制造业是炼油业，发展初期以生产成品油和石脑油等产业链上中游产品为主。1960 年，新加坡政府采纳了荷兰经济学家阿尔伯特·温斯敏团队为其设计的工业化方案，将石化工业、拆船与船舶维修、五金工程，以及电器配件与制造定位为四大重点发展产业。在这一产业规划的指引下，新加坡引进了首批大型跨国企业，如皇家壳牌（1961）、英国石油公司（1964）、美孚（1966）、埃索（1971）等。其中，英国石油公司与雪佛龙旗下加德士于 1973 年共同投资成立了新加坡炼油公司。在大型跨国企业的带动下，新加坡于 20 世纪 70 年代中期一跃成为继美国、荷兰之后的全球第三大炼油中心。70 年代末至 90 年代，新加坡主要聚焦石化产业链延伸、升级与附加值提升。其间，新加坡致力推动与日本政府的合作，并联合壳牌、住友、三井、雪佛龙－菲利普斯、塞拉尼斯等大型企业，通过投资扩建综合石化专区，一方面持续扩大产能，另一方面通过外商独资与合资等形式成立各类石化公司，推动石化产品向乙烯、丙烯和芳烃类产品以及各类塑料、聚合物、添加剂等下游产业延伸。这一时期，新加坡政府亦通过税收优惠等政策鼓励跨国石油公司在新加坡设立石油贸易服务中心。

政府在此阶段把制造业作为发展的重心，发展需要大量的资本投入，因此很好地解决了通货膨胀的问题。新加坡政府通过引进首批跨国企业来带动

国内制造业的发展，为新加坡经济的发展奠定了良好的基础。同时，一些制造业的发展还能够带动其他相关产业的发展，甚至促进整条产业链的优化升级和附加值的增加。

（三）技术密集型产业发展战略

1980—1985 年，新加坡开始进入技术密集型产业阶段。20 世纪 70 年代新加坡经济的快速发展一方面导致了国内劳动力供应紧张，工资水平不断上涨，而各个经济部门却仍是劳动集约型的，因此逐步丧失了整个国民经济的竞争优势；另一方面由于工业发达国家自 1976 年以后逐步采取并加强了贸易保护主义政策，新加坡的出口贸易受到了一定的限制。与此同时，亚洲地区发展中国家与地区相互间的竞争日益加强。在这样的国际、国内经济环境下，新加坡政府于 1979 年提出进行“第二次工业革命”，鼓励发展技术集约型工业，采用先进技术以提高工业企业的技术层次，调整与深化经济结构。这一时期新加坡的经济发展战略目标是全面开展技术革新，迅速发展先进科技和工业；促进各个工业部门、产业部门实现机械化、自动化和电脑化。为了实现这一经济发展战略目标，新加坡政府采取了一些新的政策与措施。在鼓励发展新科技工业方面，让技术集约型工业和知识集约型工业不仅可以享有新兴工业企业的优惠待遇，而且可以享有更多的税收奖励。例如，规定：凡投资于科技工业而持续三年亏损者，可以获得 50% 的投资补贴；凡为实行机械化、电脑化而对工厂设备和机器进行新的投资者，可获三年的累计折旧补贴。在鼓励开展“技术开发与研究”活动方面，新加坡政府规定：凡属“技术开发与研究”的开支均可享受加倍从应课税所得额中剔除的优惠；凡投资于“技术开发与研究”的固定资本（建筑物除外）可享受 50% 的投资补贴。新加坡政府于 1980 年设立“肯特岗科学工业园区”，鼓励发展高科技的面向出口的工业企业。此外，新加坡政府也采取了一些过激的政策，如采取了以提高工资率与公用事业收费率来迫使工业企业进行技术更新的政策与措施。1980—1984 年，新加坡经济仍然取得了一定的发展。20 世纪 80 年代上半期是发展中国家与地区、东盟国家普遍出现经济衰退的时期，但新加坡经济仍在这期间取得了 8.4% 的年平均增长率，这在世界发展中国家与地区中仍是首屈一指的。

由于经济的快速发展，出现了劳动力短缺的情况，劳动力工资水平也不

断上升。但对于劳动力的需求仍然很大。所以新加坡政府决定发展技术密集型产业，对一些高新技术产业给予优惠待遇，这使得高新技术产业能有一个好的发展环境，因此，生产的效率也得到快速提高，生产产品的成本也不断下降，不仅能够满足自己国家的需求，还能够促进出口贸易，让新加坡在国际市场中处于优势地位。此外，高新技术的发展也能够解决劳动力短缺的问题。高新技术产业由于技术含量高、自动化程度高、生产效率高，可以大大减少对普通劳动力的需求，缓解新加坡劳动力供给短缺的问题。新加坡政府在教育和人才培养上的积极政策使劳动力的素质提高，从而使生产能力和效率大幅提高，也促进了经济的发展。新加坡政府对技术集约型和知识集约型产业进行优惠补贴，使得企业的风险降低，收益增加，从而在市场竞争中取得优势，代替或者升级一些产能低下或者生产成本高的产业，来提高高新技术产业在生产中的比重，促进经济的快速发展。

（四）全商务服务出口战略

1985—1990年，新加坡进入全商务服务出口阶段。1985—1986年是新加坡独立后最严重的衰退时期，面对国内严峻的经济形势，新加坡政府开始重新检讨在进入20世纪80年代以来所实施的经济发展战略和经济政策。1985年4月，新加坡设立了一个由企业界与经济界的知名人士参加的全国经济委员会，以检讨80年代前半期的经济政策，研讨面临的经济难题，探究其根源并寻找解决难题的途径和办法。该委员会分别于1985年8月和1986年2月发表了《中期经济报告书》与《经济报告书》。这两份报告书分析了新加坡在1985—1986年出现严重经济衰退的原因，并提出了经济发展战略的调整方向与对策。这两份报告书指出：在长期经济发展战略目标方面，不改变深化经济结构的方向，但在当前的经济形势下，决定放慢步伐，逐步实现；在短期措施方面，提出抑制工资上涨，降低公用事业收费标准，以降低产品劳动成本与企业经营成本，恢复产品的出口竞争能力；在中期内调整经济发展战略方向。决定在今后的10年内着重发展国际金融服务业、国际运输业、国际通信业、国际贸易服务业，使新加坡经济转向服务经济特别是国际性服务经济，使新加坡成为东南亚地区乃至亚太地区的区域性服务中心。上述就是《经济报告书》中所提出的新加坡的经济发展新方向。为了实现这些经济发展战略方向的调整和克服当时的经济危机，政府开始对新加

坡产业政策进行调整，提出要以制造业、服务业和本地企业为经济增长主力，并将产业发展的重心放在服务业和本地企业上。同时，明确提出了新加坡经济和产业发展的短期、中期和长期政策。短期政策是通过降低雇主中央公积金的比例、冻结工资、降低公司税等方式减少企业运营成本；中期政策是扶持本地企业，推出“中小型企业发展计划”，放缓产业升级步伐，放松对非技术类制造业投资的歧视态度；长期政策是发展高科技产业，增加研发投入，以高增加值制造业为重点，加速对传统产业的技术革新。

此阶段处于新加坡的经济衰退期，政府开始反思之前经济政策中存在的问题，集思广益，针对目前的经济状况制定了经济发展的方针：把产业发展的重心转移到发展第三产业上来，给予第三产业政策和税收方面的优惠，减少他们的经营风险，使其在市场中的地位提升。此举不仅弥补了重工业发展乏力的短板，还可以向外出口服务业以及金融行业。这些政策中对本地企业的保护也使得企业受经济危机的影响减少，从而保证本国经济的发展。新加坡政府短期政策与长期目标相结合，使传统产业稳定增长，逐步实现转型升级，从而带动经济稳定增长。

二、新加坡政府引导产业发展的特色

（一）成立专门机构

在新加坡经济发展中，政府设置了专门机构领导产业升级和经济发展。在新加坡，大部分决策由相关的法定机构和政府控股公司产生和执行。法定机构体制是新加坡产业升级的关键，其主要职责是推动经济发展，特别是推动支柱产业发展。这些法定机构平均规模较大，自主能力很强，实行公司式的组织，财政收支自行负责，有一个管理委员会监督，附属于相应部委。与产业升级相关的机构主要有经济发展局（EDB）、裕廊镇管理局（JTC）、市区重建局（URA）、竞争力委员局（CCS）等检讨机构。以裕廊镇管理局为例，1961 年 10 月，新加坡建设了裕廊工业区。1968 年 6 月，新加坡政府成立了裕廊镇管理局，其隶属于财政部，负责主持新加坡所有工业地区的规划、建设、租赁和管理工作，力求配合工业发展创造最优的物质与投资环境。裕廊镇管理局采用公司模式，具有很高的自主权，只要符合新加坡政府的工业政策，就有权吸引各种类型的投资者，有权批准项目、城市规划和园

区规划，同时还能发放居民暂住证、管理贸易与市场、征税、发放商业许可证等。它不仅是园区的开发者，同时也是工业区招商引资的推广者。

政府控股公司是政府通过私营化把法定机构或者国有企业改为私营公司，把资产化为股份，一部分由政府下辖的控股公司控制，另一部分由其他公司或个人拥有。私营化的公司也可以在股票交易所挂牌上市。由于政府是主要股东，这些公司又称“政联公司”。这些政联公司多由政府控股的投资公司统一指导。政府控股投资公司一方面要帮助旗下的公司塑造核心能力；另一方面要为新加坡财政部尽可能多地争取回报。这两点在大多数时候是一致的，但是有时也需要在商业利益和国家利益中进行平衡。

（二）产业政策扶持

新加坡的产业政策对产业结构调整起着主导作用，具体手段包括园区体制和人才培养扶持。新加坡的园区体制是新加坡制造业发展的一大特色，保持着很强的适应能力，主要有综合型园区、标准厂房为主的园区、科学园、商业园区、物流园区和特殊园区等。专业的园区可以提供完善的水电设施、高效率的服务和较低的初期投资成本，这些都是吸引外商进驻的有利条件。除此以外，新加坡园区还有两个重要特色。一是中央和地方政府共同管理。新加坡园区的真正优势在于与政府相关的交易成本很低，其中包括投资许可、营业执照、城市规划与建设设计许可、劳动力、税收、进出口报关服务和其他监管活动。特别是，在一些特殊工业领域的政府投资、集群政策、人力资本政策、资本合作和劳动力合作等机构之间的协作变得简易，信息流动被极大地简化了。二是园区的开发者拥有专营权。新加坡园区的制度安排保证了较好的规模经济，提供了较好的经济发展空间，带来了租金下降，缩减了一些公用设施成本，提供了免费的公共服务、有效率的推广战略和品牌、持续性和诸多创新的便利设施，更好的基础设施等于良好的供给前景。更重要的是，从长期来看，可以节约土地资源。

在人才培养方面，一方面，新加坡从制度着手建立全国技能鉴定制度、扩大技能提升计划，鼓励和资助劳工的职业再培训，提升工人的技术水平；另一方面，新加坡在人才引进上不分国籍，唯才是用，与跨国公司合作培训人才。

（三）提供良好的社区环境

除了公积金制度，新加坡政府还通过社区组织来管理社会成员，如公共组屋计划。新加坡政府通过对社区组织的物质支持、行为引导和培训计划加强对社区、社团组织领导人的培训，用政府的要求来统一社区活动和组织者的思想等。

建屋发展局、市镇理事会主要负责在硬件方面创造好的社会环境，如公共环境管理、日常清洁、社区改进、日常管理等。而在软件方面则以选区为主，每一个选区设立一个公民咨询委员会，它在选民层次上组织、领导和协调社区事务，负责把居民的需要和问题反映给政府，并把政府的有关活动安排和政策信息传达给居民。它还有一项重要职能，就是募集社区基金，用于增进贫困和残障人士的福利、提供奖学金、援助其他社区项目等。

三、主要产业的发展

（一）新加坡电子工业

新加坡的电子工业是在基本空白的基础上发展起来的，新加坡电子业的发展始于20世纪80年代初，自1983年电脑工业成为重点发展的新支柱产业，电子业总产值以每年近20%的速度增长，1986年，新加坡电子工业越过炼油工业成为本国第一大产业，到1993年，电子制造业的总产值已达40亿新加坡元，占制造业总产值的46%，占国内生产总值的12%；电子制造业从业人员为12万人，占制造业从业人员的34%，占全国从业人员的8%。1996年，新加坡电子工业已发展成为门类齐全、在国际上有相当竞争能力的行业，在国民经济中的地位也是举足轻重。90年代，新加坡已成为东南亚地区在计算机、半导体和消费类电子产品方面有影响的生产基地和国际电子贸易中心之一。新加坡电子工业的高速发展引起了亚洲各国电子业界的瞩目，新加坡（电子工业产值12.7亿美元）在1990年的世界十大电子工业生产国（地区）名列第10，仅次于名列第九的中国（电子工业产值14.9亿美元）。电脑磁盘机、半导体、计算机、家电及音像产品、通信产品、办公自动化设备、电子元器件是新加坡电子制造业的支柱产业，以上七种产品的产值占电子制造业的85%，应用软件及电子信息产业与上述七种产品一起构成

了新加坡电子制造业。

新加坡电子企业门类比较齐全，产品种类繁多，而且高附加值的电子产品所占比重逐年上升，到1990年高附加值电子产品产值已占GDP的12.3%。在约300家电子厂商中，首先是生产计算机系统的厂家（50家）最多，其次是印刷电路板组件生产企业（41家），最后是元器件生产企业（电阻生产企业23家、半导体生产企业16家、电容器生产企业11家）。新加坡电子企业的职工约12.6万人，这些企业的规模小到数十人，大到数千人。据1992年的统计，新加坡规模最大的前五家电子企业是飞利浦新加坡公司（员工6100人）、汤姆生消费类电子亚洲公司（员工6 000人）、松下新加坡公司（4家子公司，员工5 700人）、新加坡技术实业公司（员工4 000人）及日立新加坡公司（3家子公司，员工3 200人）。它们大都是消费类电子产品生产企业。新加坡消费类电子产品在1990年的产量为：彩色电视机40万台，录像机46万台，各种收录机（含组合音响）2 080万台。1993—1994年，由于欧美市场不景气，消费类电子产品的售价下跌，不少在新加坡的公司将劳动密集型的电子产品转移到了劳动力更加低廉的地区，因此消费类电子产品产量有所下降。在新加坡的投资类电子企业中，除50家计算机系统生产企业外，还有通信设备生产企业14家，自动化控制仪表公司10家，电子设备生产企业9家。其中，Apple新加坡公司、Compaq亚洲公司、Epson太平洋公司属计算机方面；AT&T公司属通信方面；Rosemount公司、横河电气公司属自动化仪表方面。计算机信息产业是新加坡重点发展的产业，1987年计算机信息产业的产值为25.5亿美元，从业人数为2.3万人，分别占当年新加坡电子工业总产值和总人数的32%和27%，发展到1990年，信息产业产值和员工数已分别占到总产值和员工总数的46.5%和31%。

新加坡是世界最主要的电脑磁盘机的生产国，电脑磁盘机制造业发达，计算机硬盘（RDD）的产量约占世界总产量的50%。1993年，电脑磁盘机（包括计算机硬盘及磁带机）产值为95亿新加坡元，占电子制造业总产值的24%，是电子制造业的第一大产品。几乎世界上所有制造硬盘及磁带机的跨国公司都在新加坡设有工厂。新加坡计算机产业的重点产品是磁盘驱动器，1990年硬盘驱动器产量为785万台，软盘驱动器产量为81万台，占世界总产量的一半以上，是当时世界上最大的磁盘驱动器生产国。1990年新加坡出口的磁盘驱动器的产值占到电子产业总出口值的26.9%，占投资类电子产

品出口值的 48.4%。新加坡电子工业中的另一重要产业是半导体产业。20 世纪 90 年代初信息产业（主要指 EDP）加上半导体产业的产值，已占到新加坡电子工业总产值的 70%。电子产品的出口值在电子工业产值中所占比例到 20 世纪 80 年代后期达 90% 以上，而且出口产品的结构也发生了显著的变化，从原来以出口消费类电子产品为主转向以出口投资类电子产品为主。1990 年新加坡电子产品出口值为 268 亿新加坡元，其中投资类为 149 亿新加坡元（占 56%），基础类为 60 亿新加坡元（占 23%），消费类为 58 亿新加坡元（占 21%）。出口产值最高的前五类产品是：磁盘驱动器、计算机系统、集成电路、收录音机及组装电视机。美国是新加坡电子产品的最大出口市场，其次是西欧和东南亚。

（二）新加坡炼油工业

没有任何资源、连水都要从马来西亚进口的弹丸之地新加坡经过 20 年建设，由一个经济不发达、失业率高达 15% 的国家发展成为东南亚的工业中心。它经济繁荣，人民生活水平在亚洲仅次于日本，被称为“新兴工业化国家的典型”。这奇迹出现的原因就是新加坡充分发挥靠近海湾产油国及东南亚产油国的优势，大力发展炼油业和为石油开采提供后勤服务。

新加坡的炼油工业是在 20 世纪 60 年代随着新加坡实施以发展进口替代工业化为中心的经济发展战略而开始发展的，新加坡炼油工业发展史由外国石油公司利用新加坡的良好地理位置、港湾设施以及新加坡政府所提供的税收优惠在新加坡设立炼油厂揭开帷幕。60 年代新加坡的炼油工业主要是为新加坡国内工业发展而带动的国内市场需求提供石油产品，其发展的规模与速度受一定的限制。70 年代，新加坡的经济发展战略方向从着重发展进口替代工业转向重点发展面向出口工业，面向出口工业与其他经济部门的迅速发展以及近邻发展中国家的工业化所带动的急剧扩大的石油产品需求促使了新加坡炼油工业迅速发展，新加坡炼油工业的真正发展时期是 70 年代。新加坡的炼油工业在 70 年代已经发展成为新加坡制造工业部门的三大支柱工业部门（炼油工业、电子与电气机器工业、修船与造船工业）之首，且新加坡于 80 年代发展成为世界第三位的炼油中心和亚太地区石油产品贸易中心。新加坡的炼油工业发展对新加坡的经济发展与亚洲地区近邻发展中国家与地区的经济发展均起到了一定的作用。

20世纪70年代新加坡炼油工业迅速发展的背景为：① 70年代新加坡面向出口工业与其他经济部门的飞速发展扩大了国内市场对石油产品的需求；②亚洲地区近邻发展中国家（泰国、马来西亚、印度尼西亚、菲律宾等）的经济迅速发展带动了石油产品需求扩大。

20世纪80年代，新加坡私人和政府在炼油业的投资占新加坡整个制造业投资总额的1/3以上。此时新加坡已成为亚太地区最大的炼油中心，仅次于美国的休斯敦、荷兰的鹿特丹，位居第三。炼油业成为新加坡经济成就的主要支柱之一，1981年其产值占新加坡工业总产值的37%，石油产品出口额占新加坡出口总额的1/3。

20世纪80年代的新加坡炼油工业经历了80年代前半期的衰退与80年代后半期的复苏两个阶段。1979年第二次世界石油危机爆发后，原油价格猛涨，80年代前半期，世界的石油需求萎缩，世界炼油业消沉，新加坡炼油业由于得到近邻国家（印度尼西亚、马来西亚）的委托加工炼油合同的支持，勉强地保持了80%的开工率；1985年印度尼西亚停止了委托加工合同，新加坡炼油业的开工率再次下降。80年代后半期，原油价格回跌，世界经济又有所好转，世界石油需求扩大，1989年世界石油消费量恢复到1979年的历史最高水平。新加坡炼油业的主要市场，亚太地区经济持续高增长，亚太地区的石油需求量的增长幅度居世界首位，新加坡炼油工业在80年代后半期又有所复苏。1989年，新加坡五大炼油公司的总炼油能力为日产83万桶，占亚太地区的6.8%、占世界总炼油能力的1.1%。

进入20世纪90年代以后，亚太地区的石油产品需求增长势头仍然坚挺，但是由于亚洲各国的环境保护意识不断增强，石油产品需求类型发生了剧烈的变化，对轻质馏分油（石脑油、汽油）和中间馏分油（炼油、轻油等）的需求不断迅速增大；对汽油的含铅量、对燃料油的含硫量的要求越来越严格。新加坡各炼油厂商正在积极计划增设硫化设备、催化裂化设备和加氢脱硫设备。90年代，新加坡的炼油工业进入了设备更新、技术改进的新阶段。

新加坡炼油业所需要的原料全部依靠进口，主要来自中东（特别是沙特阿拉伯），其余来自马来西亚、中国、文莱。从1989年新加坡的原油进口来源构成比重来看，沙特阿拉伯占38%，阿拉伯联合酋长国占16%，伊朗占8%，科威特占3%，来自中东地区的原油占比65%以上；来自马来西亚的占14%，来自中国的占10%。新加坡的石油产品90%以上供应出口，主要出口

到日本、中国香港、印度尼西亚、马来西亚、澳大利亚、泰国、美国和中国台湾等国家和地区。1991 年，新加坡炼油工业部门的产值为 113 亿新加坡元，占制造工业部门总产值的 1.51%，仅次于电子与电气机器工业部门而居第二位。

（三）新加坡船舶业

新加坡地处马来半岛最南端，马六甲海峡出口处，是国际贸易航线必经之点，也是世界上最主要的海运中心之一和最繁忙的海港之一，平均每 4 分钟就有一艘船只进出港口。20 世纪 90 年代新加坡港集装箱的年吞吐量已超过 90 万箱，是世界上数一数二的超级箱运大港。这些优势使新加坡船舶行业世界闻名，船舶制造、船舶维修和钻井平台等行业在世界范围内影响巨大。

新加坡有 4 家大型船厂：胜宝旺船厂（Sem-bawang Shipyard Ltd.）、裕廊船厂（Jurong Ship-yard Ltd.）、吉宝船厂（Keppel Shipyard）和新加坡日立造船公司（Hitachi Zusen Singapore Ltd.），其中胜宝旺船厂、裕廊船厂已经合并为胜宝旺海事集团（Sembcorp Marine）。4 家船厂共有干船坞 11 座、浮船坞 3 座；码头长度约 10 千米；坞旁的起重能力最大为 150 吨，为裕廊船厂造船坞使用；修船坞旁的起重能力最大为 100 吨。吉宝船厂有重型浮吊，其中最大能力为 3 000 吨；胜宝旺船厂的浮吊最大能力为 150 吨。新加坡还有 4 家中型船厂也从事船舶修造业务，它们是：Pan-United Shipyard（Pte）Ltd.、Kepple Singmarine Dockyard（Pte）Ltd.、Atlantis Shipyard（Pte）Ltd. 和 Singapore Technologies Ship building & Engineering Ltd.。它们共有 8 座船坞，其中 1 座为干船坞，7 座为浮船坞；此外还有滑道、升船机和造船台等设施。

新加坡地处世界重要航运通道，1989 年共有 3.6 万艘、总计 39 640 万吨船舶停靠新加坡港口，这对发展修船业十分有利。新加坡将其海事工业发展的重点放在船舶维修及改装上，1990 年修船业占其海事工业营业总额的 60%。新加坡头号海事集团——岌巴海事集团，近年来一直重视发展多种经营，成果丰硕。该集团 1990 年全年税前利润达 2.25 亿新加坡元（约 1.28 亿美元），比 1989 年增加 45%；各项营业收入总额达 14 亿新加坡元，比 1989 年增加 37%，利润额达到 2.045 亿新加坡元，比 1989 年增加 52%。

在造船业方面，仅1989年上半年，造船业的登记收入就已达到1.079亿新加坡元，与1988年同期相比增长了390%。20世纪90年代，新加坡已是世界上一流的大型油轮维修中心。据统计，1990—1994年，新加坡的油轮修理占世界市场份额上升近一倍，达到93%，这项营业额占修船营业总额的50%。20世纪60年代新加坡仅有12座修船坞，坞修容量33万吨，最大10万吨；70年代末修船坞增至20多座，其中40万吨级2座、30万吨级2座、滑道43座，修船能力继续扩大。新加坡的现坞修能力达到280万吨，相当于20世纪60年代的8倍。包括造船业、修船业以及近海工程制造业在内的新加坡海事工业在1990年再创佳绩。全年海事工业营业额达24亿新加坡元，其中修船营业额为18亿新加坡元，造船及近海工程制造业营业额6亿新加坡元。新加坡将其海事工业发展的重点放在船舶维修及改装上，1990年修船业占其海事工业营业总额的75%。

新加坡海事工业在20世纪90年代能够得到稳步的发展，是依靠自身强有力的竞争优势以及外部的有利因素。新加坡地理环境优越，交通便利，政治稳定，具有优良的基础设施及稳定的外汇率，再加上海事经营成本较低以及新加坡大量雇用了马来西亚、印度、菲律宾及泰国等国家的廉价劳工，在国际市场中颇具竞争力。

第三节　国家引领的文化与意识形态发展

一、文化重塑

（一）塑造“新加坡人”

马克思主义认为民族的形成是一种历史现象，现阶段民族不仅不会消亡，还是社会构成的一种重要方式。民族是特定人群生活的共同体。他们拥有共同的语言、精神信仰和生活方式。对于新加坡这样一个多种族的移民国家来说，如果各种族都效忠于自己原来的祖国，就会影响民众对国家的情感，不利于建立统一的国家认同，不利于国家团结。李光耀曾说过：“我们不是马来人，不是中国人，不是印度人，也不是西欧人，我们应当不管人种、语言、宗教和文化方面的差别，大家作为新加坡人团结起来。”1991年

吴作栋在国庆电视讲话中表示，自己将“人民凝聚一体”作为主要目标。

（二）淡化大族（华人）认同，照顾小族生存

通过住房、医疗、教育、宗教、就业、选举等方面平等的种族政策，对少数族群给予特别的尊重和照顾，切实有效地增加了民众对国家的认同。新加坡政府承认种族间的差异，赞扬文化多元带来的丰富性，并尝试着利用这种文化的丰富性塑造新加坡人的认同感和特定的价值观。新加坡人从四种伟大的文明源泉中吸取养分，但又不完全归属于这四种中的任何一种。新加坡政府从塑造新加坡人做起，对于新加坡人，李光耀这样定义：“新加坡人是一个出生成长或居住在新加坡的人，他愿意维持现在这样一个多元种族的宽宏大量、乐于助人、向前看的社会，并时刻准备为之贡献出自己的生命。”新加坡人可以概括为“爱国”“孝道”“责任”“容忍”四个词。20 世纪 70 年代，在 990 名被调查者中，90% 的人称自己是新加坡人，80% 的人参与了新加坡民族象征的活动；74% 的人称自己愿意为新加坡去战和死。

（三）构建一元主导与多元并存的文化模式

一元主导与多元并存是辩证统一的关系：一元是多元中的一元，多元是一元主导下的多元。一元化体现着一个社会的整合和认同程度，多元化反映人们选择的空间，是一个社会开放宽容的标志，也是一个社会充满活力的象征。面对多元文化的现实，新加坡建立了一个以儒家文化为主导、多元文化并存的文化模式。从 20 世纪 70 年代开始，新加坡政府领导人开展了一场自上而下弘扬东方优秀传统道德的儒家文化运动，在全国组织开展各种文明礼貌运动，80 年代以“八德”即忠、孝、仁、爱、礼、义、廉、耻作为新加坡政府的“治国之纲”；90 年代确立以儒家思想为基础的共同价值观，最终建立了儒家文化的主导地位。在对待西方文化、印度文化和伊斯兰文化等不同文化时，新加坡不是简单粗暴地压抑或消解文化多样性，而是通过有意识鉴别和选择，使各种文化之间的互斥性减少到最低程度，求同存异，达到多元和谐并存。这不仅体现在新加坡宣扬儒家道德思想以抵御西方物质主义、功利主义和极端个人主义带来的颓废消沉等社会弊病，还体现在新加坡合理地吸收西方文化的优秀成分，如法治、民主、自由、权利等，真正使西方的科学与文明推动新加坡社会的繁荣，东方的宗教与伦理保持了新加坡社会的

道德和文化基础。

二、意识形态引领

从1965年独立到20世纪90年代，新加坡国家意识形态的内容不再是以争取民族独立和政治斗争为主，而是以国家建设为中心，实行以经济和社会发展为中心的发展主义路线，这种转变表现在国家的意识形态上就是所谓意识形态的淡化，即具有明确价值指向的意识形态从国家层面退到社会层面，而发展主义的“全民性”的意识形态成为国家意识形态的主要特征。这一时期，新加坡通过培育人民的发展主义观念和对本民族原有价值体系的改造和转化来凝聚民心，以强化全民族对新国家的认同和忠诚。这种意识形态增强了现代化的指向和内涵，与现代国家构建的进程一致。

（一）培育忧患意识

新加坡独立时困难重重，生存机会渺茫。这表现在两方面。第一，新加坡地处东南亚的腹地，面对的是邻近国家的猜忌和疑心；同时，内部斗争也很激烈，社会动荡不安；失业率高达14%。第二，如果英军撤退，还将丧失很大一笔财政收入，因为英军的开支占到当时新加坡国内生产总值的30%左右，同时还会失去7万多份直接和间接的工作机会，这对当时的新加坡来说是难以承受的。面对这种严峻的形势，国家领袖们把忧患意识作为鼓舞人民和意识形态建设的主要内容，教育人民，使全国上下团结在执政党和政府周围，确立了以经济发展为工作中心的目标和价值追求。更具特色的是，新加坡政府几十年如一日地坚持把忧患意识贯穿国家的整个现代化过程和人民的观念意识之中。“居安思危”在新加坡是出现频率很高的词汇，官员讲，普通民众也讲，它极大地促进了国民的爱国精神和执政党的凝聚力与动员能力。直到今天，新加坡国家领导人还经常说这个世界充满了变数和危机，不要把新加坡的成功看成理所当然、一成不变和一劳永逸的，只要出现微小的疏忽和失误，近50年的成果和心血就可能毁于一旦。这种忧患意识具有明确的发展导向，已经内化成新加坡人的工作动力，也已经成为新加坡国家意识形态的特色和重要组成部分。

（二）发展合作性的意识形态

按照人民行动党的观点，阶级差别是人为制造的，是19世纪西方工业化时期的产物。因此，在新加坡需要建立一种超越阶级对抗和弥合其他分裂因素的新的合作性意识形态和体制形式。人民行动党的理论家拉惹勒南在1986年这样说道："我相信，在现存的政治体制和经济体制中，无论是从意识形态还是从体制形态上来说，没有一种能带领我们去适应21世纪的情况。"他还在新加坡国立大学发表的演讲中指出："我们必须设计一种民主模式以适应我们的需要，而不是从其他地方拿来即将过时的体制。"显然，在人民行动党看来，国家合作主义是一种适应新加坡国情的政治体制和意识形态；各社会团体是一种互相依赖和互相平等的关系，国家按照各社会团体的不同功能及作用的大小赋予它们不同的权利和义务；在国家利益或重大问题上，如涉及政治稳定、罢工、游行、种族问题等，国家则不惜采取严厉的措施对任何触犯这些禁忌的组织和个人进行管制以至镇压。而"国家利益"是由政府界定的。因此，所谓国家合作就是社会各团体在政府指导下的合作，社会团体的自主性受到相当的限制。当然，各社团组织也可以在一定程度上表达自己的特殊利益。

一般来说，政府与各社会组织交流的渠道是比较畅通的。例如，半官方的民众联络所、居民委员会、人民协会和政府主持的各种协调委员会等可以把最下层群众和社会团体的利益要求反映到政府的决策层中，各社团组织的头目也经常被邀请到基层组织和协调委员会中进行协商，为制定政策和解决问题提供决策参考，从而加强政府与各社会组织之间的"合作"。新加坡的工业化路线和政策可以具体阐述合作主义的特点。后发国家的赶超环境使新加坡的工业化特别需要有守纪律的劳动者，这就需要发展起与此相关的文化。1960年和1968年新加坡政府先后制定了《工业关系法》和《雇佣法》，对工人强调劳动纪律，对雇主强调管理纪律，规定工人不得随意请假、旷工、罢工等，雇主不得随意开除工人。现在，遵守这种劳动关系已经为新加坡人的习惯。

（三）促进多元种族主义价值融合

新加坡政府通过制定多元种族主义政策为各种族划定了政治活动的空

间，如宪法规定任何种族不能对国家表达特殊的种族利益。这样，种族就不能作为独立的利益集团，政治领袖们不被看成特定种族的代表，因此，尽管华人在新加坡占人口的绝大多数，却并不享受政治特权，同时在社会领城，种族差异受到尊重。

新加坡的居住政策从一个方面体现了这种多元种族主义的特色。建国后，新加坡政府大量建造政府组屋，今天新加坡 80% 的人都住在政府提供的组屋中，这种公共住房工程逐步割断了人们过去从本种族的成员那里得到的某些特定的关照。过去的村庄是按种族居住的，在华人中则是按方言居住的，因此这些定居点都是传统文化的载体，它们的拆除和新的混居方式在破坏种族的据点和依附于此的传统文化的同时也消除了地方割据势力，促进了各种族之间的交流，增强了国家意识。

可以说，“共同价值观”是当代新加坡国家意识形态集中而全面的反映。1991 年 1 月 15 日，新加坡国会通过了政府提出的“共同价值观”。其内容是：①国家至上，社会为先；②家庭为根，社会为本；③社会关怀，尊重个人；④协商共识，避免冲突；⑤种族和谐，宗教宽容。从根本上来说，提出“共同价值观”的目的就是要维护、调适和弘扬传统的价值，以对付西方价值观的急速传播，这是新加坡国家意识形态构建链条中的一个重要里程碑。随着新国家的认同基本完成，大多数新加坡人的国民身份已经转型和稳定，尤其是以发展主义为核心的国家意识形态的基本范畴和内涵更为明确了。

（四）发展自由民主层面上的国家意识形态

20 世纪 90 年代，在市场经济和中产阶级有所发展的基础上，随着第一代领导人淡出政坛，新加坡国家意识形态中自由民主的内涵有所发展，出现了发展主义和自由民主价值形态并存的情况。法治精神是现代国家意识形态的重要组成部分，也是新加坡国家意识形态建设的重要内容和特色，它对自由民主的发展起了一定的促进作用。人民行动党政府在长期坚持依法立国的过程中，在人民群众中确立了这样一种共识：要建立一个稳定的社会，必须把国家与民众的关系、社团与社团的关系、个人与组织的关系、个人与个人的关系都置于法律调适之中，建立一种法制的社会秩序，使社会生活中各个主体的权利、义务和行为都以法律形式来规范。因此，凡是发生的影响较大的问题，都通过法律手段来解决，无法可依的则很快制定新的法律。与其他

发展中国家相比，法制社会建立较早并且政治斗争也通过法制手段来解决是新加坡的两大特色。例如，政府在建国之初就教育人民要有良好的生活习惯和行为规范，使人们置身于法治宣传的包围之中，人民的守法护法观念因此不断提高。

需要指出的是，新加坡社会中还包含有一些传统的政治因素，因而尽管在大多数问题上可以做到法律面前人人平等，但在政治上人民行动党仍享受着一定的特权。例如，由于政治透明度还不够高，反对派很难用法律武器对执政党进行起诉，因为他们很难搜集到证据。此外，人民行动党通常利用自己在国会的优势在大选前改变选举规则，使选举不那么公平，这实际上是传统的儒家政治伦理与现代法治精神相妥协的结果。不过，在现代化的早期就建成法治国家，这在世界上是绝无仅有的，这与李光耀的法律背景和他对法律的强调以及英国文化和管治的影响都有很大关系。

第四节　经济增长质量剖析

1994 年诺贝尔经济学奖获得者保罗·克鲁格曼认为新加坡的高经济增长率主要是因为高资本积累率，并预言新加坡的经济增长与苏联一样，最终必将崩溃。但经过 20 多年的发展，新加坡经济不仅没有崩溃，反而始终保持相对较高的增速。这并不意味着保罗·克鲁格曼的分析和预言是完全错误的，新加坡能有这样的发展是因为新加坡转换了发展战略，没有再继续依靠资本积累和投资的方式发展经济，实现了产业结构的升级和社会的有序发展，提升了经济增长的质量。

新加坡用不到 20 年的时间跨越了中等收入阶段，并且此后 20 年时间里经济保持相对较高增速，近年经济竞争力排名蝉联第一，这骄人的经济发展水平与中等收入阶段打下的基础不无关系。新加坡同韩国一样，政府对经济的主导和带动作用非常有效，表现在长中短期的不同功能。

从长期看，首先，新加坡政府对新加坡发展的整体布局符合国家经济发展的一般规律。从 20 世纪 60 年代开始的劳动密集型出口战略到 70 年代的资本密集型产业发展战略，再到 80 年代的技术密集型产业发展战略，都符合新加坡经济起飞和发展的阶段特征。其次，在经济和社会发展进程方面，新加坡始终坚持政府权威，但较好地处理了权威与民主之间的关系，其民主

化进程相对韩国更有秩序，从李光耀、王鼎昌到吴作栋、李显龙，权力交接都比较顺畅。最后，权威政府逐步把经济的自由让渡给私人部门，起着营造宽松环境和建设良好配套基础设施的功能，致力把新加坡打造成外商投资的天堂。

从中期看，首先，政府的阶段性规划和引导比较具有前瞻性和及时性。20 世纪 60 年代的新加坡存在大量人口失业问题，为了增加就业、解决人民的基本生活问题，1967—1973 年新加坡政府采取劳动密集制造业出口策略，引导服装纺织、玩具、陶瓷之类的劳动密集型工业初步形成。70 年代中期，新加坡政府开始引导发展资本密集型产业，推进经济转型（顺便解决上个阶段引发的通货膨胀问题），重点发展炼油业，使新加坡一跃成为继美国、荷兰之后的全球第三大炼油中心，并随后将石化产业链延伸、升级与提升附加值。90 年代，一方面，国内劳动力供应紧张、工资水平不断上涨、劳动密集型产业国际竞争力下降；另一方面，来自其他国家的贸易保护主义政策使新加坡的出口贸易受到较多限制，新加坡全面执行政府提出的“第二次工业革命”计划，政府鼓励发展技术密集型工业，提升产品核心技术，调整和深化产业结构。其次，政府的服务功能发挥较好。一方面，为各个时期产业升级做好了基础设施配套，如早期的道路建设，中期的港口、码头建设，后期的土地政策和工业园计划的实施；另一方面，为企业做好了服务功能，如积极为企业提供贷款融资服务。最后，政府对公众意识形态的塑造增强了人民的国家认同感。新加坡是一个多种族的移民国家，如果各种族都保留对出生国家的种族认同，就不利于对新加坡的国家认同，也不利于社会的和谐和共同发展。李光耀执政时期就强调：“我们不是马来人，不是中国人，不是印度人，也不是西欧人，我们应当不管人种、语言、宗教和文化方面的差别，大家作为新加坡人团结起来。”这使得移民种族有了新的国家认同。1991 年新加坡议会讨论批准了新加坡人民共同价值观的“白皮书”，具体内容包括：“国家至上，社会为先；家庭为根，社会为本；社会关怀，尊重个人；协商共识，避免冲突；种族和谐，宗教宽容。”

从短期看，首先，政府制定了相关政策，有效地执行战略规划。在劳动密集型出口阶段，1967 年，新加坡政府颁布了《经济扩展法案》，对以往的《新兴工业法案》和《工业扩展法案》进行了修订，对改善基础设施、实施税收优惠、积极为企业提供贷款融资服务、突出鼓励发展面向出口工业、为

出口厂商提供减免所得税提出了明确要求和规定。在资本密集型产业发展阶段，政府先引进了大型跨国顶尖企业，随后又推动日本政府及壳牌、住友、三井、雪佛龙－菲利普斯、塞拉尼斯等大型企业在新加坡投资扩建综合石化专区，推动石化产品向乙烯、丙烯和芳烃类产品以及各类塑料、聚合物、添加剂等下游产业延伸。在技术密集型产业发展阶段，政府通过税收奖励推动工业部门、产业部门实现机械化、自动化和智能化；通过工业园制度鼓励工业企业面向出口发展高科技产品。其次，重视引导比较优势的发展。20 世纪 60 年代大量人口失业，劳动力过剩，因此发展劳动密集型出口产品，同时，新加坡作为自由港发展金融业。并且新加坡政府没有止步于当前的绝对优势和比较优势，而是考虑发展潜在优势，将石化工业、拆船与船舶维修、五金工程，以及电器配件与制造定位为四大重点工业产业。70 年代，在发展四大工业的同时，新加坡政府已经认识到技术的发展会成为竞争的优势，因此提出了进行“第二次工业革命”的布局。90 年代中期，在化工业和电子产业高速发展的同时，新加坡政府认识到高科技是未来引领经济发展的趋势，又引导了人力资本比较优势的形成，加大教育投入，把人才培养与国家生存同等看待，黄金辉在 1992 年 1 月 6 日的国会演说中指出：“教育是千秋大业，是保持竞争力的基础，我们需要不断学习新知识、人人掌握新科技，在千变万化的领域里求生存。”最后，政府注重个人的生活质量，把个人生活同社会发展和国家命运联系在一起。新加坡政府通过社区来组织、管理和服务社会成员，加强对社区、社团组织领导人的培训，用政府的要求来统一社区活动和领导人的思想。建屋发展局、市镇理事会管理社会的硬件；通过所设立选区的公民咨询委员会组织、领导和协调社区事务，把居民的需要和问题反映给政府，并把政府的政策和活动信息传达给居民。

此外，新加坡政府对债务的管理比较严格，没有出现严重的债务问题和债务违约；对货币的管理也比较有效，没有出现货币严重超发和恶性通货膨胀。但是，新加坡也面临人口减少的问题，而且其人口的增量主要通过移民或跨国婚姻实现，这就会给种族融合、文化认同、社会公平带来挑战，也影响新加坡的长治久安。

总的来说，新加坡 20 世纪 60—80 年代的经济增长完成了从劳动密集型出口导向到高科技产业的升级，实现了权威领导下的多元民主政治，完成了人民从追求温饱到“新加坡人”多种族融合和国家认同的升华，政府的执政

能力得到锻炼，包容性的国际投资环境和良性的市场竞争得到充分发挥，人民受教育程度和整体素质不断提高并处于世界领先水平，国家、社会、家庭的整体观念深入人心，个人得到充分照顾和发展，经济增长伴随的负面效应得到有效的控制，是非常有质量的经济增长，为后续的经济增长打下了坚实的基础。

第七章　阿根廷

第一节　前中等收入阶段背景

一、概况

（一）基本情况

阿根廷在16世纪前主要是印第安人的居住地，1536年沦为西班牙殖民地，1810年5月25日爆发了反对西班牙殖民统治的五月革命，1816年7月9日宣布独立，1853年建立联邦共和国，1994年第四次修改后的宪法规定阿根廷为联邦制国家，实行代议制民主。阿根廷是世界粮食和肉类的主要生产和出口国之一，是世界上综合国力较强的发展中国家。

阿根廷位于南美洲南部，面积次于巴西，是拉美第二大国。东濒大西洋，西同智利以安第斯山脉为界，北部和东部与玻利维亚、巴拉圭、巴西、乌拉圭接壤，山地面积占全国面积的30%。东部和中部的潘帕斯草原是著名的农牧区，号称“世界粮仓”，集中了全国70%的人口、80%的农业和85%的工业；北部查科平原多沼泽洼地，有大面积森林；南部是有名的巴塔哥尼亚高原。海岸线5 000多千米，大陆架面积近100万平方千米。主要河流是拉普拉塔河（最宽处达220千米）及其上游的巴拉那河、乌拉圭河、巴拉圭河。

政治方面，总统为武装力量最高统帅，设国防委员会和危机委员会。国防委员会由副总统、内政部部长、外交部长、国防部部长和经济部部长组成，协助总统制定和评估国防政策和国防战略。危机委员会由国防部部长、武装力量联合参谋长和陆军、海军、空军参谋长组成，协助总统进行军事行动和军事战略评估、决策。国防部长全面主持国防事务，并直接对总统负责。

社会方面，“探戈”舞源于阿根廷，被阿根廷人视为国粹，已融入阿根廷人血液。阿根廷探戈发源于阿根廷首都布宜诺斯艾利斯的港口地区。教育上，教育水平居拉美国家前列。1884 年通过的《普通教育法》是阿根廷全国教育体系的基石。著名大学有布宜诺斯艾利斯大学、拉普拉塔国立大学、科尔多瓦国立大学等。其中科尔多瓦国立大学成立于 1613 年，是阿根廷历史最悠久的高等学府。体育上，受益于文化的多元化和大体上的气候温和，阿根廷人参加各种体育活动，足球、篮球、马球并称为“阿根廷三大运动”。在阿根廷，最被看重的体育项目是足球。

（二）发展优势

阿根廷农牧业出口依赖于自己丰富的资源。阿根廷资源丰富，经济发展有以下优势。①矿产资源有石油、天然气、煤炭、铁、银、铀、铅、锡、石膏、硫黄等。现已探明蕴藏量：石油 28.8 亿桶，天然气 7 635 亿立方米，煤炭 6 亿吨，铁 3 亿吨，铀 2.94 万吨。②水力资源丰富，可发电的水力资源为 1 100 万千瓦。③森林面积为 627 000 平方千米，约占全国总面积的 22.6%。④沿海渔业资源丰富。⑤阿根廷的人口只有印度的 4%，但土地面积则相当于印度的 85%。占全国总面积 1/4 的潘帕斯草原气候温和，土地肥沃，地势平坦。⑥阿根廷拥有 5 000 多千米长的海岸线，众多的海湾和温和的气候为阿根廷提供了许多不冻港。⑦阿根廷人主要是欧洲白色人种移民的后代，约占全国总人口的 97%。因此，阿根廷基本上不存在民族矛盾。总的来说，阿根廷人的受教育程度较高，劳动力素质也较好。⑧阿根廷早在 1816 年就取得了民族独立。19 世纪 60 年代初，阿根廷结束了独立后的长期内战，政局趋于稳定，这为 19 世纪末 20 世纪初的经济起飞创造了有利的政治条件。

二、早期经济发展的状况

阿根廷在进入中等收入阶段之前是一个比较富裕的国家。阿根廷的经济发展主要分为两个阶段：第一阶段为1860—1930年，阿根廷主要发展农牧业出口型经济，阿根廷经济学家也把这个阶段称为“初级出口经济阶段”，是现代经济的前期或准备时期；第二阶段为20世纪30年代大萧条之后，为阿根廷的工业化阶段。

（一）1860—1916年，农牧业出口型模式

1860—1880年，阿根廷发展初级产品出口经济，这个时期为阿根廷后来的现代化和工业化进程奠定了基础。1860—1916年，阿根廷以初级产品经济和制造业生产与欧洲建立了联系。经过19世纪下半叶的早期工业化进程，阿根廷形成了商业社会或商业经济。1900年第三产业就已经占国内生产总值的45%，第一产业占32%，第二产业占23%。当时国际市场对初级产品需求旺盛，所以阿根廷出口价格不断上升，阿根廷成为19世纪末世界上最富裕的国家之一，人均收入高于德国、法国和瑞典，仅次于美国和英国。这个阶段阿根廷经济和出口一直保持较高的增长率。1918—1920年，阿根廷国内生产总值年平均增长率为9.8%，1927—1929年为6%。出口年增长率为6.6%。至1929年，阿根廷成为世界上最重要的农产品出口国之一，是肉类、玉米、亚麻籽和燕麦最大出口国，小麦和面粉第三大出口国。

（二）1917—1976年，进口替代模式①

第一次世界大战爆发前后，阿根廷经济的内外环境发生了本质性的变化。从外部环境看，战争使阿根廷的工业品进口受阻，国内工业原材料价格猛涨，通货膨胀居高不下，失业率迅速上升；外资流入减少，农牧业出口也面临美国、澳大利亚、加拿大的竞争。为应对这些困境，阿根廷一方面从美国进口工业品，另一方面发展工业进口替代的生产活动。从内部环境看，相对于出口繁荣期的依赖外资、欧洲移民和土地利用的急速扩张，1913年前

① 国家发改委国际合作中心课题组．新加坡产业升级的经验[J]．财经界，2008（19）：114-116.

后，阿根廷的土地扩张受到限制，农牧业或工业的经营方式需要从粗放型向精细化转变。

1929—1933 年的全球经济危机对阿根廷经济也造成了严重的影响，初级产品出口价格大幅度下降，1932 年比 1928 年下降了 40%，出口收入随之减少了 1/3，由 20 世纪 20 年代后期的年均约 10 亿比索下降到 1931 年的 6 亿比索。1929—1931 年，国内生产总值下降了 14%，粮食产量减少 20%，制造业下降 17%，比索贬值了大约 25%；经济危机还导致外资流入减少，从 1930 年的 125 亿比索降到 1931 年的 7.7 亿比索，再降到 1932 年的 5.6 亿比索。

保守派在 1930 年发动政变推翻了激进党政府后，为了缓解经济危机带来的冲击采取了改革税制、提高关税、放弃金本位和实行外汇管制等一系列政策措施，尽管看起来是为工业发展创造环境，但其长远目标仍然是发展该国具有比较优势的农牧产品生产和出口。

1946 年，庇隆政府适应本国资产阶级的要求，提出实行“经济独立”和“国有化”的纲领①。1946—1948 年，庇隆政府对外国资本实行赎买性的“国有化”。1946 年 3 月，政府将中央银行收归国有，利用本国在第二次世界大战中所赚得的大量黄金外汇储备，逐步将英、美垄断资本控制的铁路、电话、港口、企业和公共设施收归国有。其中，以 1.5 亿英镑的高昂代价赎买了英资 24 000 千米的铁路，以 3.19 亿比索赎买了美资电话公司。1947 年，政府还清了 125 亿比索的外债，成立了国家石油垄断公司，该公司掌握了阿根廷石油开采量的 2/3。国家对外贸也实行垄断，以便控制外汇来进口工业化设备。据有关资料，庇隆政府的国有化曾使外资在阿根廷总投资中的比重由 1930 年的 30% 下降到 1949 年的 5%，其中英国投资由 20 亿美元降至 2.43 亿美元，美国投资由 4.8 亿美元降至 3.2 亿美元。

在实行国有化政策的同时，庇隆政府推行“工业化”计划，以发展民族工业。1946 年底开始执行“第一个五年计划”（1947—1951 年）。计划规定，在阿根廷经济中增加 66.63 亿比索投资，其中 35.1 亿比索用于公益工程和交通运输，其余用于动力、轻工和移民方面。政府还规定，建设用本国资金，不用外国资金。阿根廷引进了近两万套工业设备。虽然计划没有全部完成，但是 1951 年阿根廷的工业产量比 1943 年增长了 50%。1952 年“第二个五

① 董国辉.阿根廷进口替代工业化战略确立的历史进程[J].南开学报（哲学社会科学版），2013（3）:101-108.

年计划”开始实行。1953年，纺织工业的产量比1940年增加了3倍，石油开采量从1938年的250万吨增加到1956年的400万吨，1951年修成了从科莫多罗里瓦达维亚到布宜诺斯艾利斯的1 000千米长的煤气管道；钢产量由1947年的17万吨增至1953年的30万吨；出口额由1945年的24.97亿比索增至1948年的55.41亿比索，商船总吨数由1945年的69.79万吨增至1948年的93.53万吨。此外，还建成了一些较大的化学、航空和水泥企业。

阿根廷早在1962年人均GDP就达到了1 145美元，进入中等收入水平；2011年人均GDP达到12 786美元，用了49年时间跨越中等收入阶段，但近年来GDP仍然在临界边缘上下波动。

第二节　中等收入阶段经济发展模式及产业发展

一、经济发展模式

阿根廷经济发展模式大致分为四个发展阶段：第一阶段，19世纪60年代—20世纪30年代，农牧业出口型经济模式；第二阶段，20世纪30—70年代，进口替代经济模式；第三阶段，1976—2001年，自由主义经济模式；第四阶段，2002年至今，后新自由主义或进步主义经济模式。阿根廷进入中等收入阶段时处在进口替代经济发展模式的后期。

（一）进口替代工业化模式

进口替代工业化模式是指暂时放弃对出口原材料的依赖，通过在国内生产进口制成品的替代品来实现工业化发展，通过建立和发展本国的工业，替代过去从国外进口工业品的模式，以带动经济增长，最终实现国家工业化的一种努力和尝试。

这一阶段以庇隆政府时期的改革为开端。庇隆在执政前后发表了一系列的政治、经济主张，逐渐汇集成为一个被称作民众主义的政治纲领，用庇隆自己的话说也可以称为“正义主义”。这一纲领主要包括三方面的内容，即国家主权、经济独立、社会正义。“经济独立”是庇隆主义“国家主权、经济独立、社会正义”三大支柱的基石，其核心是通过国有化和工业化来实现经济独立。第二次世界大战以后的30多年里，阿根廷继续发展和充实了轻

工业各部门，工业建设的重点从轻工业转移到了重工业，建立和发展了一系列重工业部门和石油化工、原子能和电子等新兴工业部门。制成品工业特别是资本货和耐用消费品工业得到迅速发展。根据阿根廷政府经济部的统计，工业各部门在 1977 年的构成情况是：采掘业占 3.6%，制成品工业占 81.5%，电力、煤气和供水业占 6.7%，建筑业占 8.25%。可见，在工业内部，制成品工业已占绝对优势。这一点具有重要意义，它说明经过第二阶段的发展阿根廷的工业产值已经超过农业，成为国民经济的主导成分，依靠的主要是比较发达的制成品工业，而不是某一个工业分支部门，更不是开采一两种矿产品的采掘工业。

就制成品工业来说，经过战后 30 多年的发展，阿根廷已经有了一个比较完整和健全的工业体系。1950—1970 年，阿根廷“主要生产非耐用消费品的工业部门”的产值在制成品工业总产值中所占的比重从 63% 下降到 36.8%，同期，“主要生产中间产品的工业部门”和“主要生产资本货和耐用消费品的工业部门”合计的产值在制成品工业总产值中的比重则从 37% 跃增到 63.2%，其中金属制品、机器、成套设备、基本金属，以及化工、石油、橡胶等制品占 56.9%。这说明，到 1970 年重工业的产值已经超过轻工业的产值，同时，阿根廷已经形成了一个部门比较齐全的工业体系。目前阿根廷的绝大部分轻工业品可以自给，部分产品包括家用电器等可供出口。阿根廷重工业有钢铁、汽车、机器制造、拖拉机、铁路装备、造船、石油化工、飞机制造、电子等部门。当然，各工业部门以及部门内部的发展还不平衡，某些部门的设备和技术比较落后，一些部门的生产能力和水平比较低，大部分高级、精密的产品还要依赖进口。例如，战后钢铁工业有了较大发展，1978 年粗钢的产量比 1950—1954 年的年平均产量增加了近 17 倍，但炼钢能力仍低于轧钢能力，而炼铁能力又低于炼钢能力，铁矿砂和焦煤的产量更远远不能满足需要，整个钢铁工业的生产能力呈倒金字塔形，因而严重阻碍了钢铁工业的发展。又如，汽车工业的最高年产量曾达 27 万辆（1972 年），但由于设备和工艺技术落后，不仅难以保持原有的少量出口，而且进口汽车大量涌进本国市场，使汽车工业的产量逐年下降。

就建筑业来说，这一时期阿根廷人口约 2 700 万人，众多人口的住房需求本应给建筑业带来宏大的发展市场，但是由于资金缺乏和经济的不稳定等外界因素的影响，建筑许可指标的发放量不足，导致建筑业产值不是阿根廷

工业的主要构成，但各种制成品工业工厂的建设及扩张发展使其所占比重居于第二位。

就水电工业部门来说，阿根廷水力资源的蕴藏量为2 418万余千瓦，电力工业比较发达，水电和核电的比重逐步增加。水力发电量从1973年占总发电量的11.0%增加到1975年的占比25.5%，核电从1974年的占比2.5%增加到1978年的占比10.1%。工业用电在电力消费总量的比重从1965年的占比32.2%增加到1971年的占比38.8%。

而随着庇隆政府被推翻，军政府上台执政，阿根廷进入了一个政局不稳且优柔寡断的时期。关于经济层面上的改革，1955年革命后的军人和文官政府基本上延续了庇隆的民众主义政策。工业化仍然被看作事关国家安全的重要问题，历届政府基本上都采取了在国家政权的干预下优先发展工业的政策。政治和经济的相互作用使20世纪60年代阿根廷的经济发展表现出了一种走走停停的模式。由于每个政权的执政时间都比较短暂，所以上台之后“往往尽可能地向其支持者多分发好处，由此联邦官僚机构的扩张经常超过国内生产总值的增长”，“国营企业非但没有产生出利润来投资新设备和技术，反而陷入了赤字之中，只能维持服务”。70年代中期以后，进口替代工业化发展模式存在的问题逐步显现，阿根廷的现代化进程进入一个非常困难的时期，政局长期动荡，经济出现严重问题。而且，此时在国际环境中，主要资本主义发达国家在经历了70年代的经济危机之后，经济上进入了一个“滞胀”的时期，对阿根廷的经济发展也造成了消极的影响。

（二）自由主义经济模式

在动荡混乱的军政府争权的背景下，1976年3月，阿根廷武装部队发动政变，魏地拉政府上台执政，开始了长达7年的军人执政时期。魏地拉政府首先充分发挥私人企业在经济发展中的动力作用，采取了一些鼓励私人企业发展的措施。其次对内实行自由市场经济，提倡本国私人资本、国营企业以及外资企业之间的自由竞争。为此，魏地拉政府不仅减免进出口关税，取消进出口限制，而且还减少直至取消了对本国工业的关税保护。然而，如果我们仔细分析一下魏地拉政府所采取的政策，会发现这样的政策存在很大的弊端，事实也是如此。1980年后，这种弊端逐渐显现出来，使很多已经取得的成果很快丧失，财政赤字重新增加，通货膨胀率再次上升。在这些困顿

的经济现象下，更为严重的后果是工业遭到了毁灭性打击，破产倒闭的企业数量和负债额逐年递增，投资下降、失业增加、外债加剧等问题随之而来。军事行动的失败使执政了将近 7 年的军人政府不得不将国家的权力移交给文人政府。

1983 年，新上台的劳尔・阿方辛政府带领阿根廷进入新自由主义改革时期。改革的措施归结起来主要集中在两个方面，一是对国内宏观经济政策的调整，试图通过采取一些应急性的经济政策来调整和摆脱危机；二是逐步通过其他政策的调整来提高偿债能力。然而上台的阿方辛政府没有成功地解决阿根廷经济的恶化局面，1989 年 6 月，通货膨胀超过了 1 000%，在“恶性通货膨胀”和社会动荡的局势下政府被迫提前举行选举。阿根廷现代化发展的使命落到了 1989 年当选总统的正义党人卡洛斯・梅内姆的身上。梅内姆上台执政后，新自由主义的改革重点是国有企业的私有化。新自由主义改革下的投资繁荣和经济发展在很大程度上是由政府对国有资产的出售来推进的，短短几年时间里，在私有化改革的浪潮中，政府将之前由国家控制的电信、石油、煤气、电力、铁路、航空等多种基础性的企业纷纷卖给私人投资者，而这些人中很大一部分是外国投资者。不难看出，这样的措施大大加强了国家经济对外资的依附性，而依附性的经济体制又会加重经济的动荡性。

梅内姆的新自由主义改革主要包括经济体制改革、国家政治体制改革，其中重大的行为有以下四个。① 1989 年 8 月会议通过国家改革法重新定位公共企业的作用，以立法的方式通过对国有企业全面实施私有化。至 1999 年石油公司被出售给西班牙雷普索尔公司，这期间的私有化全部完成，除军工、核工业、核电等少量企业外，其他国有企业都被出售给了私人资本。全面对外开放市场，特别是开放金融业等服务业，取消对进出口的限制等，最大限度对外资开放市场使跨国公司控制了阿根廷经济的 90% 以上。进一步实行金融开放和自由化，央行不再充当最后一级贷款机构，改革税收制度，统一税收，实行分税制改革、政府财政制度，控制赤字预算。② 1991 年颁布可兑换法。1992 年实行美元和比索汇价 1 ∶ 1 的联系汇率制度，确立以外汇储备为基础确定货币发行量的货币发行制度以严格限制货币发行量。1 ∶ 1 的联系汇率制是阿根廷新体制改革的核心，这一制度的建立为之后稳定汇率、降低通货膨胀奠定了基础。中央银行不得为政府财政赤字融资，必须严格依据国家外汇和黄金储备发行货币，其国际储备在任何时候都不得

低于基础货币总量。1992年1月1日，新比索汇率盯住美元，与奥斯特拉的兑换比率为1 ∶ 10 000。通货膨胀率从1991年的94%下降到1992年的17.6%，到1994年已降低至近4%。阿根廷经济开始复苏，重回上升通道，实际GDP在1991—1998年的年平均增长率接近6%，较高的经济增长率和较低的通胀率增强了国际投资者的信心，1991年国外直接投资突破20亿美元，1996年达到42.85亿美元，创下历史新高。③社会保障体制改革。参照治理的经验，政府于1994年改革旧的社会保障体制，建立了新的养老金和年金基金、医疗保障基金、失业保险基金等社会保障体制，同时建立和完善了商业性社会保险制度，允许包括外资在内的私营企业经营社会保险事业。但受历史等因素影响，社会保障体制的覆盖仅达到全国人口的一半，而且与就业和劳动相关的劳工法等重要的劳动法规的修改未能完成。④阿根廷宪法和1993年颁布的第1853号法令规范了外商投资行为。宪法规定外国人与阿根廷人在劳动、经商、买卖和拥有资产等方面享有同等权利，外国人的产权不可侵犯，但必须依法办理有关手续。第1853号法令规定，外国公司在阿根廷投资一般无须政府事先批准，外国投资者与本国投资者有着同等权利和义务。根据阿根廷法律，外资企业可在市场上自主购买自身发展所需的土地，企业享受所购土地的终身所有权。土地所有者购地后必须到有关政府产权登记部门登记。根据阿根廷税法，省、市两级政府有权依据土地的面积、位置、质量、用途等向土地所有者征税，如土地为私人所有，除需向省、市两级政府缴纳土地和财产税外，还有义务向联邦政府缴纳个人财产税。

20世纪90年代的新自由主义改革使阿根廷宏观经济结构发生了很大变化，其中第三产业有较大发展，而第二产业特别是制造业却遭受了很大破坏，造成了新的结构失衡，国家经济对农牧业和初级产品出口的依赖有所加强。变化主要表现在以下几个方面。

1. 宏观经济结构的变化

经过19世纪后半叶的早期工业化进程，阿根廷形成了商业社会或商业经济，早在1900年，第三产业就已经占国内生产总值的45%，100年后的2000年达到了68.5%，第一产业从1900年的32%下降到2000年的7.8%，第二产业经过第二次世界大战前后的工业化进程从1900年的23%一度上升到40.3%，90年代后逐年下降，至2000年降至23.7%。第一产业中的农业种植业逐步向少数谷物、小麦、大豆和玉米等集中，畜牧业以牛羊肉类和奶

类生产为主，土地继续向少数人手中集中，大批小农和农业工人破产流入城市，第三产业的结构也发生了变化，占主要地位的是商业金融、公共服务、交通运输、水电煤气等，所占比重不足 10%。第二产业由盛转衰，产业结构和在国民经济中占的比重均发生重要变化。

2. 工业化进程的反复

20 世纪 30 年代，经济危机和大衰退使世界经济结构发生根本变化，已经工业化的发达国家对农牧产品的需求下降，导致阿根廷出口困难，国际市场初级产品价格下降，农牧业出口国家受到沉重打击。为满足本国的工业制成品的需求，减少对进口的依赖，阿根廷开始了以替代进口为主要方式的工业化进程。这个时期，农牧业产品加工业取得了迅速发展。工业化进程以第一次世界大战为界限分为两个阶段，第一阶段为第一次世界大战前，工业以农牧业产品加工业为主；第二阶段从 20 世纪 30 年代开始，进口替代工业发展，至 40 年代工业化定型，工业的门类发展广泛，从消费品到机器设备，制造业各个部门都有所发展。20 世纪 90 年代实行新自由主义改革后，工业结构发生了重大变化，主要特点是工业总产量、产值、企业的数量、就业人数、工资水平、工业占国内生产总值的比重全面下降。其中，食品加工业等某些部门出口上升；在外资和进口增加的影响及推动下，工业生产开始了专业化进程；农业、化工、石油和油料副产品成为最有活力的部门，是中小企业参与较多的部门，纺织服装、金属加工、进口部门受到的冲击最大；企业结构改革后，劳动生产率大幅上升，但是某些经济活动外包化，某些生产部门萎缩。

3. 对外贸易结构的变化

在多位开放过程中，阿根廷没有大力发展出口为主的外向型经济，相反，进口发展速度较快，造成连年贸易逆差，本国工业在外来竞争下纷纷破产。出口产品的结构没有发生重大变化，农牧产品一类的情况基本上没有改变，只是在初级产品和能源产品出口增加的情况下所占比重有所下降而已。这期间工业产品和劳务的出口占总出口的比重基本上没有变化。

新自由主义经济结构改革缺乏全盘规划和引导，形成了新的经济结构失衡，没有注意引导和保护企业改造和转型，导致大批企业破产，一些产业消失，制造业严重遭到破坏，第三产业内部的结构也不合理，特别是水、电、气、交通等服务业投资不足，能源投入不足（引发能源危机），基础设施建设滞后甚至破损落后。第一产业农牧业走向所谓专业化，即过度依赖少数出

口品种（主要是大豆和小麦等）的现象加剧。汇率制度僵化，在国际国内形势变化之后没有及时调整固定的联系汇率，最终引发比索大贬值，资金外流，金融危机爆发。

（三）后自由主义经济发展模式

2001年8月，国际货币基金组织在阿根廷政府的求援下，以“零财政赤字”为条件，答应向阿根廷提供80亿美元的贷款，缓解了阿根廷金融危机的压力。但是，到11月时，政府税收连续3个月下降，将庞大的财政赤字转化为“零赤字”已经是不可能的事情了。为化解危机，阿根廷政府采取了进步主义经济模式。政府鼓励银行向私营部门增加贷款，从根本上改变危机前要求银行多向公共部门增加贷款的做法，促进经济恢复；严格限制美元汇出和商品进口，鼓励农产品出口，吸引国外游客来阿根廷旅游，以增加经常账户盈余；在改革税制、加强征管的同时，努力控制财政支出，实现财政收支平衡或盈余。

通过实施上述措施，加上国际环境改善，特别是包括中国在内的国际市场对初级产品需求的不断提高，阿根廷农牧业、原材料和能源产品的贸易条件不断改善，有力地促进了出口。2004年，阿根廷开始全面摆脱危机。2005年，阿根廷经济增长率达9.2%，超过了1998年的最高水平；投资率达到21.2%，经常项目和资本项目出现“双盈余”，外汇储备增加了88.57亿美元，公开失业率降至11.6%，贫困人口大幅减少，财政继续保持盈余，物价维持在合理水平。

二、产业发展水平

阿根廷正式跨越中等收入阶段，三大产业占GDP的比重分别为5%~6%、25%~26%和68%~70%。在农业比重减少的同时（1980年占总值的7.0%），工业比重也下降了（1980年为37.8%），服务业有所增长（1980年为53.1%）。

（一）农牧业

阿根廷的富裕基于长期以来的牧业和谷物耕作，而农产品一直是阿根廷出口的主导产品。20世纪90年代初，农业生产者发现农产品价格下跌，但

他们的成本却提高了。他们缺乏贷款，却要承担高额的出口税。后来这一情况得到了很大的改善，1996—1997年的农业是阿根廷经济的亮点。在价格多年持续走低之后，不正常的税种与制度的取缔、市场的开放和国际上商品价格的上扬等多种因素一起促进了高附加值产品和加工食品的出口。尽管农业在国民生产总值的比例已经降到相对较低的水平，但如果将附加劳动，如食品加工、运输和相关服务计算在内，整个经济的30%仍然依赖农业。很多阿根廷工业从事初级农产品的加工。20世纪80年代早期，农产品的出口约占整个出口外汇的3/4。1997年阿根廷的农场雇用了大约100万人（约140万人依赖农场谋生）。总数达42万家的农场中，大量的是小型的家庭操作模式，但27 500家大型农场（规模超过1 000公顷，折合2 470英亩）的产量占据了总产量的很大份额（近40%）。

1997年8月，阿根廷过去67年来首次出口牛肉到美国（该国在1997年5月声明为非口蹄疫区）。阿根廷政府希望增加牛肉出口到美国以及其他非传统市场的机会，牛肉生产商将此视为通往亚洲市场和日本的重要渠道。

（二）渔业和林业

阿根廷的渔业产量增长迅速，1990—1997年增加了近138%，达137万吨。然而捕捞数量超过了承受力就会限制未来几年的产量，1998年的产量降为112万吨，1999年和2000年的形势更糟，政府因此限制了捕捞季节。

20世纪80年代至90年代初原木的产量持续增长，1993年回落，随后几年继续增长。二级产品（如纸张、纸浆、木材、木片、木板等）在20世纪90年代有小幅增长。根据用于主要商业领域的土地富饶程度估算，阿根廷在林业方面有着很大的发展潜力。不断增长的投资激励措施使阿根廷渔船和渔业加工设备得以现代化，旨在扩大出口。阿根廷政府制订了新农作物和非传统产品的发展计划，特别是谷物加工、谷物附属产品、加工食品、水果、花卉和其他有机生长作物。对于其他国家对阿根廷牲畜健康问题的贸易限制，政府成功地建立了疫苗机制，并逐渐改善卫生条件以提升贸易伙伴的信心。如果进一步挖掘农业潜力，无论是为满足国内需要还是为增加出口，都需要更多对基础设施的投资（包括冷冻、加工和运输设备）；灌溉、化肥和杀虫剂、市场营销、推广和信息体制、改善的信贷机制也是阿根廷农业潜力发展的必要条件。

（三）工业

工业部门包括制造业、矿产业和建筑业。2000 年，工业部门雇用了 23.1% 的劳动力。阿根廷工业的发展始于第一次世界大战，在此之后的 10 年工业加速发展。阿根廷 20 世纪 90 年代开始推动经济多样化，工业开始增长。阿根廷的工业大发展主要集中在布宜诺斯艾利斯省、圣塔菲省和科尔多瓦省。其中布宜诺斯艾利斯聚集了 40% 的工业生产部门。其他地区利用自然条件和劳动资源发展了一些特殊的工业。阿根廷的企业大部分都是小企业，30 名雇员以下的小工厂遍布整个阿根廷，很少有 500 人以上的工厂。阿根廷的工业中心每 10 年就会有变化。在 1930 年之前，大多数工业成品都是进口的。20 世纪 40 年代，进口的工业替代品流行，但是阿根廷大多数工业产品在世界市场上仍然不具备竞争力。因此，虽然工业在国民生产总值中是农业的 5 倍，但是出口额只有 30%。50 年代后期和 60 年代，工业产品从消费品扩大到初级钢材、石油化工和汽车工业。60—70 年代，投资的多样化和中级产品开始出现，整个市场仍被政府的进口限制所保护。虽然一些限制和过量生产使工业出现了一点停滞，但是在 70 年代阿根廷工业产值仍然在增长，特别是在基础冶金、机械和石油化工上呈现多样化。在 80 年代经历了一定的停滞之后，随着经济改革和 1991 年开始的经济开放，阿根廷的工业又开始继续增长，复杂的国家工业形成了。1990—1991 年，阿根廷工业生产增长了 40%，工业出口增长了 87%。建立南方共同市场以扩大市场的方案也刺激了国内外对工业投资的兴趣和工业生产。

（四）矿业

阿根廷矿业部门多年没有很大增长。但是受法律框架改革的影响，1993—1998 年该部门增加了 145%。外国对该部门的投资增长很快。1999 年，矿业雇用了劳动力的 0.5%。为了提高产值，增加该部门的出口，阿根廷政府取消了对国外投资的控制，并将税收降至最低以吸引更多的投资。1993—1998 年累计投资达 230 亿美元。

1991 年，在政府取消了石油管理并把垄断的国有石油工业私有化之后，国外公司拥有了石油开采和发展的许可权。石油生产从 1990 年的 2 810 万立方米上升到 1999 年的 4 900 万立方米。1994—1999 年，阿根廷通过取消

管理和自由化石油企业吸引了250亿美元的投资。

（五）生产部门

1985年，阿根廷生产厂房相比1974年减少了13%，只有109 000个，到1994年减少到了102 000个。1980年，生产部门的产值占GDP的25.6%，而到1999年只有19%。20世纪90年代，由于进口产品加剧了竞争，很多生产部门受到了严重的影响，如纺织、服装、鞋业、非金属矿业等。其他部门如食品、纸张、饮料、木制品、塑料、石油化工、铝制品、特种钢和汽车工业却重新获得了力量。投资的增加加快了这些部门的现代化，提高了生产效率。现在不同的生产部门之间有很大的差异。很多部门面临着竞争激烈的问题，特别是中小型企业，它们很难得到现代化的技术以至于无法提供具有竞争力的价格。

（六）建筑业

2000年，阿根廷建筑业在国民生产总值中约占4.8%，比1980年时的8.6%要低。建筑业占有劳动大军中的100万人，也是劳动力最密集的部门。本来建筑业应该很有周期性，但是由于缺乏资金和经济不稳定等外界因素的影响，建筑管理部门也受到了很大影响。因此，建筑许可指标的发放在20世纪70—80年代直线下降。90年代，由于住房需求的增加，随着新的住房信贷的发放，建筑业开始上升。据1998年的信息，33%是单身居民的住房需求，18%是大家庭住房需求，7%是大家庭住房例外加上储藏室，4%是单身者住房带有储藏室，还有7%是工业设备用房。1998年对已有房屋扩建的许可发放达到390万平方米，扩建的主要对象是单身居民住房、零售房和工业用房。1997年时的建筑业是所有经济部门中最活跃的部门，增长了23%。1998年建筑业以高于经济平均增长速度的速度增长：增长了6.6%。尽管如此，1998—2000年银行利率的提高和经济的萧条对建筑业还是产生了影响。

（七）服务行业

虽然服务行业的地位越来越重要，但是阿根廷的服务行业相对来说很少受到关注。2000年，服务行业在国民生产总值中占68%；20世纪90年代，

整个服务行业大幅增长（1991 年 10.3%，1992 年 10.2%，1993 年 10.3%，1994 年 9.4%，1995 年 –3.4%，1996 年 4.2%，1997 年 6.8%，1998 年 4.7%）。1997 年该部门有 930 万名劳动力，占整个劳动力市场的 69.7%。服务行业包括交通运输业、商业（包括零售业、批发业、餐饮业和娱乐业）、金融服务和其他一些相关的服务行业（包括专业的、个人的和政府的）。

第三节 阿根廷的“民粹主义”、债务情况对经济增长的影响

一、“民粹主义”对经济增长的影响

（一）“民粹主义”浪潮[①]

阿根廷发展历史上前前后后经历过多次“民粹主义”的浪潮。第一次“民粹主义”浪潮是在阿根廷移民潮结束后，为了整改整个社会的经济发展问题，阿根廷用进口贸易替代了工业化进程，此时大量的企业被国有化，并且政府调整了再分配制度。正因为这项调配政策的颁布，阿根廷政府领导人后来的“民粹主义”制度得到了大量的支持，尤其是在贫下中农和工人之间。不管这些群体到底有多混乱，只要他们有投票权并且愿意把票投给自己，那么被选举的领导人就会“满嘴跑火车”，不管未来经济走向地答应他们当前的需求，甚至剥夺富人的资产来分配给穷人。但是，进口贸易取代工业化进程后的 30 年里，整个阿根廷经济快速衰退，国家的出口部门运转无法维持庞大的债务偿还以及跟不上全球化进程的脚步。领导人不得不考虑放弃对外资力量的长期压制，选择出口驱动的经济增长模式。这并不意味着“民粹主义”就此消失，反而随着领导人庇隆的上台越发风靡，因为庇隆思想属于联合性的社会主义，这就意味着不同的社会群体都有可能享受到“民粹主义”政策的福利。这种双向的利益驱动使得“民粹主义”成了阿根廷社会的主要浪潮。短期内阿根廷的经济恢复速度极快，因为人们有信心通过政

① 王春良．简论阿根廷庇隆政府的改革[J]. 山东师范大学学报（人文社会科学版），1990（4）:1-9.

府分配手段获得高额回报。

到了第二次“民粹主义”浪潮来临时，阿根廷赶上了新自由主义时代的经济政策，但是这个阶段的“民粹主义”与之前的“民粹主义”截然不同。随着民族意识的不断加深，在扩大选举权的同时，新“民粹主义”反映整个民族从肤浅意识形态迈向民主意识。新“民粹主义”通常接受新自由主义的核心原则，包括放松管制、结构调整方案并降低再分配政策；它们通常反对寻租者以及政府过度干预市场。在支持者来源方面，新自由“民粹主义”与传统“民粹主义”的不同之处是，前者的社会基础是新兴精英阶层与穷人之间的联盟，不包括支持庇隆主义（传统的“民粹主义”）的中产阶级。所以，新“民粹主义”减少了与党派和制度化民众的联系，使领导人可以更加集中自身的权力。

第三次“民粹主义”浪潮与拉美地区的新左派有关，与各国领导人的行为息息相关，这些领导人都表现出了上面所讨论的“民粹主义”特性。第三次“民粹主义”浪潮中，“民粹主义”更多地体现了当代领导人的左派嗜好以及他们对民主框架体系内增加平等和包容性的政治目标。“民粹主义”和左派思想的兴起与民主是存在对立面的，前者代表着对立的制度化，表明武装政权更替的时代已经过去；后者表明民主也并非根深蒂固的。最新的“民粹主义”浪潮中的意识概念与一些左派意识还是存在明显的不同，除了在民主问题的关系上不同，第三次“民粹主义”者推进了体制机制的灵活性。

（二）“民粹主义”对经济增长的影响

“民粹主义”政策是拉丁美洲独有的政策制定依据，过度扩张的宏观经济政策导致了高通货膨胀率和巨大的财政赤字，这样的问题在过去一个多世纪中反反复复，严重阻碍了阿根廷的经济增长。19 世纪末期，随着农产品出口规模的扩大，阿根廷的人均收入水平不断提高，在 19 世纪末一度超过了美国水平；但是由于第一次世界大战的影响，产品单一、国内资本积累水平、国内教育水平、产业化水平等较低的经济基础导致阿根廷经济在战争期间迅速下滑；虽然第一次世界大战结束后，阿根廷经济有所好转，但是薄弱的经济基础使阿根廷经济无法恢复到战争前的水平；在接下来的几十年时间里，由于世界经济大萧条的外部因素以及进口替代贸易保护主义政策引致的经济危机，阿根廷经济在随后的近百年中一直处于波动下降趋势。

“民粹主义”和阿根廷的 GDP 增长率都一直处于波动中，20 世纪初期，阿根廷的“民粹主义”指标较低，但是第一次世界大战期间阿根廷经济较不稳定；1946 年后，随着庇隆的上台，阿根廷的“民粹主义”意识上升，之后随着“民粹主义”浪潮而上下波动，但总体维持着一个较高的水平。前两次“民粹主义”下的经济政策都极大地促进了阿根廷经济的增长，并且是高速发展的模式。但是这种增长不是持续的，因为“民粹主义”所奉行的经济原则是利用消费和产业自带的资本直接拉动经济增长，并没有加大对基础建设和教育产业的投入，一旦受到内部和外部的冲击，高速增长的经济就会像抛物线一样骤然跌停。阿根廷政府领导者惯常依托“民粹主义”获得大量投票，上台后为了在短期内实现自己当初对民众的承诺，宁愿选择按“卯吃寅粮”的方式进行分配，或者通过极端地剥夺富人的财富将之分配给穷人来稳定政权。当现有的资产都拿去大肆挥霍兑现承诺时，关于国家整体发展的基建、教育和长线的经济规划都没有像样的政策。一旦入不敷出、经济衰退，民众怨声载道时，政府又试图通过外债来化解当下的危机，结果是经济和“民粹主义”结合陷入了死循环当中。

同时，阿根廷的人均 GDP 增长率也随之波动，大体是阿根廷的民粹主义指标变化趋势和人均 GDP 增长率的变化趋势是相反的（见图 7–1），即当“民粹主义”达到一波峰值时，阿根廷的人均 GDP 增长率就会到达一波波谷，如 1952—1955 年、1984—1988 年和 2000—2001 年等时间段，说明较高的“民粹主义”意识阻碍阿根廷经济的增长。但是，并非“民粹主义”经济导致人均 GDP 下降，从分析中得到，在每一次发展“民粹主义”经济时，人均 GDP 增长率都将经历先加速上升后下降的过程。

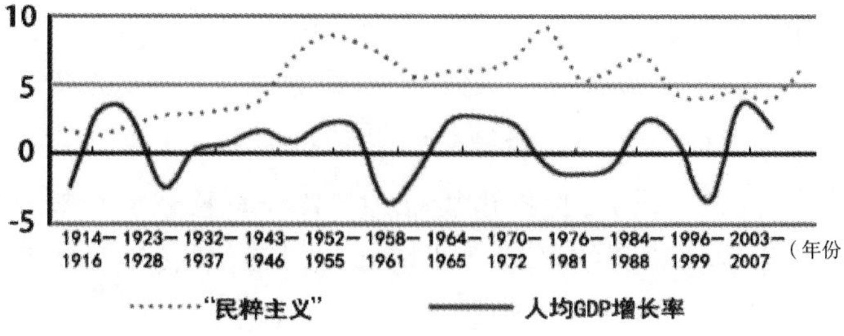

图 7–1 “民粹主义”与人均 GDP 增长率的变化趋势

注：图中的“民粹主义”指标来自 Ocampo（2015）观察到大众商品价格变化之后来衡量“民粹主义”，人均 GDP 增长率来自 Maddison（2011）以及赛维（2015）。

在“民粹主义”政权下，贸易保护主义的执行严重制约了阿根廷经济的增长；提高贸易壁垒使国内市场没有竞争力的不发达工业部门衰退，进而影响劳动力市场，导致工人长期失业甚至直接丢失工作，穷人人口比例不断升高，穷人与富人之间的社会矛盾不断恶化。政府为了稳固政权，得到大部分民众的支持，提高社会保障，通过提高政府支出来缓解穷人的生存压力，从而导致政府债务不断升高；政府为了缓解债务压力，一方面增高税率，另一方面成立货币发行局来印钞票，导致了国内居高不下的通货膨胀，进而影响企业的实际贷款利率。这两个措施反过来又导致了国内不发达的工业化水平，阿根廷经济从而进入了恶性循环中。可以说“民粹主义”造成的经济波动导致了经济长期低迷。

二、债务情况对经济增长的影响

（一）阿根廷债务情况

从图 7-2（a）可以看出，1960—2010 年的实际人均 GDP 存在明显的波动，据此分为四个子时间段：1960—1974 年，经济增长趋势良好，基本与 2% 的长期增长率趋势一致；1974—1991 年，阿根廷经历了债务违约和恶性通胀，其间增长率高度波动，人均 GDP 大幅下降；1991—2002 年，1991 年阿根廷经济才恢复增长，但好景不长，1998 年阿根廷陷入严重萧条，到 2002 年才重新触底反弹；2002—2010 年，2002 年经济在萧条后复苏得很快，高增长率一直保持到了 2010 年。

与此相对应，如图 7-2（b）所示，第一个阶段是 1960—1976 年，经济对资本流动并不开放，阿根廷国内的信贷市场并不发达且受到严格监管。因此，政府的举债能力相当有限。第二个阶段是 1977—1990 年，阿根廷国内金融市场首次自由化，大量新金融机构进入，利率由市场决定。同时，资本账户对外开放，信贷市场与世界市场融为一体。这使政府得以在国际市场上借款，短短几年内，政府的外债迅速增加。但在 1982 年，同其他许多拉美国家一样，阿根廷债务出现违约。违约意味着政府融资除了印钞外别无他法。这导致了其后十年的高通胀率，直到 1991 年货币局制度的实行令通胀告一段落。货币局的出现开启了 1991—2001 年的第三个阶段，随着第二次金融和国际市场的自由化以及成功的债务再协商，政府得以再次在国际市场

上借贷，带来了低通胀和高增长的十年。然而，债务持续增长，在 2001 年，面对银行业危机和新的政府债务违约时，货币局制度崩溃。第四个阶段始于 2002 年，由于 2001 年 12 月的债务违约，阿根廷再次被国际信贷市场拒之门外。2005 年，阿根廷与债权人举行了一轮谈判，当时约 75％的债务得到再协商。第二轮谈判在 2010 年举行，又有 18% 的债务得到再协商。而剩余的债权人通过诉讼，最终在 2016 年全额拿回了本息。因此，该阶段的特点之一是政府无法向国外借款。经济从 2001 年危机中复苏很快，人均收入增长率较高。通胀率虽然高于 20 世纪 90 年代，但相对于阿根廷剧烈波动的 20 世纪下半叶而言，通胀温和且稳定。

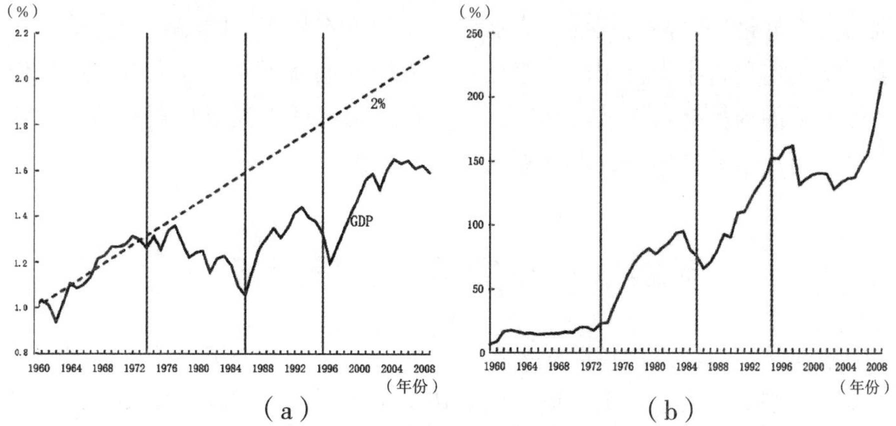

图 7-2　阿根廷历年经济增长与债务

（二）阿根廷债务的原因

第一个因素是“民粹主义”。1943 年，阿根廷政府发生军事政变，庇隆依靠工人势力成功获取政权，并通过调解劳资冲突、提高工资和改善工人福利等手段，迅速得到工人的进一步拥护，但这也导致庇隆政府对工人势力的过度依赖。为了满足中产和工人阶级的要求，庇隆政府减少裁员的同时实行赤字开支，企业和政府只能将不断膨胀的赤字转到下一年度，债务管理失控。民粹主义政治影响了宏观经济政策，无法抑制的社会福利开支导致了经常性的财政赤字、沉重的外债负担、不断提高的通货膨胀和经济长期增长乏力等问题。直到 1982 年债务危机前夕，阿根廷外债总量已经达到了 GDP 总量的 51.96%。随后，由于美元升值和美国基准利率的提高，阿根廷爆发主权债务危机。

第二个因素是经济结构，阿根廷经济长期陷入“资源诅咒”。得益于优质的农业环境和天然的资源优势，阿根廷国民生活相当安逸，因而在工业发展方面并不积极。在进口替代模式中对本国“幼稚工业”进行了极高的保护，代价是“幼稚工业”不思提高劳动生产率，不进行必要的核心技术研发。最终结果是企业的经济效益较低，生产产品无法满足国内市场的需求，每个月都需要消耗大量外汇进口商品。

第三个因素是主权信用不断下降。对于国内外投资者而言，阿根廷作为主权国家其信用已经备受质疑。自阿根廷独立以来，外债共出现 8 次违约，国内债务出现 5 次违约。国内政府官员和银行家的信用也较差。在历次债务危机与资本外逃中，高官往往率先反应、最先资本外逃。阿根廷的货币——比索也缺乏信用，半个世纪内阿根廷货币就彻底崩溃了 4 次。失控的通货膨胀也摧毁了国内民众对于政府和比索的信任，阿根廷人大多都拥有国外的美元账户，而比索只是用于日常开支的“第二货币”。

第四节　经济增长质量剖析

阿根廷早期的经济增长以初级产品出口为主，适应了英国等发达国家发展的需要，赚取了大量外汇，城市得到快速发展，符合阿根廷发展的比较优势。进入 20 世纪中期以后，其发展模式和发展效果不尽如人意，使阿根廷从 20 世纪 60 年代初进入中等收入阶段，徘徊至 2011 年才跨越中等收入阶段，历时 49 年，用时是韩国、新加坡等后发国家的 2 ～ 3 倍；近年的经济水平仍在临界水平上下波动。需要从其增长起伏的原因和政府发挥的作用方面剖析阿根廷中等收入阶段的经济增长质量。

一、阿根廷中等收入阶段经济增长起伏的原因

（一）严重依赖农牧产品出口

150 年前，阿根廷依靠出口羊毛、小麦、牛肉赚取大量外汇收入，到 1914 年阿根廷人均收入已经比肩德国，布宜诺斯艾利斯更是世界都市。但直到第二次世界大战后，阿根廷一直依赖初级产品出口，不通过工业化增加产品的附加值，最终错失了建立现代工业体系的机会。

（二）滞留工业体系初级阶段

尽管20世纪40年代阿根廷启动进口替代战略开始构建工业体系，但是这一体系主要以初级农产品加工和轻工业部门等为主，目的是满足国内民众基本需求。时至今日，阿根廷的工业体系仍然停留在进口加工装配阶段，生产设备、半成品等严重依赖进口，产能规模受制于农牧业出口的创汇能力。一旦国际需求受到冲击，农业部门创汇能力锐减，政府只能通过发债、增发货币等方式负债经营，由此导致通货膨胀、政府赤字甚至债务危机等连锁反应。

（三）政治动荡

纵观阿根廷近100年的发展历程，尤其是20世纪中期的50年时间，阿根廷陷入一个“死循环”：发展模式偏误产生经济问题，经济问题导致失业和分配不公，社会分配不公等加剧社会动荡，社会动荡带来政治力量洗牌，政局频繁变动使发展政策难以为继，新的发展模式产生新的经济问题。如此重复循环，国家经济仍维持在原低水平阶段。

二、阿根廷经济增长质量评价

评价阿根廷经济增长的质量，需要从以下几个维度进行分析；当然这些方面都与政府的作用密不可分。

首先，经济增长是否带来政府执政能力和服务意识的提升。20世纪90年代以前的阿根廷政府缺乏政策的前瞻性和稳定性，既没有成体系的长时间的发展规划，又缺乏对世界前沿发展趋势的准确把握，不能有效培养潜在比较优势、强化绝对优势。即使20世纪60年代制定的工业化发展目标也没有得到有效贯彻和落实，使阿根廷的产业发展水平始终滞后于世界发达国家，缺乏产业竞争力。而且，政府服务意识始终不强，行政效率不高，也导致对企业发展和产业升级扶持不力。此外，政府并没有形成以经济建设为中心的发展意识，国家无法围绕经济建设组织和协调社会关系、集中精力促进经济发展。20世纪90年代以后，阿根廷政府在产业引导升级方面已经有所作为，服务意识有所增强，吸引了大量的外国投资，工业发展增速，但与世界发达国家仍差距较大。

其次，从市场效率看，经济增长的过程并未完全使市场效率得到充分发

挥，市场的缺陷没有得到有效的弥补。在阿根廷发展的过程中，一个时期是政府对市场的全面管制、对企业的全面接管，另一个时期是政府对市场的自由放任、对企业的全面私有化，都未能发挥政府营造公平诚信市场秩序、激发市场配置效率、弥补市场失灵的作用，从而无法实现市场和经济的最优效率。

再次，经济增长没有带来人民在物质和精神方面的协调发展。一方面，政治的波动使部分党派和领导人需要工人阶级的支持，从而引发了多次“民粹主义”浪潮；另一方面，“民粹主义”使国家不堪重负而大幅举债，导致债务危机通货膨胀、政局动荡。人民不能在经济上与国家同舟共济，也缺乏爱岗敬业的报国情怀，而是更多地看重当下的自身利益，从而使国家难以实现长期战略利益的规划。

最后，经济增长没有带来全民重视教育质量、尊重科技的观念，全国教育水平堪忧。与韩国、新加坡显著不同的是，这两个国家在20世纪70年代就把教育作为国策制订发展计划，并大力宣扬教育的重要性。虽然阿根廷也重视教育，但仅在受教育年限和入学率等基础教育层面，对于基础教育的质量，尤其是高等教育的质量方面强调不够，对科技发展的宣传不够，国家整体的教学质量和国民素质相对较低。这种状态也决定了阿根廷在今后一段时间内在高科技领域无法形成比较优势，从而无法与发达国家竞争，甚至影响其进入高收入国家的进程。

总之，阿根廷早期农牧业经济增长速度较快，但质量不高，直接导致20世纪中期经济起飞没有出现经济的持续高速增长；20世纪中期增长质量不高直接导致后期没有出现增长速度的持续高速增长。纵观阿根廷100年的经济增长史，其增长速度一直在剧烈震荡，而不像其他快速发展国家呈现长时期的持续高速增长，究其原因是没有真正实现有质量的增长，仍依靠低端外贸出口增长模式所致。

第八章　巴西

第一节　前中等收入阶段背景

一、概况

（一）基本情况

巴西是南美洲面积最大的国家，领土面积851.49万平方千米，约占南美洲总面积的46%，在世界上国土面积仅次于俄罗斯、加拿大、中国和美国，排名第五。该国白种人占53.74%，黑白混血种人占38.45%，黑种人占6.21%，黄种人和印第安人等占1.6%。官方语言为葡萄牙语。64.6%的居民信奉天主教，22.2%的居民信奉基督教福音教派。

巴西自然资源丰富，铌、锰、钛、铝矾土、铅、锡、铁、铀等29种矿物储量位居世界前列。铌矿储量已探明455.9万吨，产量占世界总产量的90%以上。铁矿储量已经探明333亿吨，占世界的9.8%，居世界第5位，产量居世界第2位。石油探明储量153亿桶，居世界第15位，南美地区第2位（仅次于委内瑞拉）。2007年底以来，在沿海陆续发现多个特大盐下油气田，预期储量500亿桶至1 500亿桶，有望进入世界十大储油国之列。森林覆盖率达62%，木材储量658亿立方米，占世界1/5。水力资源丰富，拥有世界18%的淡水，人均淡水拥有量2.9万立方米，水力蕴藏量达1.43亿

千瓦 / 年。巴西可耕地面积逾 18 000 万公顷，已耕地 7 670 万公顷，牧场 1.723 亿公顷，咖啡、蔗糖、柑橘、菜豆产量居世界首位，是全球第二大转基因作物种植国、第一大大豆生产国、第四大玉米生产国，同时也是世界上最大的牛肉和鸡肉出口国。

巴西的文化具有多重民族的特性，巴西作为一个民族大熔炉，有来自欧洲、非洲、亚洲等其他地区的移民。巴西的文化具有浓郁的拉美特色，极具风情，普遍的音乐、舞蹈、时尚多来自民间，主要受非裔影响，桑巴舞是其典型代表。由于举国上下对足球的喜爱和男女国家队在世界大赛中取得的成绩，巴西有“足球王国”之美誉。巴西以咖啡质优、味浓而驰名全球，是世界上最大的咖啡生产国和出口国，素有“咖啡王国”之称。

（二）发展历史

巴西被葡萄牙发现后，16 世纪初沦为葡萄牙殖民地。1822 年 9 月 7 日，巴西独立，成立了巴西帝国。1889 年，巴西爆发了军事政变，巴西帝国被推翻，巴西由君主立宪政体转为共和政体。1891 年建立合众国。1967 年改为现国名。从成立至今，巴西大约经历了四个周期。第一个是糖业周期。从 1550 年至 1700 年，典型的甘蔗种植园都建有糖坊，糖坊的概念后来就由工厂延伸至包括土地与作物在内的整个地产。第二个是矿业周期。从 1700 年至 1775 年，此间欧洲人大批涌入，巴西人口迅速增加，矿业的发展带动大幅度城镇化。第三个是咖啡周期。从 1830 年到 1930 年，发展高潮是在 1850 年之后，咖啡业的大发展与国际市场需求的不断增长有关，咖啡业发展积累了大量社会财富，带动了市政和铁路等基础设施建设的突破性发展，国家一体化得到加强，最终导致国家经济中心转移至东南部地区。第四个是工业周期。从 20 世纪 60 年代以后的工业化至今。

1888 年，议会通过“黄金法”无条件废除奴隶制。废除了奴隶制后，劳动力不足成为咖啡业发展的突出问题，外国移民高潮的到来正是在这一历史背景下出现的。1824 年，首批德国移民到巴西。1875 年，意大利移民到巴西南部定居。1908 年，第一批日本移民从桑多斯港登岸。大批外国移民进入巴西发生在 19 世纪末 20 世纪初。1887—1900 年，仅圣保罗州就接受了约 100 万名外国移民。外国移民在巴西大致有 3 种职业选择。其一，去咖啡种植园，作为雇佣劳动者取代以往的奴隶。其二，去南方农村，成为小地

产主（小农），随后形成农村的中产阶级。其三，留居城市从事工商业活动。外国移民对巴西社会发展贡献之大表现在经济、政治、思想和文化诸多方面。移民的进入使巴西社会更加开放，与外界的联系更加广泛，人员往来与思想交流更加频繁。从1930年革命至1937年，被称为“第二共和国时期”。而后是新国家时期（1937—1945年）、民众主义共和国时期（1945—1964年）、军事制度时期（1964—1985年）和新共和国时期（1985年至今）。在1930年之后的长达70年的时间里，巴西的政治体现出由专制向民主发展的趋势，社会各种势力日渐活跃，国民参政的程度逐步提高，但是逆潮流而动的情况也时有发生。最典型的例子是在20世纪30年代瓦加斯政府所实行的“集权的联邦主义”政治体制，各州的自治权几乎完全被终止。

二、巴西现代化进程

巴西现代化开始于20世纪30年代国家工业化。巴西社会的进一步发展与繁荣是在20世纪30年代后伴随着工业化与城市化的进程而发生的。工业的发展将全国各地的“孤岛”联成一个整体。国内市场的统一和劳动力的流动，特别是农村人口流入城市，使巴西社会更加开放和充满活力。1920年的调查显示，巴西已有工业企业1.3万家，工人达27.5万多人，而且工业分布有一定程度的集中，31%的纺织厂在圣保罗。自1854年建成第一条铁路以来，到1929年已拥有铁路3.2万千米，全国第一条硬面公路建于1925年。1928年，连接里约热内卢和圣保罗的公路开始使用。欧亚移民相继迁入巴西，为工业化提供了劳动力和技术，也扩大了工业消费市场。

在20世纪20年代，巴西传统社会已发生明显变化。工业无产阶级开始形成，巴西共产党于1922年成立。新兴的中产阶级由于被大庄园主阶级排除在国家政权之外，连续掀起针对政府的政治和军事运动。瓦加斯领导的反对咖啡寡头政治统治的革命使工业资产阶级和工人无产阶级成为社会的统治力量。20世纪30年代前后爆发的世界性经济危机客观上促使巴西进行工业化。经济危机有力地证明了建立在单一产品咖啡出口基础上的经济是极为脆弱的，这种形势迫使巴西开启工业化进程，其中第一次工业化进程发生在库比契克总统执政时期（1956—1961年）。他以发展主义思想为指导，制定了包括5个部门30个项目在内的发展纲要，以“5年等于50年”为工作口号，计划项目主要部分最终得以完成。第二次工业化进程发生在1968—1974年，

国内生产总值以年均11%的速度增长，主要工农业产品的产量大幅增加，经济结构明显优化。新建了核能、电子、石油化工、飞机制造以及军工生产等部门。巴西总体经济实力上升至西方世界的第8位。

第二次世界大战之后，巴西的经济增长过程是不断与通货膨胀斗争的过程。自20世纪60年代以来，巴西的通货膨胀率总体呈上升趋势。1973年以前，巴西的通货膨胀率年平均约18%；1976—1978年在40%左右徘徊；1980—1985年的年均通胀率为343%；1986—1989年的年均通胀率为585.9%；1990年，巴西的年均通胀率为2 937.8%；1991年有所缓和，为440.8%；1992年和1993年又暴涨，分别为1 008.7%和2 567.5%。

20世纪70年代至90年代，巴西货币克鲁赛罗连续贬值。1970年，4.594克鲁赛罗兑换1美元，1975年，这一比例上升到了8.127克鲁赛罗兑换1美元，到了1980年，更是高达52.714克鲁赛罗兑换1美元。截至1991年，克鲁赛罗汇率买价、卖价分别为1 068.70及1 068.80兑换1美元。相对于1970年，贬值了200多倍。

1975年，巴西人均国内生产总值首次突破1 000美元，到了2011年超过10 000美元，意味着巴西跨越中等收入阶段，历时36年。

第二节　发展战略与经济增长[①]

一、20世纪70年代的“巴西奇迹”

巴西自1822年9月7日独立起到20世纪30年代为止，一直是一个以种植咖啡和橡胶为主的单一农业经济国家。巴西工业化的起步是在20世纪30年代，但其真正发展成为新兴工业化国家还是在20世纪六七十年代。其中，尤其是1968—1973年，巴西经济创造出了前所未有的高增长成绩，由此被称为“巴西奇迹”。

巴西拥有巨大的资源优势，与中国相比，巴西人均耕地是中国的20倍，并且其拥有名列前茅的铁矿、锰矿、铝矾土等极其丰富的森林资源；巴西的人口总量较少，这使其经济指标也具有优势，其人均GDP在1990年达到3 200美元，相当于中国的8.9倍；巴西的国民经济产业结构更加地接近发

① 赛维．阿根廷经济衰退的根本原因——民粹主义[D].杭州：浙江工业大学，2015.

达国家水平，在 1990 年，其第一产业比重 9.1%，第二产业比重 34.0%，第三产业比重 46.9%；并且巴西的城市化水平高，城市化率高达 80%。

“巴西经济奇迹”主要表现在以下几点。①国内生产总值增长速度较快。在 1968—1973 年，巴西国内生产总值历年分别增长了 11.4%、9.7%、8.8%、11.3%、2.1%、14.0%。这期间的增长速度超越了巴西 1957—1961 年库比契克时期的年平均增长率，由此巴西经济由年居资本主义世界第 15 位跃居至第 8 位。②通货膨胀率的大幅度下降。巴西通货膨胀率由 1964 年的 91.9% 下降至 1968 年的 25.4% 和 1973 年的 15.5%。③巴西进出口额成倍增长。巴西进出口额由 1968 年的 21.32 亿美元提高至 1973 年的 69.99 亿美元，增长 328%；出口额由 18.81 亿美元提高至 61.99 亿美元，增长 330%。由于巴西外贸的增长，尤其是其出口额的增长，使巴西净外债与出口总额之比由 1968 年的 1.87% 下降为 1973 年的 0.99%。④国际储备迅速增加，由 1968 年的 2.57 亿美元上升至 1973 年的 64.16 亿美元。⑤巴西建立了现代化工业的基础，各种工业产品产量成倍增加。在 1968—1974 年，钢产量由 443 万吨增加到 750 万吨，增长 69%；汽车由 26 万辆增加到 90.5 万辆，增长 248%；水泥由 730 万吨增加到 1 461 万吨，增长 104%；铁矿砂由 2 094 万吨增加到 5 942 万吨，增长 184%；咖啡由 1 520 万吨增加到 2 220 万吨，增长 46%；大豆由 65 万吨增加到 787 万吨，增长 11 倍。

巴西的经济奇迹产生并不属于偶然，存在着主观因素与客观因素，同时也存在着国际因素与国内因素。总体考虑，第一，20 世纪 70 年代初期，巴西国内政治局势稳定。第二，巴西选择了适合自己国情的产业经济发展政策。当然，第二次世界大战后的国际经济形势也为巴西能够产生经济奇迹提供了一定的条件，这样使国内相应的经济政策发挥了作用。巴西采取的相关政策主要有以下几个方面。

（一）严格控制国内政局

动乱的政局是经济停滞和萧条的重要因素，所以稳定政局是经济发展的重要条件，为了给巴西资本主义经济的发展创造一个有利的国内环境，1964 年后各界军政府采取了一系列强制性措施。①逮捕和驱逐政治反动派。军政府与国内外垄断集团结成联盟，实行军事独裁统治，剥夺人民的基本民事权利，逮捕和驱逐大批著名的反对派人士。据不完全统计，从 1964 年 4 月 9

日至1979年盖泽尔执政末期，军政府共颁布7项制度法和105项补充制度法。在这一时期中，有将近5 000名极端反动派政界、军界人士被剥夺政治权利，流亡国外。巴西议会曾三次被关闭，议会的权限也被缩小到巴西有史以来最小限度，成为军政府的御用工具。②限制工会活动，镇压农民运动。为了迎合巴西垄断集团和大庄园主的需要，军政府查封了一大批工会和逮捕了主要的工会领导人，军政府委派军警“管理”工会，取消了工人的罢工权利。在农村，军政府还逮捕农民运动的领导人，取缔了农民联盟和其他农民组织。

（二）大胆实行经济改革

军政府上台之后，为扭转巴西严峻的经济形势，在1964—1973年进行了一系列的经济改革。①工资改革。军政府采取限制工资增长的政策，以增加企业的利润和扩大企业资本的积累，政府所颁布的规定最低工资的增长幅度的法令，使得工资增长幅度始终低于生活费用的上涨幅度。政府还实行扩大工资差别、个人收入集中的政策，并且开拓耐用消费品市场。该两项政策的实施，刺激了耐用消费品工业和资本品工业的发展。1965—1967年耐用消费品工业增长13.4%，1967—1970年增长21.9%，1971—1973年增长25.5%，居各工业部门之首。此外，悬殊的工资差别使一部分人的资金进入金融市场，扩大了企业的资金来源。②经济进一步对外开放。政府认为，经过了几年的调整和金融财政体制改革，巴西经济已经建立起了现代化的工业基础，拓宽了国内外市场，经济实力得到加强。军政府提出，巴西的通货膨胀是生产力水平低造成的，因此需要加速发展经济来消除通货膨胀。为此，政府进一步实行对外开放，充分借助外部资金弥补国内资金不足。在外贸方面，加强对出口的鼓励，不仅对出口实行一般的财政补贴，还免征工业品财政补贴税，企业也可以得到相当于出口总额的奖励和补贴性信贷；在外资政策上，政府颁布限制外资企业对所获利润进行再投资的利润汇出权，直接打击了外资企业投资的积极性。1964年，巴西政府对该法令进行了修改，规定无论是投资利润，还是再投资利润均可按照法令规定的汇率汇往国外。当外资企业扩大再生产资金不足时，可以向联邦政府申请贷款，这一政策提高了对外资的吸引力，外资源源不断流入巴西。大量的外资补充了巴西经济发展的资金，提高了巴西的自给生产能力，减少了进口，对巴西经济的发展起

到了重要的作用；在借贷政策上，政府对巴西各州、市政府和私人企业从国际金融市场获得贷款做了限制性规定，为进一步扩大资金来源，政府决定放宽国内企业和州政府、市政府通过在巴西的外国金融机构直接获得贷款以满足企业对外国贷款的需求。同时，巴西政府还特别注意贷款来源的多样化，充分利用国际形势的变化，在向国际货币基金组织借贷的同时，大量向欧洲私人银行借贷，使贷款渠道多样化。

（三）金融体制改革

金融体制改革是巴西军政府经济改革的重要内容。在金融体制改革中，政府主要采取的措施有建立巴西中央银行、取代货币信贷管理局、实行货币改革、发行可调整国库券、严格控制商品价格。

（四）税收政策改革

为增加税收，完善税收体制，巴西政府颁布国家税收法，将大部分税收（70%）集中在联邦，同时适当地向州（20%）市（5%）转移。用工业品税替代消费税，用商品流通税替代销售税，在工业品税中取消累进制，改用按购销差纳税的办法，1965 年恢复了资本市场，扩大了资金来源，从而满足了企业对资金的需求，同时有利于公共债券在更大范围内的交易。

二、“巴西奇迹”后 20 世纪八九十年代巴西经济的发展状况

“巴西经济奇迹”固然是巴西史上前所未有的，然而这一奇迹也没有持续很久。20 世纪 80 年代后，由于国际环境的巨变和国内政策的接连失误，使巴西经济陷入了长期停滞的状态中；进而在 20 世纪 90 年代初期陷入了严重的衰退，货币体系也逐渐崩溃，不得不发行新的货币。

20 世纪 70 年代，巴西年平均增长率为 8.5%。但是进入 20 世纪 80 年代后，由于国际环境的巨变和国内政策的连续失误，巴西经济陷入滞胀，20 世纪 80 年代的年平均增长率只有 3% 左右，其中 1981 年、1983 年和 1988 年经济出现负增长，1980—1984 年年平均增长率只有 1.7%；1984 年经济开始有些好转后，1985 年和 1986 年连续两年保持 7% 以上的高增长，从 1987 年又开始出现下降趋势，甚至在 1989 年重新出现负增长。

在整个20世纪80年代中，巴西的通货膨胀率也开始大幅度攀升，每年CPI涨幅都在100%以上，甚至在1989年达到了1 431%。1973年的石油危机、1979年的第二次石油危机以及国际信贷利率大幅度提高之后，属于石油进口国的巴西陷入了沉重的债务危机之中，巴西对外债务已由1979年底的累计额494亿美元增长至1988年底的1 044亿美元，增长了1.1倍，甚至宣布拒绝偿还外债。可以说，严重的债务危机和通货膨胀交替或同时出现，形成了恶性循环。经济危机的阴影笼罩着巴西的经济氛围，与此同时，分配不均现象日趋严重，贫富两极分化拉大。

进入20世纪90年代初，巴西的经济进一步恶化，通货膨胀率继续攀升至2 000%以上，甚至接近3 000%。巴西面临的问题主要有以下六点。①经济增长乏力。1990年，巴西经济负增长4.4%，创下战后最大的负增长；1991年复苏增长1.0%后，1992年又陷入负增长。②债务压力沉重。1990年，巴西负外债1 210亿美元，负内债1 000多亿美元。不但影响了巴西的国家信誉，而且债务也成为经济发展难以解脱的沉重负担。③财政赤字惊人。巴西中央政府每年财政收入的60%是发行的公债，但一年下来财政赤字还是高达国内生产总值的8%～12%。④通货膨胀居高不下。巴西的通货膨胀问题十分严重，整整10年持续保持在三位数以上，1989年突破了四位数。然而，尽管巴西不断地就这个问题进行经济改革，但其通货膨胀率依旧居高不下，甚至在1994年创下了2 948%的纪录。⑤贫富两极分化程度惊人。在巴西，10%的富人阶层占有60%的社会财富，再加上个人所得税实际处在逆累进状态，社会两极分化仍在加剧。⑥地下经济猖獗。据估计，巴西的偷税漏税等地下经济高达国内生产总值的40%，因此被称为世界上的“逃税天堂”。

为了摆脱危机，从20世纪90年代开始，巴西在国际货币基金组织等援助方的建议下接受了新自由主义经济思想，开始对经济进行彻底的改革，实行全面的经济自由化。

（一）长期实行进口替代贸易

巴西的出口规模并不大，可供利用的产品有限而且大多数为初级产品。为此，巴西政府先后制订了几个工农业现代化的“新巴西计划”，并辅之以“工业产品质量计划”和“农产品质量计划”，对其产品的国际竞争力进行

了大幅度提升。例如,1989年，巴西国内通过国际质量认证的企业只有5家，但到了1994年9月便已增加至400余家。该项改革虽然为巴西培育了一批实力不俗的企业和品牌，但没能从根本上解决其经济结构失调的问题。

（二）国企私有化的改革

国企私有化是巴西经济改革的重头戏，其实从20世纪70年代中期起，历届政府都制定过关于此项改革的方案，只是由于一直受到国内的某些社会政治因素的影响，改革才没能取得较大的实质性进展。在经历过较长时期的经济停滞、通货膨胀和债务危机的困扰之后，特别是在接受国际货币基金组织的诸多改革建议后，巴西国企改革获得了较大的发展。例如，1989年政府批准了14家企业实行私有化，1990年又增加到13家；1991年拍卖20余家；1993年将私有化范围扩大到钢铁和石化等工业部门。1990—1996年，政府完成了钢铁、石化、化肥和铁路等部门的私有化进程；1997年5月更是将最大的国有企业——淡水河谷公司拍卖，国有电讯、电力部门的私有化改革不断加速，国企私有化进入高潮。然而，这个改革既没有达到政府预定的目标，又没有产生人们所期望的效果，只是得到了一些债券、大量的失业工人，把原来拥有一定特权的国企的经营和管理者改造成了私人垄断资本家，加剧了社会分配不公而已。

（三）全面开放经济和实行自由化

全面开放经济和实行自由化主要包括降低关税和放宽技术引进的限制，以及鼓励外资进出自由。例如，巴西平均进口关税率1990年为85%，1991年下降为60%，1992年为40%，1993年为35%，1994年之后更是明确把税率水平降至14%以下作为改革的目标。在技术引进方面，政府于1994年颁布法令，规定巴西民族私人企业和在巴西的外资企业享有对技术引进的选择和决定权，政府不再对具体事项进行干预。外资在收购巴西企业包括国有企业的一些限制也随之取消，进一步为引进外部资金扫清了障碍。

（四）实行高利率和钉住汇率相结合的货币政策

一方面，由于受到债务危机和经常项目持续逆差的影响，截至1998年

6 月，巴西外债余额达到 2 281 亿元，私人外债占 62%；1998 年经常项目赤字也达到了 325 亿美元。另一方面，为了遏制通货膨胀，巴西于 1994 年出台了“雷亚尔计划”，其核心机制就是实行雷亚尔对美元的钉住汇率制度。1998 年巴西的通货膨胀率降至 3.2% 的历史最低点，由此可见该项政策对抑制通货膨胀的作用是十分明显的。

（五）巴西的公共预算改革

巴西的公共预算改革主要是精简机构，减少政府支出。但由于社会保障制度方面的改革没有跟上，这项改革一定程度上成了减少社会必要支出的举措，从而使许多依靠社会保障生存的中下阶层人民状况不断恶化。

这些举措在短期内可以改善其宏观经济的运行状况，满足 IMF 等的“贷款条件”，但却无法解决掉巴西经济发展中的深层问题，如产业结构不合理、基础设施欠缺和社会保障体系不完善等问题，再加上缺乏必要的监管措施，最终引发了诸多经济和社会问题。

三、21 世纪后，巴西的经济发展状况

首先，中产阶级队伍在持续壮大，对于维护社会稳定有着重要意义。自 2003 年以来，巴西拥有了 5 000 万名新消费者。2005 年，15% 的巴西人属于“A 阶层”（家庭收入超过 6 745 雷亚尔）和“B 阶层”（5 174 ～ 6 745 雷亚尔）；34% 属于“C 阶层”（1 200 ～ 5 174 雷亚尔），而 51% 属于“D 阶层”（751 ～ 1 200 雷亚尔）和“E 阶层”（少于 751 雷亚尔）。之后几年，上述比例变化为“A 阶层”和“B 阶层”占 18%；“C 阶层”（即中产阶级）上升至 36%；“D 阶层”和“E 阶层”下降到 46%。在 2007 年，“C 阶层”即中产阶级比例上升至 46%；“D 阶层”和“E 阶层”下降到 36%。

其次，巴西投资安全评级获史上新高，提振外资的信心。2008 年，标准普尔评级机构首次将巴西评为“可靠投资”级别。由此巴西进入了不存在拖欠风险的外资可靠国家行列。为此，外资继续看好巴西的基本经济面。据统计，2011 年拉美吸引外国直接投资总额超过 1 530 亿美元，占当年全球外国直接投资总量的 10%，创下该地区该项纪录的历史新高。该地区绝大多数国家都或多或少地分享了外资流入的一杯羹。其中，巴西成为最大的赢家，当年吸收的外国直接投资达 660 亿美元，约占拉美地区吸引外国直接投资总

额的 44%。包括巴西在内的拉美地区在吸引外资方面表现不俗，主要得益于两方面因素：一是全球外国直接投资流动复苏，二是拉美地区自身宏观经济基本面良好。外资流向发展中国家尤其是拉美地区，主要是“绿色投资”的增加，实际上该地区的并购活动是停滞不前的。同时，通过增加信贷和减税等刺激办法，使巴西更好地克服了金融危机。

最后，巴西实现了由国际货币基金组织的债务国向债权国的历史性转变。2005 年，巴西停止从国际货币基金组织借款，并在 2006 年实现了石油的自给自足。2009 年，巴西在经受全球金融危机的情况下，宣布将向 IMF 注资 100 亿美元。由此成为 47 个能够向 IMF 定期提供运转资金的成员国家之一。这些资金主要用于帮助发展中国家。最终，2011 年，在全球金融危机背景下巴西超过英国成为全球第六大经济体，位居美国、中国、日本、德国和法国之后；巴西的外汇储备有史以来首次超过 3 500 亿美元；巴西的国际贸易收支得到改善，出口额达到 4 000 亿美元。

其间巴西采取的经济改革包括六个方面。

第一，坚持经济改革。收入分配不公、土地所有制落后、地区发展失衡是阻碍巴西经济发展的长期顽症和根本性问题，因此也是经济改革坚持的方向和长期任务。从 20 世纪 60 年代以来，巴西历届政府一直在为缩小地区发展差距做出不懈的努力，采取了一系列政策措施并取得了明显的成效，在治理落后地区发展问题方面积累了经验。巴西 1988 年的宪法阐述道：消除不平等问题是巴西联邦政府的根本性目标之一。卢拉上台后也重申了宪法的规定就是使消除地区发展不平衡成为国家发展战略的中心任务之一。

第二，政策与发展模式的调整。包括两个方面的内容，一是具体政策；二是发展模式。在具体政策方面，近 20 年的改革历程中，巴西出台的许多政策都有当时特定的历史背景，但应当随着条件的变化适时调整政策，因为不可能存在跨越时空的经济改革“万灵药”，如“雷亚尔计划”。在发展模式方面，要做到有所扬弃。巴西过去历经初级产品出口导向、进口替代、出口导向、新自由主义以及如今的所谓“务实主义”的发展模式，每种发展模式的出现都有其合理性和必然性，更有其“生命周期”，因此要学会主动地调整发展模式，这样才能在继承中发展、在发展中继承。

第三，更加关注民生。巴西在改善民生方面仍任重道远。例如，“零饥饿计划”尚未实现让每个巴西人吃上一日三餐的目标。今后，更多地关注民

生问题、让经济改革成果惠及绝大多数民众是巴西政府的努力方向。

第四，压低基准利率，提供农业专项贷款。为降低借贷市场的整体成本，刺激经济增长，进入 2009 年后，巴西中央银行政策委员会（COPOM）连续四次大幅调低基准利率。截至 2009 年 6 月 10 日，巴西基准利率已从 2008 年的最高点 13.75% 降至 9.25%，当前的基准利率为 1999 年 3 月以来的最低水平。同时，鉴于农产品出口占总出口额比重接近 20%，为了应对外部市场需求下降，巴西政府通过国有银行增加专项贷款额度支持农业和畜牧业。

第五，大幅调整部分耐用品工业税率。为应对国际金融危机和稳定就业，巴西财政部自 2009 年 3 月末开始推出了一系列减税措施。例如，在汽车、“白色家电”和建材类行业施行工业产品税减免政策；延长摩托车、小麦、面粉、法式面包等产品的社会安全费和减免社会一体化计划费；下调玛瑙斯开发区及环保企业的企业所得税等。此外，为了弥补税收亏空，巴西政府决定增加对烟草业征税，以帮助汽车和建筑等行业摆脱国际金融危机的影响。

第六，稳定汇率市场。由于巴西雷亚尔大幅贬值将加重巴西国内通货膨胀水平和企业外债负担，因此避免雷亚尔快速贬值、保证外贸行业在交易中有充足的美元资金流通是巴西政府在应对全球金融危机爆发后的重点之一。2008 年 9 月至 2009 年 4 月，政府主要通过干预外汇市场、签订美元和巴西雷亚尔的互换协议，以及加强进口产品许可证管理三种方式增加外币供应量和限制外汇流出。同时，为了增强对出口产品生产企业的融资支持，巴西政府拟对巴西银行、巴西国家社会经济开发银行、财政部和其他部委负责的业务进行整合，设立专门的进出口银行。此外，为了在国际需求紧缩的背景下维护和拓展市场空间，巴西政府还开展“贸易外交”，推动双边互惠。

第三节　巴西的产业发展状况

一、农牧业[①]

巴西地域辽阔，土壤肥沃，日照时间长，雨量充沛，在发展农牧业、林

① 李湛．阿根廷屡陷债务危机怪圈的原因[J]．金融博览，2018（12）:58-60.

业方面比其他国家拥有更加得天独厚的自然条件，是世界上的农牧业、林业大国之一，农牧业是巴西经济的支柱产业。巴西有优质高产良田 3.88 亿公顷，其中的 9000 万公顷尚未被利用；2.2 亿公顷的牧场。2004 年的农牧业产值 1 802 亿美元，占国内生产总值的 33%；农村劳动力 1 770 万人，占全国就业总数的 37%；农产品出口值 390 亿美元，占出口总量的 40%，农业是拉动巴西国民经济的“火车头”。2013 年，巴西粮食、蔬菜和油料作物产量将达 1.879 亿吨，比 2012 年实产 1.619 亿吨增长 16.1%。全国作物种植面积为 5 280 万公顷，比 2012 年增长 8.2%。稻谷、玉米和大豆等 3 种主要农作物产量占粮食、蔬菜和油料作物总产量的 92.1%，播种面积占 85.9%。其中玉米播种面积增长 7.2%，大豆增长 11.2%，稻谷降低 0.6%。

巴西是世界上最重要的农产品贸易国之一，2008 年成为第三大农产品出口国。2000 年巴西农产品贸易额为 206.89 亿美元，2011 年增加至 945.6 亿美元，年均增长 25.1%，其中以油料、大豆、肉类和食糖等为主要农产品。2011 年巴西农产品出口额为 743.3 亿美元，占出口总额的 78.6%，出口市场主要集中在亚洲和欧洲，占贸易总额的 57.4%。巴西农产品出口的主要国家为中国、美国、荷兰与俄罗斯。

巴西全国可耕地面积占国土面积的 18%，其现有已使用的耕地只占耕地的 1/3，还有 2/3 未开发。因此，相比世界很多国家而言，巴西农业的比较优势更在于存量。巴西主要农作物总产量从 1991 年的 5 800 万吨增至 2008 年的 1.439 亿吨，年均增幅 8.2%，2014 年又增至 2.02 亿吨。

巴西的主要农作物有：大豆、甘蔗、玉米、稻米、咖啡、籽棉、木薯、柑橘、烟叶、芸豆、香蕉、小麦、马铃薯、西红柿、葡萄。

（一）巴西农业特点

1. 农业资源利用率较低，增产潜力很大

巴西的农业资源得天独厚，土地资源、生物资源、水资源等都十分丰富。巴西处在“拓展农业边疆”的发展阶段，耕地面积仍在不断扩大。巴西中西部著名的“稀树草原”占全国土地面积的 21%，其国家可耕地总面积为 2.8 亿公顷。

近 20 年来，巴西的耕地面积每年递增 1.84%，从 3 440 万公顷扩大到 4 950 万公顷，但仍只占到国土面积的 6%，人均 0.3 公顷（4.75 亩）。巴西

农业增产的潜力极大，甚至有专家认为，巴西将是“21 世纪的世界粮仓”。

2. 大庄园主农业和小农并存，地区发展极不平衡

巴西的土地占有状况极不均衡。全国的良田大部分掌握在大庄园主手里，其规模大得惊人，最大的可以达到几万甚至几十万公顷。他们经营现代化的商业性农场，以生产大豆、甘蔗、咖啡、可可等出口农产品为主。

另外，占农场总数 85% 的是自给性小农，以生产木薯、黑豆等为主，劳动生产率和经济收入都很低。此外，巴西还有无地的农民 1 200 万人，他们生活在社会的底层，多半仍处于赤贫状态。

3. 机械化程度高，社会化服务发达

大庄园式农场的耕地、播种、施肥、喷药、收刈、脱粒、加工、运输、精选、烘干、贮存等农业生产过程全部实行了机械化。大农场与涉农部门和商业公司保持着密切联系，农场所需的良种、化肥、农药、机械、饲料等生产资料，农产品的运输、销售、贮存以及其他需要解决的问题，有关单位均能提供上门服务。

（二）农牧业种类

巴西的咖啡、蔗糖、柑橘生产居世界第一位，可可、大豆为第二位，玉米居第三。

1. 咖啡

巴西咖啡产业产量约占世界总量的 1/3，是目前世界上最大的咖啡生产国。巴西全国境内的咖啡种植园共占地约 27 000 平方公里，主要分布在巴西东南部的米纳斯吉拉斯州、圣保罗州和巴拉那州，因为这些州的环境和气候为咖啡豆提供了理想的生长条件；米纳斯吉拉斯州的咖啡产量占全国咖啡产量约一半。大多数种植园在 6 月到 9 月的旱季收成。在大多数国家，小果咖啡豆是采用“水洗咖啡法”技术处理，但在巴西，几乎所有的咖啡是用“风干咖啡法”处理，把咖啡豆放在阳光下晾晒 8 ～ 10 天，然后把它们分类及包装。

到 2011 年，巴西仍是世界咖啡产量第一，其次为越南、印尼和哥伦比亚；该年巴西咖啡总产量为 270 万吨，是越南咖啡总产量的 2 倍。巴西大约有 350 万人口从事咖啡种植业，他们主要居于农村地区。

2. 甘蔗

甘蔗适合在热带地区生长。巴西大部分地区都在热带，甘蔗主要集中在中南部和东北部，其中巴西中南部的甘蔗和蔗糖产量都占巴西全国主要份额。1976 年，甘蔗的收获量比 1975 年增长 16.7%，达到 10 670 万吨。蔗糖产量达到 11 790 万袋（每袋 60 公斤），约为 70 万吨。1992 年全国种植甘蔗 500 万公顷，总产原料蔗 2.27 亿吨，平均单产 55 吨 / 公顷，产糖 900 万吨。21 世纪以来，巴西甘蔗种植面积持续增长，2013 年，巴西生产了 3 780 万吨蔗糖，占世界蔗糖总产量的 22%，并出口了 2 620 万吨蔗糖，占全世界蔗糖出口量的 47%。因为 60% 的巴西甘蔗并没有用于榨糖，而是用于制造乙醇。2015 年，巴西甘蔗种植面积达 1 087 万公顷，榨季收割面积达 836 万公顷。2015—2016 年，巴西生产食糖和酒精的甘蔗比例为 40.6% 和 59.4%。

3. 大豆

巴西主要种植水稻、大豆、木薯、甘蔗、小麦、马铃薯等。近几十年来，巴西农业发展的突出特点是迅速发展了大豆生产。1994 年大豆面积增加到了 1194 万公顷，产量达 2 485 万吨，2002 年巴西大豆产量达到 4 190.3 万吨，是 1994 年的 168.6%，超过了亚洲的大豆总产量，仅次于美国，占世界总产量的 1/5。2010 年大豆和玉米是巴西最主要的农作物，占农业总产量的 83%。其中，大豆产量 6 850 万吨，占全国农业总产量的 45.8%，同比增长 20.2%，平均每公顷产量达 2 939 公斤。

4. 畜牧业

巴西的牧场面积相当于耕地面积的 3 倍，广阔无垠的牧场是发展畜牧业的良好条件。养牛的头数和牛肉的产量均占世界第 2 位，猪的头数名列世界第 3 位。巴西的畜牧业近年来发展很快，2002 年存栏有 1.76 亿头牛，3000 万头猪，1.05 亿羽小鸡；2003 年牛的存栏数则有 1.95 亿头，牛肉产量为 770 万吨。2008—2012 年，巴西猪肉产量从 302 万吨增长到 349 万吨，平均每年增长 3.67%，巴西已经成为世界上第四大猪肉生产国和出口，占拉美国家的首位。肉类出口每年为国家创汇约 8 亿美元，其中尤以禽肉的出口增长较快。

（三）农业政策

1. 农业生产支持政策

（1）稳定国内的农产品价格

在稳定国内农产品价格方面，巴西政府采取的政策主要有两种。第一种是农产品售价成本保护。巴西生产资助委员会根据国内农业生产成本定期制定价格指导意见，主要用于向农民支付农产品实际最低售价与生产成本之间的差额，但不包含期货类农产品。除此之外，农民还可以与政府签订期权合约，合约规定农民具有自主选择种植作物的权利，交易仍由农民自主完成，政府仅支付因市场价格波动带来的收益损失，既可避免政府额外支付产品储藏费用，同时也有利于农户以此获得客观的收益。但因其具有较强的市场干预能力，巴西政府逐渐削减此类价格保护机制。第二种是运输费用补贴。当农户把农产品卖给批发商或者产品加工厂时，政府会向一部分企业支付运输费用补贴，以支持企业突破地域限制采购其他地区的农产品，由此来削弱本地保护主义和促进国内农产品流通。

（2）转变农业贷款方式

巴西的农业信贷方式与农业政策改革相适应，即政府对于农业发展由直接干预转变为扶持，贷款来源中商业银行和政府的比例为 9 ∶ 1，商业银行吸纳的存款中有 25% 左右用于农业贷款，贷款利率下线仅为市场化利率的 1/4。从 20 世纪 70—90 年代，巴西政府用于农业信贷的金额由 8 298.62 亿雷亚尔（1 雷亚尔约合 2.807 元人民币，2014 年）下降至 3 031.79 亿雷亚尔。2000 年以后，巴西政府对商业银行采取了结构性调整措施，推出种植畜牧业一体化项目，推行收账款证书和农牧业商业票据业务，促使农业发展过程中政府角色的转变，更多地以社会化形式对农民进行系统的技术培训和贷款指导，进一步激发农业生产的潜在活力。

2. 农业发展支持政策

（1）优先发展农业科技

巴西农业的快速发展与政府对农业科技采取的开放态度和高投入密不可分。巴西政府对国内的农业科技投资最早可以追溯到 1975 年，巴西政府建立的巴西农业研究公司，主要开展农业科技研发工作。1996 年巴西政府开始着手在世界主要国家建立联合农业科技实验室，取得了一系列的研究成果。2011 年 4 月中国与巴西携手在北京中国农业科学院建立了中巴农业科

学联合实验室。2012 年巴西农业、畜牧业和食品供应部、科技创新部和教育部共同为有机农业和生态农业发展提供资金，计划建立 22 个农业科技发展示范项目，其中 5 个设立有技术培训中心，预计到 2015 年将建立 90 个农业科技示范园。在大量的农业科研投入下，科技带来的经济效益日益凸显。巴西在农业生物技术、生物燃料等方面的科研水平处于国际领先地位。

（2）加强农业保险的推广使用与投入

巴西的农业保险政策起步于 1938 年，然而一直到 20 世纪末期仍未被广泛推广，2001 年巴西农业保险支出仅为 8 100 万雷亚尔。直到 2003 年、2004 年巴西出现两次重大的自然灾害，干旱带来了大规模农作物减产，政府救急支出迅速增加，这时农业保险才逐渐被重视。自此之后，巴西政府一直在加强农业保险的推广使用与投入，除用于保障农民收益的保险外，大部分均用于自然灾害对农业生产造成影响后的补偿。目前，巴西政府建立了完善的农业保险制度和农业保险基金，为全国农业生产者提供农业、林业和畜牧业等各类保险业务。巴西农业保险有两个体系。第一个是国家农业保险体系。农业生产者在得到银行提供的农业信贷后，按贷款比例向中央银行交纳农业保险费，这样贷款受益人便自动成为农业保险的投保者。在农业遭灾后，中央银行将通过银行向投保者提供最多相当于信贷全额的赔偿金。第二个是保险公司提供的农业保险。2005—2011 年全国累计提供的保险使用资金为 9.631 亿雷亚尔，保险覆盖范围显著提升，共计 40 100 户农民和 560 万公顷土地参与其中，获得保单 57 885 份。

3. 农产品贸易发展支持政策

（1）鼓励农户进行农产品贸易

巴西政府在遵循国际贸易行为准则的同时实施优惠政策促进农产品出口贸易的发展。在税收方面，免征收咖啡、糖类及其附属产品等加工原料和产品的出口税，增强农民的出口收益，提高巴西农产品的国际竞争力。在农产品检疫方面，积极与进口国进行标准协商，推行统一化检测标准，加强农产品质量管控，并通过协商解决贸易争端，降低农户运营风险。例如，2013 年中国因疯牛病问题禁止进口巴西牛肉，同年巴西政府派遣以副总统、农业部部长为首的农业贸易代表团来中国访问，通过协商决定中国 2013 年年末派代表赴巴西考察，以解决疯牛病带来的贸易风波。

（2）积极拓展国际市场

巴西农产品具备较强的国际竞争力，同时，巴西政府还通过签署备忘

录、建立合作交流平台和农业援助等措施积极拓展国际市场。2012年巴西政府参与FAO签署推行的“零饥饿计划”，向埃塞俄比亚、尼日尔和马拉维等非洲5国提供种苗和农业生产用具，协助当地组建农业合作社，统一规划农作物的生产和消费情况，增强巴西在非洲的影响力，为其下一步打开非洲市场奠定基础。除此之外，巴西政府近年来越发重视中国市场，先后与中国起草拟订《中国和巴西2010—2014年共同行动计划》和《农业合作谅解备忘录》，意在加强中巴两国在农业科技研发等领域的双边贸易合作，建立“丰收宝投资”综合经济网络平台并于2012年5月正式投入运行，提供服务信息，促进双方农业企业交流，吸引更多的中国农业企业赴巴西投资。

二、工业

巴西曾经是个工业强国，作为南美大国，巴西的工业化开始于19世纪末。20世纪70年代末，巴西已经建立起较为完善的工业体系，拥有门类齐全的基础工业部门。巴西的工业种类齐全，从钢铁、汽车、造船、电力、军火，到信息、电子、纺织等，一应俱全。资本品（机器和工业加工设备）已占工业生产总值的14%，同时中间资产（钢、化工产品等）的价值已占工业产值的37.45%。现代工业的主要领域——钢铁工业、五金工业、化学、石油化学、建筑机械工业、工业机器、电工材料、电子材料、交通运输材料工业等已在国内建立起来。在20世纪80年代至90年代，由于石油冲击和巴西政府没有能力在基础设施和基础生产链的主要环节进行投资，使巴西工业发生严重的衰退，出现了一个停滞不前的时期。国有工业的私有化和许多私有企业的非本国化的资产重组使国内工业出现了一次重大的改组。在20世纪80年代，生产生产资料（重工业）的工业产值超过了消费资产（轻工业）的工业产值。然而，非耐用（衣服、食品等）消费品工业产值为34.4%，比70年代下降10%。耐用消费品（汽车、家用电器等）工业的产值比70年代仅增长4%。2002年，巴西存在着大约49万个工业企业，雇用着550万职工。在钢铁工业当中，突出的有国家钢铁公司、杰陶钢铁公司、圣保罗钢铁公司、比利时—米纳斯钢铁公司等公司，都是私人公司。在石油化工公司中，突出的有布拉斯肯公司和Unipar公司。造船工业中，曾经有过大规模的造船厂，有的还位列世界大造船厂之中，后来逐渐衰落，处于瓦解状态。主要的耐用消费品工业中的大部分是汽车工业，如大众汽车厂、通用汽车厂、福

特汽车厂和菲亚特汽车厂，都属于外国资本。同样的情况发生在制药工业、电子工业和电讯器材工业。另外，重型民用建筑工业、耐用消费品、家具、印刷、纺织、服装、办公用品及电子用品工业中，民族私人企业占有相当大的份额，不管是在大型、中型还是小型和微型企业都是如此。总之，不管是在企业方面还是雇用的人力方面，巴西工业主要集中在技术低下或半低下的行业当中。

1990 年，技术密集型产业、自然资源加工产业和劳动密集型产业分别占巴西工业总产值的 29.6%、42.2% 和 28.2%，1999 年则分别为 31.6%、44.9% 和 23.5%。进入 21 世纪，全球初级产品需求增加，巴西高利率政策使汇率长期升值，贸易条件改善。在市场作用的推动下，巴西出现了“去工业化”和出口“初级产品化”趋势，即工业在三次产业中的占比逐年下降，初级产品出口额占总出口额的比重逐年升高。

（一）钢铁工业

巴西是拉美最大的钢铁生产国，其钢铁产量占整个地区的一半以上。全国 25 家钢厂除生产普通钢外，还生产合金钢、不锈钢、碳素钢和硅钢等。巴西政府于 1970 年制订了一项为期十年的、雄心勃勃的钢铁工业发展计划，规定到 1980 年钢铁产量达到 2 000 万吨，计划分三期进行。第一期为期两年，重点扩大一批骨干钢铁厂的设备能力。第二期到 1976 年使钢产量达到 1 000 万吨以上。1973—1975 年的世界经济危机，特别是能源危机，给巴西整个国民经济发展造成不利影响。第二期钢铁发展计划未能如期完成，巴西政府于 1975 年重新修订钢铁发展计划，将 1980 年的生产指标降为 1 400 万吨。第三期发展计划延至 1981 年以后执行。1980 年巴西钢产量仍未达到计划指标。1980 年年底，巴西政府再次宣布对钢铁工业发展计划进行调整，停建和缓建一批大型工程项目。20 世纪 80 年代债务危机期间，钢铁工业增长十分缓慢，1990 年钢产量仅为 2 060 万吨，比 1985 年只多 15 万吨。1993 年巴西钢铁工业摆脱了困境，钢产量猛增至 2 515 万吨。此后，钢产量稳步上升，1995 年达 2 800 万吨，在世界钢产量的排名从 1993 年的第 9 位上升到第 7 位。高附加值的钢产品在钢产品总量中的比重也在不断增加，如钢板的比重从 1991 年的 50% 提高到 1995 年的 54%。

钢铁工业是社会扩大再生产的重要组成部分，它的发展规模和增长速度

取决于社会生产力发展的总水平。钢铁工业投资大、周期长、见效慢，要求有足够的资金积累。巴西发展钢铁工业遇到的主要问题就是资金不足。20世纪70年代以来，巴西政府把对钢铁部门的投资一直放在首位，每年10亿美元左右，约占制造业总投资的30%。巴西钢铁工业的增长速度大大快于国内生产总值的增长速度和固定资本投资的增长速度。如1965—1979年，巴西钢产量从293.8万吨增至1 380万吨，增长3.7倍，年平均增长11.7%。而同期，国内生产总值增长2.1倍（以1970年不变价格计算），年平均增长8.4%；固定资本构成增长2.9倍，年平均增长10.2%。钢铁工业的增长速度快于社会扩大再生产的发展速度，一方面表明钢铁工业在巴西国民经济中所处的重要地位；另一方面也应考虑到，如果钢铁工业发展过快，与国家经济实力不协调，超过了扩大再生产的实际可能，就可能出现比例失调。2010年，巴西拥有钢铁企业28家，其中13家综合性钢厂，15家短流程小钢厂，由10大集团进行运营。粗钢安装产能达4 460万吨/年，实际产量为3 290万吨，表观消费2 610万吨，人均钢材消费152千克，是全球第15大钢材出口国、第7大净出口国，净出口310万吨。巴西的钢铁消费行业主要是：市政建设、汽车、资本商品、机械设备、家电和商业应用。

（二）汽车工业

汽车工业是巴西发展最快、最有活力的部门之一。巴西的汽车工业诞生于1956—1960年经济飞跃时期。库比契克总统制订的全国经济发展计划把建立和发展汽车工业放在非常重要的地位。1968—1973年军政府时期，汽车工业飞速发展，1974年产量高达90.5万辆，居世界第8位。20世纪70年代末和80年代初，巴西汽车年产量已超过100万辆。在债务危机的冲击下，80年代汽车产量下跌到年产70多万辆，在世界汽车产量的排名退至第12位。90年代初，巴西汽车工业仍处于停滞状态。1993年汽车工业开始复苏，当年产量达139万辆，在世界汽车产量的排名也回升至第10位。1994年、1995年和1996年汽车产量继续增长，分别达158.3万辆、165万辆和181万辆。随后亚洲金融危机爆发，巴西经济也受到拖累，汽车产量大幅下跌，1999年跌到130万辆。2003年以后，巴西经济恢复了快速增长势头。国内汽车市场需求激增，2007年国内销量达到250万辆。同时，汽车工业的年产量也由2003年的180万辆增长到2007年的300万辆。2008年的全

球金融危机对巴西汽车工业的影响甚微，巴西汽车工业的年产量保持在300万辆以上，同时国内市场的需求量也在2009年超过了300万辆。

根据巴西全国汽车工业协会的统计，巴西有27个汽车集团企业，下属53个生产厂，其中汽车生产厂27个，发动机生产厂12个，拖拉机农机生产厂12个，分别分布在巴西8个州的30个市。巴西汽车工业（包括农机）生产总值占巴西GDP总值的4%，占巴西工业产值的10%。世界汽车著名企业均在巴西投资设厂，其中包括德国的戴姆勒克莱斯勒、大众，美国的福特、通用，意大利的菲亚特和伊维科，日本的本田、三菱、尼桑、丰田，法国的标致、雷诺，瑞典的富豪、斯卡尼亚，英国的路虎和巴西的阿格拉莱（Agrale）等。

2008年数据显示，巴西超过法国成为世界第5的汽车制造国。巴西是世界上最大的潜在消费市场之一，人口众多，汽车保有量超过2 000万辆，巴西的汽车市场规模和制造商规模已经使得巴西成为南美洲的汽车制造基地。巴西汽车工业的迅速发展，吸引了全球汽车制造商的进一步投资。在2007—2011年巴西汽车工业就吸引了新增投资120亿雷亚尔（约70亿美元），其中菲亚特汽车公司投资30亿雷亚尔（2008—2010年），大众汽车公司投资25亿雷亚尔（2007—2011年），福特汽车公司投资22亿雷亚尔（2007—2011年）。

（三）造船工业

巴西海岸线长达7 500千米，河流通航里程多达5万千米，因而造船工业在巴西国民经济中历来占据重要地位。早在19世纪后期，巴西曾在国际上占有一定的重要地位，由此也给巴西造船业带来一段辉煌时期。但后来由于缺乏合适的工业发展政策，加之巴西基本上是一个农业经济国家，巴西造船业开始走下坡路。到20世纪初，巴西造船业差不多销声匿迹了。但后来由于缺乏合适的工业发展政策，加之巴西基本上是一个农业经济国家，巴西造船业开始走下坡路。到20世纪初，巴西造船业差不多销声匿迹了。

在1958年，政府又建立了“民船更新补充运费”制度，成立了“民船基金会”。此基金会成为造船和航运业的主要资金来源，而“补充运费”则是对进口货物和沿海运输货物征税，此税又是基金会的主要资金来源。当船厂开业后，其遇到的最大问题是订单少和船东继续向外国订船，因此在经过

兴旺的开业期后，巴西造船业出现了衰退，并一直延续到1967年。在20世纪60年代初，其造船能力降低到年产量35万吨，而在1961—1967年建成交船的只有24.9万吨船舶。造船工业衰退的原因在很大程度上归结于巴西工业发展的周期性变化，而在60年代发生的危机又来源于严重的工业发展不平衡、公共开支减少和缺乏合理的财政结构来满足公共和私人投资的需要。另外，危机的产生还起因于高额的通货膨胀率和结构性不稳定。1967年，巴西出现了新一轮的国民经济发展期，海运事业也开始了复苏。那年，巴西政府开始执行一项新的民船政策，其主要内容是增加远洋运输中巴西籍船舶的比例，扩大航运船队和巩固造船工业。其核心是通过民船基金会来刺激扩大船队，并采取一系列的刺激政策，包括货运保存规定、政府间双边协议和班轮会议组织等。同时对航运公司的经营予以严格控制。

1970年，“造船计划一期”开始实施。这是一个非常宏伟的计划，范围从1971—1975年，是第一个“国家发展计划”的内容之一。在这一时期内从1971—1975年订造的船舶为160万吨，其中包括从“应急计划”转接过来的7万吨船舶。它所反映的投资量是12亿美元，而订船量也是巴西造船业在前一“五年计划”期间所有船厂全部产量的3倍，或者可以说其吨位超过巴西所有民船加起来的总吨位。“造船计划一期”所订造的船舶总吨位是保证所有主要船厂全负荷工作。结果造船能力在1971—1975年期间得到迅速扩张，约达到2.5倍。其后的“造船计划二期”更是宏大，它是与“第二个国家发展计划”同期进行的，时间从1974—1979年。巴西船厂在1976—1980年的总造船完工量吨位为260万吨，由此船厂造船能力得到大幅度扩大，1980年的造船能力为1975年的2.7倍。

但造船计划二期也标志着巴西造船工业扩张的结束。巴西在不到10年的时间里成了世界主要造船国家之一，1980年巴西全国的造船产量为72.9万吨，占世界造船总产量的5.6%，排名世界第2。“造船计划二期”的特点之一是造船中发生系统性的延误，可以说是造成影响巴西造船工业发展的危机的原因之一。延误的原因有许多，其中包括缺少技术，管理效率低和船厂忙于扩大等。但是，最主要的原因是国内材料和设备供应问题。经过扩展，巴西造船能力从1973年的30万吨扩大到1976年的200万吨。在二期计划中还有一个重要内容是国产化问题。国家对进口申请采取逐个审批，这样做对国内那些既无经验又无生产能力的国内供应厂商大大有利。由此除了产生

价格高问题外，还产生了质量和交货时间等严重的问题。但这一政策符合政府的要求，即通过更严格的限制进口和支持国内企业国产化替代进口来解决支付赤字的平衡。

在 20 世纪 80 年代前期，海运业开始出现衰退。更重要的是所有保护机制都消失不见了。这一衰退的速度之快和国际航运的飞速发展大大影响了巴西民船事业的发展，而国内对新船的需求也基本消失殆尽。航运危机的程度可从挂巴西旗船舶所占的市场份额看出。开始发生衰退的 1984 年，在远洋运输方面，巴西籍船舶的市场份额为 22%，而到 1994 年则降低到 8%。在班轮运输方面，此比例更是降低到 2%。在这同时，民船数量持续降低，到 1994 年时只有 450 万吨。

2002 年，以增加政府支出 15% 的代价对新船建造实行减税政策，减轻造船企业负担，加速其发展，全年对造船业的投入达到 2.5 亿雷亚尔，积极鼓励本国造船企业参与国际竞标，同时将本国的建造项目更多地交由本国企业去完成，以帮助巴西造船业走出困境。2003 年，为了增强行业的竞争力和生产力，巴西社会经济发展银行为造船工业提供 2.2 亿雷亚尔信贷支持建造 12 条深海石油供给船，同时巴西亦加强技术和专业人员培训，积极增加人员就业。对造船业的投入达到 6.4 亿雷亚尔。2004 年，巴西在造船业投资 11 亿雷亚尔，这批融资用于建造 68 条船，其中 32 条是对深海平台支持的各种船只，旨在使巴西船队现代化，同时审议通过了巴西造船工业扶植措施。一是确定了对 25 亿雷亚尔海事基金的使用方案——从海事基金中拨出 4 亿雷亚尔作为巴西造船工业保障基金，用来支持造船工业的发展；二是规定当船厂因客观原因不能按时交船受到船东罚款时，可从造船工业保障基金中提供一定数量的保险费和担保金。另外，造船保险费过高也影响了巴西造船业的竞争力，因此临时措施也允许国际保险公司进入巴西造船市场从事造船领域的金融保险业务。这些新措施的实施使巴西全国 18 家大型造船公司和 40 家小型船厂受益，巴西政府也希望更多的挂巴西国旗的船进入海事运输。

国际石油价格进入上升通道，同时巴西附近海域接连发现大型油田，尤其是 2007 年年底在该国东南深海区发现的图皮盐下油田，是近 30 年来全球发现的最大油田，预计储量为 50 亿—80 亿桶。开采和运输这些资源需要大量的海洋工程装备和船舶。巴西政府意识到，这又是一个发展本国造船业的

大好机会。为此，从 2003 年开始，发展造船业再次被提到了巴西政府的议事日程上。该国前总统卢拉在 2007 年的一个广播节目里公开呼吁振兴本国造船业。他提出，巴西造船企业不仅要能够建造出满足国内需求的船舶，还要具备向国外出口船舶的能力；巴西的石油公司应尽量在国内船企订造海工装备和新船，以支持本国造船业的发展。巴西政府提出，到 2014 年，将投资 300 亿雷亚尔（约合 132 亿美元）用于订造新船。巴西造船业从 2007 年开始再次走向繁荣。在巴西国家石油公司（Petrobra）的带动下，该国造船业规模迅速扩大，2012 年拥有船厂 50 多家，从业人员近 6 万人，手持订单量超过 600 万载重吨，其中大部分是海洋钻井平台、钻井船、浮式生产储油船（FPSO）、海工船以及油船等高附加值、高技术含量产品。同时，为了尽快提高船企的技术水平，巴西政府鼓励国外企业到该国投资造船业，并给予其一定的优惠政策。“这让遭遇发展瓶颈的日本船企看到了希望，也让谋求更大发展的韩国船企看到了机遇。”日本三菱重工、川崎重工、石川岛播磨集团，韩国三星重工、现代重工、大宇造船海洋、STX 造船海洋等纷纷以收购股份或投资建厂的形式进军巴西市场，给巴西带去了先进的造船技术和管理经验，推动了巴西造船业的快速发展。

三、高新技术产业

对于巴西的高新技术分析，主要从信息技术、农业生物技术和航空技术等三个方面来看。巴西政府于 1951 年始建中央一级科技管理机构，统一协调全国的科技研究与发展，迄今已历经四个发展时期。1985 年成立科技部，巴西科技发展的第四个时期也旋即开始，并逐步制订发展高新技术产业发展计划。1993 年巴西国内生产总值达 4 500 亿美元，科技总投入占其 0.7%，约 31.51 亿美元。此后，巴西的中高科技制造业生产值的比重从 1995 年的 50% 以上，下降到 2000 年的 34%，此后十余年几乎保持不变。

（一）信息技术

1997 年，巴西信息产业总收入达 150 亿美元，比 1996 年增长 10%，全年创造直接就业岗位 10 万个。巴西计算机已经全部国产化，1996 年销售计算机 110 万台，年增长率达 25%，全国计算机装机总量居于世界第 8 位，1998 年初已经从日本 NEC 引进 130 亿次 / 秒的巨型计算机。1995 年，联合

国专家认定巴西的计算机在银行、税收和国库管理等方面的软件开发和应用已经达到国际先进水平。到 1997 年 1 月，巴西全国信息港有 77 148 处，在拉美排名第 1，在美洲排名第 3，在世界排名第 17。2010 年巴西 IT 行业公司的收入增长前景位列全球第 3，与印度齐平，仅次于美国和中国，其研发领域的投资增长以及人才招聘增长分别列第 7 位和第 4 位。2010 年 5 月 5 日，巴西政府正式启动《全国宽带计划》，目标是到 2014 年提高宽带接入率，使上网人数增长 3 倍，4 年里投资 128 亿雷亚尔（约合 72.3 亿美元）扩大宽带网络覆盖，同时将月租费降至 15 ～ 35 雷亚尔，使普通民众都能承受；但是该计划并未得到有效落实。

（二）农业生物技术

1983 年，巴西将抗生素卡那霉素的密码基因植入烟草，取得了转基因技术研究的重大突破；到 1995 年，巴西已有 707 种转基因植物进行大面积试种，基因控制的品种有：大豆、玉米、土豆、西红柿、棉花、菜豆等。基因改良的品种有：西瓜、大白菜、胡萝卜、水稻、苹果、花生等。2011 年 10 月到 2012 年 9 月以贴息方式提供高达 670 亿美元的信贷促进生物技术等现代生产技术的实验和推广。2012 年巴西已经是农业生物技术研究的主要领导者，是世界上继美国之后第二大植物生物技术生产国。在 2011—2012 年，生物技术玉米占到玉米播种面积的 75%（1 040 万公顷），生物技术大豆将占到大豆播种面积的 85%（210 万公顷），生物技术棉花将占到棉花播种面积的 28%（44.2 万公顷）；还在展开其他植物生物技术农作物的商业审批，主要针对甘蔗、干食用豆、木瓜和桉树。2011 年巴西共批准 31 种生物技术农作物，包括 17 种生物技术玉米、9 种生物技术棉花和 5 种生物技术大豆。

（三）航空技术

巴西航空工业公司（简称“安博威”）的开山之作是 EMB-110“先锋” 19 座支线客机，1968 年首飞。该型飞机在 36 个国家共卖了 501 架。1970 年推出的农用飞机“伊帕内玛”，累计销售了 1200 架。1975 年，安博威推出第一款增压座舱飞机 EMB-121 “兴谷”，生产了 106 架。其中 51 架交付法国空军。1980 年推出第一款初级军用教练 / 战斗机 EMB-312 “巨嘴鸟”。巴西

空军编号 T-27，攻击机型号 AT-27，总共生产了 650 多架。英国肖特公司按许可证生产了 158 架，有 130 架交付英国皇家空军，其余销售给了肯尼亚和科威特。1995 年推出的 ERJ-135/145 系列喷气支线飞机，卖了约 900 架。1999 年推出 EMB-314“超级巨嘴鸟”，卖了 200 架，美国海军准备以 A-29 的编号引进装备。2002 年推出的腾飞之作“E 喷气”系列：2008 年 6 月，第 400 架“E 喷气”飞机交付全美航空，12 月第 500 架“E 喷气”交付法航；2009 年第 700 架“E 喷气”交付英航，“巴西速度”是除了空客和波音具有最大航空交付量的国家。

第四节　经济增长质量剖析

巴西的工业发展经历了“巴西奇迹”的 10 年，但也因产业发展不合理和不当的外汇政策而导致债务危机和社会动荡。进入中等收入阶段后，巴西用了 36 年时间（1975—2011 年）跨越中等收入阶段，其中时常遭遇财政困难、货币贬值、高通胀等问题。巴西的工业发展历程不同于韩国和新加坡，在国家综合实力、人均收入水平仍处于较低时便过早地遭遇了工业发展的瓶颈期，在没有形成核心生产技术、工业尚未充分发展的情况下便过早地发展服务业，并将其作为经济支柱。在经济基础并未打扎实的情况下实现转型，势必影响产业后续升级。

一、巴西经济增长起伏较大的原因

（一）债务不合理

巴西利用外资发展经济、实现技术升级的主要问题在于所利用的外资中短期私人资金所占比重过高，巴西私人银行的信贷资金占比为 50% 以上，而直接投资所占比例偏低，具有稳定性差、无法适应产业技术水平升级要求的特点，反而助长投机，丢失产业发展控制权，降低产业安全度。

（二）产业创新能力弱

巴西的经济增长更多的是依靠资本投入并非技术创新，跨国公司技术扩

散效应低，维持巴西与世界领先技术水平的差距。巴西的科技竞争力较差，缺乏创新能力导致巴西经济的增长不可持续和产业结构优化的有限性。

（三）消费升级与产业升级的互动未能形成

巴西的产业发展高度依附于发达国家，没有形成强大的国内产业及企业。而发达国家控制的产业其市场是面向世界的，没有带动巴西国内消费市场的升级，从而没有带动产业结构的升级。

（四）政策的不连续性

巴西和其他拉美国家一样长期以来政治缺乏稳定，缺乏民主，政府工作效率低下，使政府的政策难以保持连贯性，从而影响到产业结构优化系统性目标的实现。此外，巴西政府对政策的导向能力较弱，经济发展的方向被跨国公司或某些大企业控制和主导。

二、巴西经济增长质量

首先，巴西的经济增长并未提高本国政府对经济的管理能力。巴西政府颁发的一系列政策和改革措施在短期来看给巴西的经济增长带来了短暂的春天。在军人政权执政期间所推行的旨在建立民族工业的“进口替代战略”，以吸收大量外资和大量借贷为发展的条件，这一时期大力促进了巴西经济的增长，但是这并不是一个长期发展的计划，大量的负债和国内的大量资产都来自国外并不能提升军政府的执政能力，因为这些国外资产的进出并不是由政府控制，也不是由本国的其他机构来控制，而是受到国际市场的调控，一旦国际市场前景不佳，这些企业都会纷纷撤资，带来国内市场的大面积空缺，因此，带来了巴西“经济奇迹”后的萧条。再看民主政权执政后期，目光依旧放在了本国的资产上，仅仅是从大宗型商品入手来缓解大量的负债危机，这也注定了巴西会走进资源陷阱患上“荷兰病”。

其次，经济的增长并没有真正地改善本国的产业结构层面的问题，自1993年巴西推出的“雷亚尔计划”开始，国家将发展的方向从新兴工业慢慢转移到了第三产业，到了1999年提出了“出口导向型”战略以后，巴西彻底的走上了“去工业化”的发展道路，这一系列的措施都导致巴西内部的

产业结构严重失衡。1990—2010年，第一产业一直维持在5%~11%的偏低水平；第二产业比重总体下降，在1990—1993年略有上升，1994—2003年明显下降，2004年反弹之后继续下降，说明巴西的工业，尤其是制造业发展迟滞。第三产业是巴西经济的主导产业，2006—2010年比重基本维持在65%左右，远高于第二产业。制造业发展迟滞、过早“去工业化”、过度发展服务业导致巴西产业基础不扎实，产业进一步升级存在一定局限。

再次，经济的增长并未带来国家凝聚力和爱国敬业精神。从社会福利和民族凝聚力来看，巴西在发展经济的同时也同其他的一些拉美以及资本主义国家一样对于社会福利这一问题看得很重。巴西拥有世界上最庞大的社会保障体系，全民免费医疗、从小学到大学的免费公立教育以及高额救济金、养老金和退休金，令巴西人拿着发展中国家的工资，享受着发达国家的待遇。也正是这些福利导致巴西人作风比较懒散，做事效率非常低下。巴西整个国家从个人到政府都充斥着懒散的风气，民众不思进取，政府运转不畅。而这些原因又反作用于国家的经济，导致恶性循环。

最后，巴西的经济增长并未带来民众对教育质量的关注，并未引导形成潜在科技发展要素和比较优势。20世纪90年代中期，巴西的基础教育还非常孱弱，高等教育质量不高，民众对受教育以及科技的重要性认识较低。巴西教育部2012年发布的《2011年高等教育统计报告》显示，学生总数稳步增长，但比例依旧较低，2011年巴西高校在校学生总数达670万人，比上一年增长5.6%。但与全国18岁至24岁青年的总人口相比，在校生人数仅占14.6%。这一比例不仅无法与其他一些新兴经济大国相比，甚至也低于南美洲的多数国家，扩大高校在校学生人数是巴西高等教育所面临的第一大挑战。如何让更多贫困人口、黑人和混血人接受教育，以及解决不发达地区的教育平等问题，也是巴西高等教育面临的重要挑战。也正由于国民的整体教育水平和素质相对不高，导致国民缺乏进取精神和创新精神，国家整体的科研能力受限，进而无法实现产业进一步升级。

总之，巴西20世纪90年代以前的增长主要依靠外国资本，自身未形成核心技术，政府的管理和引导职能发挥不够，民众的凝聚力和爱国敬业精神没有得到有效激发，市场的资源配置功能和优胜劣汰机制未能充分发挥作用，债务危机和严重通货膨胀频发，因而增长质量不高。

第九章　马来西亚

第一节　前中等收入阶段背景

一、概述

马来西亚是君主立宪联邦制国家，全国面积共 33 万平方千米。马来西亚位于东南亚，国土被南中国海分隔成东、西两部分，即马来半岛（西马）和加里曼丹岛北部（东马）。

1824 年，英国与荷兰签署《英荷条约》，最终确立了英国对马来亚的霸权，同时也决定了当代马来西亚的雏形。荷兰撤出马六甲并放弃所有在马来亚的利益，而英国承认荷兰对东印度剩余地区的利益，这个瓜分在马来亚地区划了一条人为界限，这条界线遗留至今。

1941 年 12 月太平洋战争爆发，在马来亚的英国人可以说是完全措手不及，在 20 世纪 30 年代，英国为了对付逐渐增强的日本海军，在新加坡建立了一个庞大的海军基地，但完全没有料想到的是日本从北方入侵马来亚，由于欧洲战场的需要，英国在远东实际上没有空军战力，因此日本可从中南半岛的基地发动攻击，而不会受到抵抗，虽然英国、澳大利亚和印度军队顽强抵抗，但日本在两个月内就占据了马来亚。日本人将马来人看作一群从英国殖民统治被解放的殖民人群，并且树立了有限的马来民族主义，这使日本人在马来管理机构和知识分子中赢得一定程度的支持，大多数苏丹人也主动与日本人合作，日本为了配合其所谓的“大东亚共荣圈”的政策，答应战后让

马来亚独立，并且协助训练马来人成立武装部队与政府部门精英。

1945 年英国人回到马来亚时，最高兴的就属马来人，但时局并未停留在英国人战前情况，而且一股追求独立的渴望正在增长，英国本土破产，新的英国工党政府主张尽快撤出东方，殖民地自治和最终独立成为英国新政策，横扫亚洲各地的殖民地民族主义浪潮很快到了马来亚。1946 年，英国宣布了一个组织——马来亚联邦计划，这将原先属于马来联邦和马来属邦的苏丹国，加上槟城和马六甲（但不包括新加坡）合组一个英国海外领地，并在数年后独立，这个计划遭到马来人的强力反对，因为它削弱了马来统治者的地位，而且将公民权赋予马来亚华人与少数民族，一开始苏丹支持这个计划，但后来又反对这个计划，并由自己领导这股反对力量。1946 年 3 月，在柔佛首席部长奥恩·加法尔的领导下，马来人组织成立了巫人联合统一机构。巫统支持马来亚独立，条件是这个新国家完全由马来人掌管，面临马来人的强烈反对，英国放弃了平等公民权的计划。因此，马来亚联邦在 1946 年 6 月宣布成立，在 1948 年解散，代之以在 1948 年 2 月 1 日协议成立马来亚联合邦，在英国的保护下，马来、苏丹国各统治者恢复了自治权。1957 年 8 月 31 日英联邦一员的马来亚独立。

1961 年，东古阿卜杜勒·拉赫曼赞成建立“马来西亚”的构想，马来西亚将包括曾是英国海外领地的文莱、马来亚、沙巴、砂拉越和新加坡，其背后的理由则是容许中央政府控制并打击共产党的活动，此外马来亚也惧怕，新加坡一旦独立将会成为华人沙文主义者的基地，威胁马来人的统治权，为了平衡种族比例，在文莱、沙巴与砂拉越纳入这个新国家之后，它们的马来人及当地人口，将可抵消新加坡的多数华人。

1963 年 7 月的谈判结束后，决定马来西亚联邦将于 1963 年 8 月 31 日正式成立，这天恰好是马来亚独立和英国赋予新加坡及沙巴自治权的纪念日。然而，菲律宾和印度尼西亚强烈反对这个事态发展，延迟了马来西亚的成立，基于这些因素，联合国组成一个八人代表团造访砂拉越与沙巴，确认他们参组马来西亚的意愿。马来西亚于 1963 年 9 月 16 日正式成立，由马来亚、沙巴、砂拉越与新加坡共同组成，当年的马来西亚人口约 1 000 万人。

二、政治经济的发展

经济上，在马来亚独立时，具备着良好的经济基础：它是世界上三个重

要商品（橡胶、锡和棕榈油）最重要的出产国之一，也是重要的铁矿石出产国。这些出口工业给马来亚政府提供了稳定可靠的盈余，可用来投资工业发展和基础建设项目。20 世纪五六十年代马来亚执行了最初的两个五年计划（1956 年至 1960 年和 1961 年至 1965 年），通过国家对工业的投资来促进经济发展，修复在战争和紧急状态时期被破坏和被忽视的基础设施，如公路和港口。政府试图减少马来亚对商品出口的依赖，因为这会使国家经济受到浮动市场价格波动的影响。马来亚政府也意识到，随着合成橡胶的生产和普遍使用，对天然橡胶的需求注定会减少。由于有 1/3 的马来人从事橡胶工业工作，发展其他类型的就业来源就变得非常重要。为了让马来亚出产的橡胶具有竞争力，越来越依赖维持低工资，这使马来人始终处于贫困状态。

政治上，1957 年马来亚独立时，马来人占 55%，华人占 35%，印度人占 10%，新加坡加入马来西亚改变了人口结构，华人的比率增加到近 40%。巫统和马华公会均害怕李光耀的新加坡人民行动党对马来亚选民的吸引力，他们试图在新加坡组织政党以挑战李光耀的地位，出于反击李光耀威胁将派出候选人参加马来亚联邦大选。为此，东古阿卜杜勒・拉赫曼要求新加坡退出马来西亚。1965 年 8 月 9 日，新加坡宣告独立。

1959 年，马华公会的首领林苍祐决定反对巫统的教育政策。但在东古阿卜杜勒・拉赫曼威胁让两党联盟破裂后，马华公会又被迫让步。1961 年，马来亚颁布《1961 年教育法令》，中学只使用马来语和英语为媒介语，而在政府小学只以马来语为媒介语。虽然华人和印度人社群可以保持他们的华文小学和淡米尔文小学，但学生必须学马来语，而且必须教授要求的马来课程。同时，马来人学校获得政府大笔资金津贴，马来人获得绝对优待。马华公会在教育政策上的挫败，减弱了华人社会对巫统的支持。

1969 年，“五・一三”事件以后马来西亚联邦政府所制定和实施的重大政策，如“新经济政策”和“新文化政策”都采取了偏向马来人的做法。“新经济政策”通过创办国有企业来帮助马来人积累财富，通过立法和行政规定来限制非马来人资本的扩张。“新文化政策”则突出全国的文化必须建立在马来文化的基础上，并据此压制华文教育等非马来人文化的发展。随后，伊斯兰复兴运动在马来西亚蓬勃发展，并成为影响政治进程的重要力量。

1977 年，马来西亚人均国民收入已经达到 1 030 美元，开始进入中等收

入国家行列。1996 年，马来西亚人均国民收入达 4 450 美元，经济发展进入偏上中等收入水平阶段，开始面临“中等收入陷阱”的挑战。但由于贫富差距的扩大，产业升级滞后和金融体系脆弱等因素，从 20 世纪 90 年代末期开始，马来西亚经济增长速度逐渐放缓。21 世纪初期，马来西亚政府实施了一系列经济调整措施，但也只实现了经济的平稳增长。2012 年，马来西亚人均国民收入为 9 820 美元，按照世界银行公布的最新标准，仍然滞留于中等收入国家行列，直到 2017 年，马来西亚人均国民收入才提升至 10 010 美元。

第二节　马来西亚的发展规划、发展战略与产业政策

一、发展规划

（一）第一个远景计划（1971—1990 年）

1971—1990 年的 20 年时间里，马来西亚制订并实施了第 2 个到第 5 个五年计划。与此同时，马来西亚确定了《第一个远景计划纲领》（1971—1990 年），这是马来西亚实施的一个长期发展计划，即新经济政策计划。新经济政策计划的基本宗旨是发展经济，消灭贫穷，通过实施经济重组和社会重组来解决马来西亚种族之间的收入差距问题，实现社会财富的相对均衡。这一时期的五年计划在内容制订方面贯彻了上述新经济政策基本宗旨。第 2 个五年计划的主要内容是加大对马来西亚各地当地人的扶持力度，采取多种措施消灭贫穷，重建社会经济秩序。

第 3 个到第 5 个马来西亚五年计划仍然延续了马来西亚先前所确定的“消灭贫穷，重建社会经济秩序”的目标。政府进一步加大在农业领域的扶持力度，并投入大量资金建设灌溉系统、运输系统等基础设施。通过投资优惠、股权限制等方式，激励包括马来族在内的当地人积极参与现代工业建设和发展，进一步缩小马来西亚种族之间的收入差距。

马来西亚国民生产总值从 1971 年的 129.55 亿林吉特，增加到 1990 年的 1 190.81 亿林吉特，20 年间增加了 8 倍。年均国内生产总值增长 6.89%。这一时期，马来西亚经济发展速度持续性地排在东南亚国家前列。1985 年，

马来西亚国内生产总值达到 774.7 亿林吉特，人均国民生产总值为 3 841 林吉特，人均国民收入为 2 548 林吉特，被世界银行列入中等收入国家行列。

（二）第二个远景计划（1991—2000 年）

1991—2000 年，马来西亚制订并实施了《第二个远景计划纲领》和第 6 个及第 7 个五年计划。1991 年，马来西亚政府还宣布了要在 2020 年步入发达国家行列的“2020 年宏愿”计划。《第二个远景计划纲领》在延续过去新经济政策的基础上，确定了新发展政策，并确立了以下新的发展内容：逐步解决社会最贫困群体的发展问题；重视人力资源开发，促进基础工业的多元化发展；通过多种渠道扶持马来人经济发展，通过经济发展平衡来实现社会公正的目标。

第 6 个五年计划主要内容是促使马来西亚经济增长方式从劳动密集型向资本密集型尤其是技术密集型方式转变。为顺利实现经济增长方式的转变，马来西亚采取以下主要措施：一是加大科学技术研究投资力度，并陆续建立了马来西亚科学与工艺资讯中心、国家科学中心等机构；二是政府通过税收优惠措施，鼓励企业建立技术密集型和资本密集型企业，限制劳动密集型企业；三是政府加大教育投资，鼓励外资企业设立技术培训机构和技术开发机构，做好人才培养工作。

马来西亚第 6 个五年计划取得圆满成功，被认为是过去所有五年计划当中执行得最成功的一个五年计划。马来西亚国内生产总值从 1991 年的 1 351.1 亿林吉特，增长到 1995 年的 2 224.7 亿林吉特，年均国民生产总值增长率达到 8.6%，超出原计划 7.5% 的预定目标。人均收入从 1991 年的 6 919 林吉特，增加到 1995 年的 10 251 林吉特，也超出了原定计划目标。

马来西亚第 7 个五年计划主要解决“六五”期间出现的经济发展问题，并将改善国际收支平衡、促进社会重组以及改变各种族收入平衡问题作为重点发展目标。1997 年从泰国引发的东南亚金融危机严重影响了马来西亚的经济发展，1998 年马来西亚实际 GDP 严重衰退 6.7%，制造业衰退 10.2%。为了有效应对金融危机引发的经济危机，马来西亚政府先后采取宽松货币政策、扩张性财政政策等一系列刺激经济增长和恢复经济活力的措施。1999 年，随着全球经济的逐步复苏，马来西亚经济开始逐步好转。

（三）第三个远景计划纲领（2001—2010 年）

2000 年，马来西亚各项经济基本恢复到金融危机爆发前的水平。2001—2010 年，马来西亚先后制订并实施了第 8 个和第 9 个五年计划。2001 年 4 月，马来西亚政府还颁布了《第三个远景计划纲领》和第 8 个五年计划。《第三个远景计划纲领》规划了未来十年的经济发展战略，确定了下列重点发展内容：发展知识型经济和社会，通过知识来提高各产业的竞争力；扶贫济弱、缩小社会各阶层收入差距；增强当地居民对经济活动的参与和利益分享；促进人力资源发展，培养知识型的熟练工人。

第 8 个五年计划的核心内容主要有：一是促进马来西亚经济从传统经济模式向知识经济发展；二是加速农业、制造业和服务业的转型；三是进一步完善收入和国家财富分配方式，提高社会稳定性。马来西亚国内生产总值从 2001 年的 2 104.8 亿林吉特，增加到 2005 年的 2 597.3 亿林吉特。

在第 8 个五年计划期间，马来西亚经济发展平稳，经济竞争力和生产力进一步提升，已经走出了亚洲金融危机影响的阴影。第 9 个五年计划进一步延续了过去五年计划中推进马来西亚向发达国家迈进的发展目标，分析了新形势下马来西亚经济发展面临的挑战。

第 9 个五年计划确定了下列重点发展内容：一是将信息、太空、能源、生物科学、服务业等知识型行业确定为重点发展行业；二是制定和出台多项优惠措施促进中小型企业发展，鼓励私有部门在经济发展中起主导作用；三是继续加大教育投资，改善义务教育体系，强调人才的全面发展；四是加强包括交通、医疗、水电、居住等在内的基础设施建设，提高国民生活质量和水平；五是推进马来西亚新农业经济发展，鼓励利用生物科技等技术促进农业经济发展。

（四）“十五计划”（2011—2015 年）

2011 年，马来西亚政府开始执行第 10 个五年计划。第 10 个五年计划的主题是“经济繁荣与社会公正”。第 10 个五年计划将私营经济和创新行业作为推动经济发展的主要动力，采取多种措施提升政府服务效率及政府工作的透明度，促进人才培养方式改革，多渠道、多途径地为社会各界培养高素质人才，进一步改善社会环境，提高生产力和国家竞争力，以确保社会整体经济的可持续发展，从而实现使马来西亚 2020 年成为高收入国家的宏愿。

（五）“十一五计划”（2016—2020 年）

2016 年马来西亚制订了“十一五计划”，大致规划包括以下四点。

1. 提高多个地方经济竞争力

马来西亚政府将把 4 个主要城市，即吉隆坡、新山、古晋和亚庇，打造成发展旗舰城市，刺激经济，提高竞争力，加速国家成长。

2. 经济走廊

马来西亚将发展 5 个区域的经济走廊（东海岸经济区、北部经济走廊区、依斯干达走廊、砂拉越再生能源走廊、沙巴发展走廊），获得 2 360 亿令吉的投资，并制造 47 万个就业机会。

3. 大马宏愿谷

马来西亚将在森美兰州打造大马宏愿谷，占地 108 000 公顷的范围涵盖汝来、芙蓉及波德申。计划将从 2016 年开始，直至 2045 年总值高达 6 410 亿令吉。未来的芙蓉将全面集中为商业经济发展区，汝来则打造为大学城，波德申则全面倾向于旅游区。另开拓约 24.69 平方千米的新工业发展区，承接从巴生谷迁移的工业，嘉乐区将建设占地约 4 平方千米的巴生谷中央公园，并将配套建设芙蓉外环公路，从吉隆坡国际机场通往新那旺以及衔接加芙大道；从吉隆坡国际机场路通往波德申的新高速大道；在南北大道与加芙大道之间存在的衔接空隙，兴建衔接公路。

4. 重大基础建设发展

“十一五”期间拟投资建设捷运第二路线（投资 250 亿令吉）、西海岸大道（28 亿令吉）、槟城交通基建发展计划（270 亿令吉）、泛婆罗洲大道（270 亿令吉）、水务基建工程（30 亿令吉）、橡胶研究院基建（10 亿令吉）、马新高铁（300 亿令吉）、PAPID 油气海事基建（30 亿令吉）、RAPID 水务及废水处理（10 亿令吉）、沙登—金銮—布城大道（30 亿令吉）、新街场—淡江高架大道（20 亿令吉）、莎阿南多层大道（20 亿令吉）、吉隆坡 118 大楼（30 亿令吉）、第 3 轻快铁（90 亿令吉）、金马士—柔佛双轨计划（80 亿令吉）、单轨火车路线延长工程（25 亿令吉）。建造 2 个新的 7 626 兆瓦的发电厂，投资成本 280 亿令吉，并创造 35 000 个就业机会；防水灾计划工程：政府将在吉兰丹河推行综合防水灾计划；提升首都和高速发展地区网速，宽带速度达 100 兆位 / 秒，乡区宽带网速 20 兆位 / 秒；建设木胶和老越机场。

二、发展战略、产业政策及经济增长表现

（一）出口导向工业化战略（1968—1979 年）

1. 产业政策

进口替代发展战略虽然使马来西亚工业获得了一定程度的发展，但由于马来西亚贫富差距大，人均消费能力低，国内市场很快达到了饱和，不能再进一步促进本国工业的发展。再者，这一时期马来西亚政府资金紧缺，工业技术水平低，马来西亚政府开始施行以外需为主的出口导向型工业化战略。1969 年，推出的《新工业发展战略》要求加强对年轻人的工业技能培训，为提高就业率鼓励劳动密集型工业的发展。1969 年，马来西亚爆发了较大规模的种族暴乱，新总理上任并于 1970 年提出了以提高马来人收入，实现民族经济均衡发展，解决民族矛盾为目的的“新经济政策”。新经济政策虽然以实现种族之间的经济公平为目标，但在施行过程中为了促进就业成立了数目众多的重工业公营企业，促进了本国工业的发展。1971—1980 年的第 2 个、第 3 个马来西亚计划也通过一系列税收和政策优惠引导内外资流向劳动密集型工业领域，主要发展以加工、装备制造和生产中间产品为主的劳动密集型产业。这一时期恰逢日本、新加坡、韩国等发达国家向东南亚各国转移一些劳动密集型产业和部分生产工序，马来西亚政府抓住这次机遇促进了纤维纺织、电子工业等劳动密集型产业和造船、钢铁、机械等重工业产业的发展。这一时期制造业和交通运输业是发展最快的两个部门。出口导向工业化战略创造了更多的就业岗位，极大地促进了制造业的发展。

2. 产业政策对经济增长的影响

（1）积极影响。这一阶段得益于马来西亚政府有效的经济政策、良好的国际环境、国际市场上橡胶和锡价格的上扬以及新石油的发现，马来西亚政府的财政收入大幅增加，为本国的工业发展提供了充足的资金和必要的技术设备支持，促进了工业与经济的迅猛发展。截至 1979 年，制造业占 GDP 的比重已经由 1967 年的 11.68% 上升至 20.60%，占出口的比重也由 3.85% 上升至 17.48%，年均实际 GDP 增长率达到 7.87%。从以上可以看出，1979 年第二产业占 GDP 的比重也超过了其他两大产业成为经济的主导产业。

（2）不利因素。但是新经济政策是在对华人不公平的基础上实施的，打

击了华人参与经济发展的积极性，导致华人对国内产业的投资锐减。在此期间建立的公营企业内部管理不当，贪污腐败严重，企业的效益低下，很多马来人仍然处于贫困中。马来西亚工业发展过程中也存在地区偏向，全国工业化发展很不平衡，增长带来的好处大部分都给了西部地区，东部地区的工业发展被忽略。此外，在工业化发展过程中，马来西亚的生态平衡遭到了严重破坏，经济发展的总体效益不高。

（二）资金技术密集型工业发展战略（1980—2000 年）

1. 产业政策

1980—1990 年正处于新经济政策的后十年，这一阶段产业发展的主要目标是发展耐用消费品工业和资本货物制造工业。20 世纪 80 年代，马来西亚政府开始设立国有重工业公司及其附属公司，增加公营企业中重工业企业的数量以促进汽车、甲醇、水泥、钢铁等产业的发展。1981 年的第 4 个马来西亚计划鼓励民间资本投资到重工业企业，促进边远地区和小规模工业企业的发展。20 世纪 80 年代发达国家国内市场低迷，经济增长速度开始下滑，为摆脱经济困境发达国家利用扩大价格剪刀差的方式把危机转嫁给发展中国家，受此影响 20 世纪 80 年代中期马来西亚经济暴跌，政府为了扭转经济形势，减少对国际市场的依赖，加大力度鼓励资金密集型产业的发展。

1986 年颁布了以发展制造业为主的《马来西亚的中长期工业基本计划的概要》，指出国内薄弱的技术基础将会是马来西亚未来经济发展的重大阻碍，并提出把食品加工、机械工程、石油化工、电子电器、木材加工、交通设备、有色金属、交通设备、钢铁等作为重点发展的工业部门。20 世纪 80 年代中后期发达国家开始把资本技术密集型产业的部分工序转移到发展中国家，借此机会马来西亚的资本密集型工业获得了发展所需的资金和技术，实现了较快的发展。这一时期的电子产业发展最为迅猛，汽车工业也从无到有地发展起来。

进入 20 世纪 90 年代以后，世界主要发达国家的经济有所好转，各国逐渐意识到高科技在经济发展中的作用越来越大，发展中国家纷纷进行市场化改革，进行国际贸易，参与国际竞争，劳动密集型产品在世界市场的竞争也越来越激烈。马来西亚国内由于劳动力短缺、工资上涨造成劳动密集型工业生产成本大幅提高，再加上工业技术水平远远落后于发达国家，国内的基础

设施条件也满足不了经济发展的需求，导致马来西亚的劳动密集型产品在世界市场上的竞争力越来越弱，产业结构转型面临的压力也越来越大。因此，马来西亚政府继续加大力度促进资本技术密集型产业的发展。1991 年颁布的《1991—2000 年的国家开发战略》和第 6 个马来西亚计划提出要加大研发投入，发展科学技术，增加本国技术在世界市场上的竞争力，鼓励外资投资到资本技术密集型工业领域。同时，1992 年及 1995 年改革税收政策，利用税收限制劳动密集型企业的发展。

1996 年的第 2 个工业发展蓝图（1996—2000 年）和第 7 个马来西亚计划再次提出特别鼓励资金技术密集型产业的发展。这一时期亚太地区对石油产品的需求增加，外商投资也从电子电器工业转向石化、金属等资本技术密集型产业，马来西亚的石化、天然气、汽车等资本密集型产业，因此得到了进一步发展。1997 年亚洲金融危机使马来西亚货币和股市暴跌、通货膨胀压力明显增大、外资大量外流、利率不断升高、出口消费低迷，人民生活水平大大降低。此后，马来西亚政府开始整顿本国工业，加快产业结构调整的步伐。大力发展机械制造业，努力搭建完备的工业体系。整顿金融市场，降低存贷利率，鼓励金融机构扶持工业企业，给予以生产和出口为主的制造业、服务业以优先贷款权，减轻工业企业的负担。砍掉大批资不抵债的劳动密集型企业，裁减国际需求低的轻纺工业，淘汰附加值低的、以加工组装为主的电子工业，重点发展资金技术密集型工业，如服装精加工产业，通过发展“多媒体超级走廊”实现电子工业的升级换代。

2. 产业政策对经济增长的影响

（1）积极影响。经过实施一系列促进经济复苏的改革措施，马来西亚经济于 1998 年年底就停止了急剧下滑的趋势，工业生产开始恢复。1999 年，经济普遍回暖，整个出口工业增长达到 12.8%，其中半导体工业和电子产品出口增长率达到 21.2%，电缆电线出口增长 14.6%。“多媒体超级走廊”项目吸引了大批外国企业，引进了大量先进技术，提高了马来西亚工业企业的技术水平。截至 2000 年，制造业占 GDP 比重 30.86%，占出口比重高达 80.43%。整个第二产业仍然是国民经济的主导产业。

（2）不利因素。这一时期马来西亚的资本技术密集型产业尚未拥有核心技术，重要的机械设备还是要从发达国家进口，产品主要依靠加工组装，马来西亚产业结构转型升级之路仍然困难重重。

（三）现代服务业和高新技术产业发展战略（2001 年至今）

在全球经济转型阶段，服务业被认为是经济增长的主要源泉，很多国家在参与国际竞争的过程中都把服务业作为战略性产业进行投资，马来西亚政府也开始加大对服务业发展的鼓励力度。

1. 产业政策

2001 年，马来西亚政府推出了《第三个远景计划纲领》和第 8 个马来西亚计划，制订了进一步促进国内经济复苏，维持经济发展动力的未来十年经济发展规划。《第三个远景计划纲领》把制造业、服务业和农业共同作为未来经济发展的动力，其中服务业中的旅游业是重点扶持行业，另外，还要加大对研发和通信行业的资金投入。第 8 个马来西亚计划提出要加强科技基础设施建设，加快科技成果的转化速度，重点发展知识经济以迎接全球化的挑战。为此，马来西亚政府专门成立了创业投资基金，提供税收优惠鼓励资讯通信行业的发展。2001 年，为了促进金融业的发展，构建强大的金融体系防范金融风险，马来西亚央行颁布《金融领域基本计划》。

2005 年，推出大马资讯、通信与多媒体服务策略，2005 年启动了国家生物技术政策，概述了发展生物工业的措施，这也是东盟第一个推出生物经济倡议的国家。2006 年，宣布第 9 个马来西亚计划的十大策略，指出要以发展知识经济为基础，改善公共服务，提高行政效率，不断加大对农业技术研发和教育领域的资金支持。2008 年的全球金融危机再次重创了马来西亚经济，马来西亚政府开始实施扩张的财政政策来振兴经济。发达国家也纷纷施行"再工业化战略"重视第二产业的发展，同时布局生物医疗、新能源、信息通信等战略性新兴产业，以重新取得在世界市场的竞争优势。马来西亚的资本技术密集型产业的发展受到了发达国家的挤压，传统的劳动密集型产业又受到了来自后发展中国家的竞争。因此，马来西亚希望通过重点发展服务业来拉动本国经济的发展。2009 年爆发了"外资出逃潮"，为了再次吸引外资，提高国内服务业的竞争力，马来西亚开放了包括计算机、交通运输、体育娱乐等八大服务业，目的是将服务业在国民经济中的比重提高到 60%；2009 年提出把传统制造业发展为创新、知识、科技型制造业即"超越制造业"发展模式，以此来提高人们的收入并推动经济发展。

马来西亚 2010 年颁布《新经济模式方案》，主要强调推动服务业的发展，清除制度障碍、实现市场公平竞争、培养高素质人才、加强知识基础设

施建设、大力发展知识经济，以此来推动本国经济结构转型升级；2012 年启动生物技术转型计划，将工业向高附加值方向转变；2015 年推出第 11 个马来西亚计划，重点确定了公共交通和基础设施建设规划，加大对基础设施领域的财政拨款，以创造更多的就业岗位，更好地服务各大产业的发展，同时提出促进职业技术教育的发展，提高劳动生产率。

2. 产业政策对经济增长的影响

（1）积极影响。数字自由贸易区的成立让马来西亚销往中国的商品数量的增长速度在“一带一路”沿线国家中处于领先地位。马来西亚积极地推进物流、移动支付等行业的发展，并不断加强对相关行业人才的培训。2017 年，马来西亚数字经济为 GDP 贡献了 2 471 亿令吉，同比增长 10.3%，占据国内生产总值的 18.3%，到 2020 年数字经济为 GDP 的贡献达到 20%，其中，2010—2017 年电子商务对马来西亚 GDP 的贡献保持了年均 12.5% 的增长速度。如今，马来西亚已经发展成为一个多元经济齐头并进的经济体，农业、工业、服务业多元化的收入来源以及逐步增加的内外需求会进一步推动马来西亚向发达经济体迈进。2007 年第三产业占 GDP 的比重超过第二产业成为经济的主导产业，并一直保持至 2017 年。2017 年服务业增长 6.2%，占 GDP 比重为 54.4%，其中信息和通信行业增长最快，实现了 8.4% 的增长，其次是房地产、商业服务和食物饮品住宿行业实现了 7.4% 的增长，其余行业中批发零售和运输存储的增长率也超过了 6%。在信息和通信行业中，电信服务的贡献是最大的，计算机程序设计是第二大贡献行业。

（2）不利影响。截至 2018 年，服务业的就业人数占总就业人数的比重已经达到了 62%。但是，2019 年马来西亚在国外面临贸易限制不断增加、全球贸易走弱、大宗商品出口不振、外资疲软，在国内面临至少减少政府 1 万亿令吉债务的目标，以及 2019 年对基础设施较低的投资预算都在拖累整体经济的增长，因此马来西亚财政部 4.9% 的经济增长目标很可能无法实现。

第三节　政府对完善市场的作用

一、马来西亚政府对完善农业市场的作用

早期，马来西亚由于英国殖民的影响，对工业的发展尤为重视，但马来

西亚忽视了农业的发展。马来西亚农业发展的不受重视直接影响到了其粮食安全。首先，马来西亚国内生产的粮食出现了不能满足国人需求的情况，粮食自给率低下，这主要是因为国内农业生产效率低和土地撂荒现象严重。粮食供应不足使马来西亚不得不进口粮食，这不仅给国家经济造成了负担，流失大量外汇，还使马来西亚在粮食方面产生对国外的依赖，直接威胁到国家的粮食安全。其次，在粮食无法自给的同时，过量的化肥被应用到粮食生产中也严重威胁着马来西亚的粮食安全。由于没有先进的农产品加工产业，马来西亚出口的农产品大都是初级产品，存在价格低、收益少的问题。过量使用化肥不仅会给马来西亚的土地造成板结、肥力不足，不能取得更好的收成，还会影响到人类的健康。为了改变这种状况，实现农业的多样化，建立更好、更完善的农业市场，马来西亚政府出台了很多政策，做了很多努力。如大力发展农业机械化生产、提高农业的科技含量、实施农业多样化战略、推动农林牧一体化发展。

这些措施在很大程度上改变了马来西亚农业的落后困境，促进了马来西亚国内农业的初步发展，使马来西亚人民迅速摆脱了战争的影响，为建立基本的农业市场打下了良好的基础。之后马来西亚政府提出了“新经济政策”，其目的之一是消除贫困，为达到这一目标，马来西亚把过半的财产预算投入农村和农业发展项目，建立支援性设施，开发耕地，扩大稻谷耕种面积，并辅之以各种配套设施。马来西亚政府将附近的乡村聚集在一起，并将其中一个或几个村作为经济增长的中心区，以推动所有农村经济的不断发展，即实施农村经济增长中心战略。这项举措不仅改变了农村地区的贫困状况，提高了农村居民的生活质量，还相应地缩小了城乡差距，推动了农村城市化进程。结果使其贫困发生率从 1970 年的 49% 减少到 1990 年的 15%，如今马来西亚的绝对贫困发生率几近于零。

马来西亚政府制定乡村发展政策的目的就是要通过各种方法帮助广大农村地区的人们提高收入和提高生活水平。马来西亚政府推行的“一揽子”乡村发展政策包括增加政府在乡村发展方面的投入，改善乡村的教育、医疗、道路、食水和房屋等基础设施。政府投入大量的人力、物力和财力，建设乡村学校和乡村诊疗所、维修乡村道路、建立供水系统、改造乡村住宅等。

为了维护国内的农业市场稳定，马来西亚政府在 1970 年实行的“新经济政策”中通过控制价格和产量对商品市场进行直接的干预，以维护生产者

的利益。例如，政府对一些主要的农产品，主要是大米，规定最低的保护价，使生产者不至于由于价格的波动而受到损害。一些基本的商品或短缺的商品也由政府以公平的价格向消费者出售。这种政策的主要受益者是居住在农村的水稻小规模种植者。在20世纪70年代，政府规定每担稻谷的最低价格为16令吉。政府还严格控制大米进口，对外国大米进口，政府规定准入制度，还要课以很高的税率，使进口大米的价格远远高于本国大米，以保护本国稻农的利益。

马来西亚政府通过“五年计划”和“新经济政策”，极大地促进了农业的发展，提高了农民的收入，特别是马来西亚原住民的收入，极大地解放了农村的劳动生产力，建立了一套完善的农业市场运行机制。

二、马来西亚政府对完善工业市场的作用

20世纪80年代初爆发的世界经济危机使马来西亚面临第二次世界大战后最严重的经济衰退。为了迅速发展经济，马来西亚政府开始大力发展重工业项目。由于重工业属于资本密集型产业，需要较长的资本回收期，初期效益不甚理想。加上国际市场竞争激烈，一些重工业项目的产出滞销。马来西亚政府在1989年指出，总体而言，由公共部门主导的重工业项目的成效不理想。一些项目因国内市场萧条和国际竞争力差而负债累累。由政府控制的重工业项目的生产率在1985—1990年有了显著的提高，尤其是铁与钢、运输设备等产品的资本产出与劳动产出率均有较大的提高，使一部分重工业项目的财政状况有所好转。尽管对重工业发展的经济效益还存在争议，但是马来西亚政府以与外国企业合营的方式推行重工业建设项目的重要意义还是得到大部分学者的充分肯定。

在实行新经济政策之前，大多数马来西亚人生活在农村，从事第一产业，在城市的马来西亚人也主要是从事传统产业的非熟练劳动，这种就业结构使马来西亚人的收入过低，陷入贫困的状态之中。因此，促使更多的马来西亚人在现代部门工作是帮助马来西亚人摆脱贫困的一条重要途径。马来西亚政府原来预计的目标如下：到1990年时，在第一产业部门就业的马来西亚人与非马来西亚人的比重必须达到60 ∶ 40；在第二产业部门（包括矿业、制造业、建筑业、公用事业和运输业）的马来西亚人和非马来西亚人的比重为50 ∶ 50；在第三产业部门（包括批发与零售贸易、金融业、政府和其他

服务业）就业的马来西亚人与非马来西亚人的比重为 48 ： 52。马来西亚政府主要通过如下途径来改变马来西亚人的就业结构：①提高马来西亚人的教育水平，政府优先向马来学生提供奖学金，使他们得到更多的受教育机会，从而有条件从事各种技术工作和熟练劳动；②大力发展制造业，为马来西亚人提供更多的就业机会；③将新建工业扩散到各地，大力推进农村和集镇的城市化，鼓励更多的马来西亚农民在城市定居和就业；④鼓励更多的马来西亚人从事工商业活动和在工商业部门就业，对优先录用马来西亚人的企业，政府给予各种优惠待遇；⑤通过提供指导和训练，让更多的马来西亚人在政府部门工作。

同时为了更好地完善市场运行，马来西亚建立了更好的基础设施。在 2000 年的第 8 个五年计划中，马来西亚政府设立了“一揽子”的目标，建立了很多基础设施。①公路设施。马来西亚政府投资 51 亿令吉修建新公路，89 亿令吉改造和提升现有公路设施，私人领域将完成 100 千米的高速公路建设。②铁路建设。马来西亚的铁路建设主要是北部从万饶到巴东勿刹 232 千米和南部芙蓉至新山 287 千米电气化双轨铁路改造，总投资约 25 亿美元。③港口设施。马来西亚将继续增强港口建设，增建集装箱码头和仓储设施，港口吞吐量计划每年增长 9.5%，到 2005 年达 5.41 亿吨；2005 年注册运输船只增加到 3 800 艘。④通信设施。“八五”期间，马来西亚将继续加强电信投资，为达到每百人固定电话拥有率 27% 的目标，马来西亚将新增电话线 423 800 条，增加公用电话 88 760 个。移动电话用户拥有率到 2005 年将达到 38% 目标。与此同时，政府将继续投资电讯业的基础设施和技术提高。⑤供水项目。马来西亚将继续增加水坝建设，提高水处理能力。其中，最重要的项目是从彭亨州输水到雪兰莪州的州际供水工程，总投资约 240 亿令吉。⑥电力设施。马来西亚拟投资 252 亿令吉兴建发电站，其中 3 座燃煤发电厂，发电 510 万千瓦；5 座天然气发电厂，发电 380 万千瓦；巴贡水电站，240 万千瓦；投资 68 亿令吉提升输电设备；投资 96 亿令吉用于改进配电设备。⑦房地产开发。“八五”期间，由于人口增长、新建家庭以及消费需求增长，马来西亚计划兴建房屋 78 万套，投资 42 亿令吉，其中 22 亿令吉用于兴建廉价屋。第 10 个五年计划建立世界级的基础设施以支持经济增长，投资 27 亿令吉用于兴建道路和火车轨道接至机场和港口，将双轨电动电车延伸至新山，2015 年完成新山至巴东勿刹的双轨火车工程，投资额约 165

亿令吉。投资约 33 亿令吉用于扩建吉隆坡国际机场；确保资源及能源的有效分配；加强基础设施共享计划，在西马建设 6 312 千米的混凝土路，在沙巴和砂捞越分别建设 2 450 千米和 2819 千米混凝土路惠及 330 万民众；进一步完善饮用水和电力供应。

为了给外国投资者创造更好的投资环境，吸引更多的外国投资者直接投资，马来西亚政府一方面，鼓励国内私人投资者与政府一起大力参与本国国内基础设施的建设，包括建设高速公路、设备齐全的工业地产、工业园区、飞机场和改善港口设施；另一方面，改变了政府在工业化建设过程中所担任的角色，从原先的规章制度的制定和加强者，转变为与私营部门合作的伙伴。同时，马来西亚政府改变了先前对私人部门，尤其是对华人投资者所持有的一些负面看法，包括贪图利益、不可信任等，转而明确邀请马来西亚华人投资者担任经济建设的主角，提供一整套包括财政与非财政支持性措施以确保私人部门成为经济增长的主力。

此外，马来西亚政府推行私有化、颁布废除发展税、减少公司税率、解除对外国工人移民限制、发展教育等一系列改革举措作为配套激励措施。此外，政府采取了很多改变官僚作风的有效措施。其中，“马来西亚公司”概念的引入使公共与私营部门之间的关系更为密切，政府借此成为国家工业化、投资和商务发展的直接参与者。马来西亚政府还成立了马来西亚商业理事会（MBC），作为政府从私人部门获取反馈意见的桥梁。MBC 还对政府有关私人部门在投资、工业发展、商业等政策，以及私人部门在国家发展进程中的作用提供咨询。

马来西亚政府通过建设各种国家基础设施，解放大量劳动生产力，为外国投资者提供各种优惠政策，为工业市场的运行不断注入新的活力。另外，马来西亚政府大力加强企业所有权的改革，加强市场监督，改变资本占有结构，培养马来西亚资本家。为了达成目标，马来西亚政府主要通过两条途径。一是通过收购、合并和参与等方式，减少外国资本对公司的控制权，使马来西亚人拥有的企业控股权得到显著增加。按照原订计划，马来西亚人的企业控股权要从 20 世纪 60 年代末的 2.4% 增加至 30%，实际上只达到了 20.5%，虽然与原来的目标有一定的距离，但已经取得了很大的进步。尤其是在银行业和金融部门，马来西亚人的所有权已经上升至 70%。二是大量建立国营企业并且将它们进行私有化。在新经济政策时期，政府投入大量资

金建立了许多国营企业，由政府委派马来族官员或马来族资本家进行管理，“马来族政府官员，上到总理，下到各部长及州务大臣，无不亲自担任几家到十几家国营企业的董事会主席，并且成为企业的重要股东”。政府还在适当的时候将国营企业私有化，主要途径是将国营企业低价出售或转让给马来族官员或资本家。政府还通过提供拨款、无息或低息贷款等方式大力扶植马来西亚人的企业。

三、马来西亚政府对完善国际市场的作用

马来西亚政府对国际市场尤为重视，马来西亚重要的地理位置和国内产业的偏好性较大，决定了马来西亚对国际市场的依赖性很强。马来西亚政府对国际市场的监管也十分重视，各种监管部门的限制也十分明确。

（一）马来西亚主要贸易管理部门

马来西亚国际贸易和工业部主要负责对贸易规则和政策的制定与执行、配额管理，并负责一般产品、机动车辆的进出口证发放事务。马来西亚国际贸易和工业部下属的贸易事务局专门负责反倾销、反补贴调查。马来西亚海关负责监管产品进出口、关税征收等事务，并提供有关进出口许可证和关税的信息。马来西亚对外贸易发展局负责促进和推动马来西亚制成品和半制成品的对外出口，为马来西亚产品出口提供相关服务。此外，各行业产品的进出口许可证的发放主要由有关行业的管理部门负责，如农业部负责植物及植物产品，原子能许可局负责放射性物质及产生辐射的仪器，兽医服务局负责动物及动物产品等。

（二）马来西亚主要投资管理部门

马来西亚国家银行是马来西亚对外投资的主要管理机构，马来西亚重大的海外投资工业项目需得到国家银行的批准。其下属的工业发展管理局全面负责制造业的吸引外资工作。外资委员会主要负责审批外资的持股比例，并负责除家具外的制造业外资申请业务。

（三）进口管理制度

马来西亚将进口产品划分为以下四类：禁止进口产品；实行进口许可的产品，如家禽、牛肉、大米、食糖和彩色复印机等；为保护国内产业而实行临时进口限制的产品，如牛奶、咖啡、部分电线电缆以及部分钢铁产品等；自由进口产品。根据马来西亚 2005 年 7 月 1 日起开始执行的《营养标签及标识规定》，进口食物要进行营养标识，包括标明维生素、矿物质、胆固醇、食物纤维及脂肪酸的含量，但是在对营养说明时，禁止采用医疗用语。该规定涉及的产品包括本地生产和进口的精制谷物食品、各种类型的面包、各类甜食面点、各种奶类制品以及各种类型的软饮料，包括植物性饮料、豆奶和大豆饮料等。

（四）外商投资限制规定

目前，马来西亚对外国人获得财产的条件较为严格。根据 2004 年 8 月马来西亚外资委员会发布的《外商投资指导方针》，外国人要获得总价值超过 1 000 万（包括 1 000 万）令吉以上的财产，或者购买一整幢建筑，或者从事任何财产开发项目都必须在当地注册企业，必须满足一定的条件（包括净资产、雇员、股份和不动产开发等）。如果外商获得工业财产是为了满足制造的需要，则获得该财产可以不满足有关净资产的要求。对于“多媒体超级走廊”内的企业，如果是为了本企业的运作而在该区域内收购任何财产，无须获得外资委员会的批准。

此外，马来西亚与贸易和投资有关的法律法规还包括《海关法》《海关进口管制条例》《海关出口管制条例》《海关估价规定》《植物检疫法》《保护植物新品种法》《反补贴和反倾销法》《反补贴和反倾销实施条例》《促进投资法》《外商投资指导方针》《外汇管理法令》《工业产权法》《专利法》《通讯与多媒体法》等。马来西亚政府通过各种政策和法律法规在积极引进外资和保护国内产业的利益方面做了很多努力，其取得的成果也让世界为之惊叹。

第四节　经济增长质量剖析

自独立以来，马来西亚经济增长起伏较大，用了较长的时间跨越中等收入阶段。1977 年，马来西亚人均国民收入就已经达到 1 030 美元，开始进入中等收入国家行列。经过 30 多年的努力，马来西亚经济发展取得了显著成绩，人均国民收入已达 4 000 多美元，世界银行已将马来西亚列入中上等收入国家，其开始面临“中等收入陷阱”的挑战。但由于贫富差距扩大、产业升级滞后以及金融体系脆弱等因素，从 20 世纪 90 年代末期开始，马来西亚经济增长速度逐步放缓。直到 2017 年，马来西亚人均国民收入才提升至 10 010 美元。需要从多方面剖析马来西亚中等收入阶段的经济增长质量。

一、马来西亚中等收入阶段经济增长起伏的原因

（一）滞留农业发展

政府规划不具体，执政者为了得到选票，便以优先发展农业和取得马来西亚人的信任为主。尽管马来西亚提出了众多经济计划，但其侧重点都在农业的发展上，直到 20 世纪 80 年代才认识到经济发展不平衡的问题。1991 年，马来西亚为了实现经济增长与分配均衡，开始发展工业，但与发达国家相比相差很远。

（二）外贸依赖性较大

马来西亚初期采用进口替代战略，1971 年外资公司占马来西亚 GDP 的 21%、制造业的 67%。但高投入、低产出、低效率的制造业市场注定失败。甚至 20 世纪 80 年代，马来西亚还限制国内的投资，鼓励外资更是加剧了重工业化的失败。

二、马来西亚经济增长质量评价

评价马来西亚经济增长的质量，需要从以下几个维度进行分析，当然这些方面大都与政府的作用密不可分。

第一，虽然经济增长提升了政府的执政能力，但马来西亚政府在规划和

产业扶持方面还存在很多不足。

（1）规划不具体。马来西亚自第一次国家发展计划就以实现增长经济为目标，但计划书中并没有明确的细节目标，更没有具体的工业化目标。尤其，从马来西亚经济建设投入看，农村建设投入在整个经济计划时期所占比重最大，这与马来西亚选举制度有关，执政者为获得选民支持，便以农村马来西亚人作为重要的发展对象，政府大力发展橡胶种植。据统计，橡胶种植业从1960年的5 900公顷增长到1970年的59 900公顷，从而使马来西亚的发展在最开始就偏离了计划轨道。

（2）产业扶持不力。马来西亚政府计划的战略主攻方向在20世纪70年代前是改造不合理的殖民经济结构，重点是为经济发展努力创造一个良好的政治与社会环境。马来西亚政府支出对其他产业的投入远低于农业和农村建设的投入。直到20世纪80年代，政府才认识到之前经济发展主要侧重于财富的重新配置，但没有效率的公平分配是破坏性的再分配，极其不利于经济增长。尽管后期马来西亚政府已经意识到工业化和产业选择的重要性，但已错过黄金时期。马来西亚对本国制造业的保护是低效率的，而且有一定的盲目性。这使企业家们不是通过提高经济效率来削减成本，而是通过对政府官员行贿获得特定保护来维持发展，因而企业的危机意识和创新意识严重不足。

第二，马来西亚政府没有成功引导种族融合和形成统一的国家意识。层出不穷的族群政治言论对族群意识的刺激与强化、不同族群公民权利的争辩成为马华两大族群关系的重要特征。首先是国内政治形势的变化。马来西亚人已经牢固地控制了政权，非马来西亚人政党在国民阵线中的权力地位较之于原先的马华印联盟降低。其次是国内经济地位的变化。经过新经济政策的扶持，马来西亚人的经济力量迅速增长，马来西亚人的持股率已从1970年的2.4%上升到1990年的20%左右，如果加上“土著信托基金”所托管的部分，则已达到30%左右。再次是华人社会长期的抗争。马来西亚华人的社会组织比较完备，有马华公会、民主行动党、民政党等政党，他们都在以各种方式争取华人社会的权利。当正面推动无效时，从反面施压也是他们的选项。最后是国际形势变化的影响。随着冷战的趋缓，中马之间实现了关系正常化，社会制度和意识形态不再是两国关系发展的障碍，华人问题的敏感度也有所降低。

第三，经济增长引起政府对教育、社会保障和公平的重视。马来西亚政府提升了对教育的重视，通过为学生提供奖学金使其得到更多教育机会，同时大力发展制造业、工业等，为马来西亚人提供了更多的就业机会，对优先录用马来西亚人的企业政府给予各种优惠待遇。马来西亚政府通过发展乡村经济，帮助广大农村地区的居民提高收入和生活水平，改善乡村的教育、医疗、道路、饮用水和房屋等基础设施。

总之，马来西亚在早期的社会经济结构主要是殖民统治时期形成的，独立以来便有了相当大程度的变动，外国资本的比重有所降低，马来西亚的国家资本及私人资本的比重有所提高，但目前外国资本仍居重要地位。在建国初期，以国家干预与调节为主。在经济发展到一定水平后，向市场经济体制逐步转变。在过渡过程中，政府仍在重点领域部门起主导作用，并通过制订经济发展计划来指导和管理国家的经济发展。通过产业政策，促进产业转型升级。马来西亚在 20 世纪 80 年代以前的经济增长是缺乏质量的，到了 90 年代以后，随着市场经济的逐渐成熟，国有企业渐次私有化、私人企业逐步壮大、外资投资引进、对外开放程度逐步提升，其经济体制也由计划经济向市场经济逐步过渡，发生了经济持续增长所需的质变，因而经济增长逐渐变得有质量。

第十章 南非

第一节 前中等收入阶段背景

一、概况

南非共和国地处南半球，有“彩虹之国”之美誉，位于非洲大陆的最南端，陆地面积为 1 219 090 平方千米，其东、南、西三面被印度洋和大西洋环抱。南非矿产资源丰富，是世界五大矿产资源国之一，现已探明储量并开采的矿产有 70 余种。铂族金属、氟石、铬的储量居世界第一位，黄金、钒、锰、锆居第二位，钛居第四位，磷酸盐矿、铀、铅、锑居第五位，煤、锌居第八位，铜居第九位。南非人种分黑人、有色人、白人和亚裔人四大种族，分别大约占总人口的 80%、8%、9% 和 3%。黑人来自 9 个部族，主要使用班图语；有色人主要是白人同当地黑人所生的混血人种，主要使用阿非利卡语；白人主要为荷兰裔和英裔白人（荷兰裔为主），语言为阿非利卡语和英语；亚裔人主要是印度人（占绝大多数）和华人。英语为官方语言。约 80% 的人口信仰基督教，其余信仰原始宗教、伊斯兰教和印度教等。

南非在历史上分别是荷兰和英国殖民地。1652 年荷兰人开始入侵，对当地黑人发动多次殖民战争；19 世纪初英国开始入侵，1806 年夺占“开普殖民地”，荷裔布尔人被迫向内地迁徙，并于 1852 年和 1854 年先后建立了“奥兰治自由邦”和“德兰士瓦共和国”。1867 年和 1886 年南非发现钻石和黄金后，大批欧洲移民蜂拥而至。1899—1902 年英国人通过“英布战争”

吞并了奥兰治自由邦和德兰士瓦共和国。1910 年 5 月英国将开普省、德兰士瓦省、纳塔尔省和奥兰治自由邦合并成南非联邦，成为英国的自治领地。1948 年国民党执政后，全面推行种族隔离制度，镇压南非人民的反抗斗争。1961 年 5 月 31 日，南非退出英联邦成立了南非共和国。在白人统治时期长期在国内以立法和行政手段推行种族歧视和种族隔离政策，先后颁布了几百种种族主义法律和法令。1994 年 4 月 27 日举行了首次不分种族的大选，产生了制宪议会和新政府，同年南非终止了种族隔离制度并通过保障黑人权利的法案，后加入英联邦。

南非是非洲的第二大经济体，国民拥有较高的生活水平，经济相比其他非洲国家来说稳定。南非财经、法律、通信、能源、交通业较为发达，拥有完备的硬件基础设施和股票交易市场，黄金、钻石生产量均居世界首位。深井采矿等技术居世界领先地位。在国际事务中南非已被确定为一个中等强国，并保持显著的地区影响力。

二、经济社会的发展①

（一）矿业革命的发生

荷兰赢得葡荷战争以后，南非成为荷兰殖民地。荷兰东印度公司占领开普敦后鼓励白人移民抢占当地土地，经营的农场规模一般都在 6 000 英亩（约为 24 平方千米）以上。19 世纪初，随着英国占领开普敦，不少英国移民进入南非。与荷兰移民不同，他们具有资本和技术，带来了资本主义因素。但是，英国移民并没有根本改变南非的经济状态。直到 19 世纪中期，南非的经济仍处于比较落后的状态，运输全部靠牲口，制造业也只限于制造运货马车、家具、鞋、皮革制品等。1860 年，南非的出口商品全是初级产品，总额为 250 万英镑，主要是羊毛，其次是铁和皮革。

从 1862 年开始，南非遭遇持续干旱，一直到 1870 年，农业种植和牲畜放牧遭受沉重打击。建立不久的银行发现借贷者太多，而自己能提供的资金却少得可怜。在这种形势下，不断有白人移出，前往美国和澳大利亚。开普敦的政治局势因经济形势不佳而出现不稳定，内地的德兰士瓦面临内部对有

① 何中正．巴西二元经济结构的特征、演进及政策评价[J]. 拉丁美洲研究，2010，32（1）:43-49，72，80.

限资源的争夺，甚至发生连发工钱都要靠“打白条”的现象。1867年，在瓦尔河和奥兰治河交汇处附近发现了钻石，迅速引起轰动，在随后的两三年间，几千人涌往该地寻找钻石。1869年，在金伯利附近又发现了钻石矿带，欧洲的投机者和投资者迅速进入，钻石矿业迅速兴起。1886年，在威特沃特斯兰德发现了巨大的黄金矿带，“黄金城”约翰内斯堡迅速形成，同样吸引了大量的投资和劳工。在格里夸兰发现钻石后的5年内，南非钻石出口额达160万英镑以上，1871年金伯利成为世界最大的钻石生产地，1880年钻石出口额增至500万英镑以上，1905年约为1 000万英镑，1910年超过1 500万英镑；发展更快的是1886年以来的黄金开采业，1890年黄金出口额达1 000万英镑，1898年南非超过美国和澳大利亚成为世界最大产金国，1905年黄金出口额增至2 500万英镑，1910年则达4 500万～5 000万英镑。

钻石和黄金的发现和开采，有力地带动了南非经济的发展，主要表现在以下几个方面。

1. 大量外资流入

矿产的发现，吸引了大量欧洲和美国资本。1909年，英国议会通过了《南非法》，规定所有要求取消外国资本的言论和行动都是非法的，这给外国资本的进入提供了法律保证。1880—1939年，西方对非洲殖民地的大量投资几乎都集中在南非。格里夸兰从被人遗忘的荒芜地区一下子变成世界关注的中心，黄金的发现也给德兰士瓦和林波波河以南的地区带来了同样的变化。外部资金和技术的进入使南非的矿业在很短的时期内发展起来，给南非带来了巨额收入，也使矿业公司积累了大量资本。无论是政府还是公司，都在矿业兴起后的短短一段时间里就拥有了大量可供投入的资本，从而使矿业能够进一步发展和扩张。此外，矿业及其相关产业发展前景的巨大吸引力也使外部资金不断进入。1936年，南非的外国资本估计已经达到1 046亿兰特，占外国资本在非投资总额的43%。同时，南非的政府公债持续受到青睐。1870年，开普殖民地的公债额为157万英镑，到1908年时已增长到约4 843万英镑，德兰士瓦的公债则由1875年的81万英镑增加到1909年的3 900万英镑。德比尔斯公司等主要企业的股票也受到大家欢迎，欧洲特别是英国的大小投资者都愿意购买，每股面值1英镑的股票市值达到5英镑。

2. 交通运输业得到迅速发展

交通运输工具和体系发生了革命性变革，传统的人力和畜力（牛车等）

运输转变为以铁路火车运输为主、公路汽车运输为辅的现代运输体系。在此之前，移民定居点和城镇一般都相距很远，且人烟稀少，并不需要修建很多的铁路和公路。但是，钻石和黄金矿业的发展不仅使交通运输成为不可或缺的重要条件，也成为有利可图之事。从 19 世纪 70 年代开始修筑从开普敦、伊丽莎白港、东伦敦和德班通往钻石和黄金产地的铁路，开普敦殖民地对铁路的投入从 1875 年的 148 万英镑增加到 1908 年的 3 200 万英镑，纳塔尔 1904 年的铁路投入超过 1 亿英镑，德兰士瓦 1909 年的铁路投入更是高达近 2.6 亿英镑。在投入不断增加的情况下，南非铁路干线的长度从 1869 年的约 110 千米增至 1889 年的 1 700 千米，1899 年的 3 300 千米增至 1905 年的 4 190 千米。同时，公路建设得到同步发展，第一次世界大战结束时，省级公路的总长度为 75 万千米，此外还修筑了许多农场道路。公路的修建为汽车的广泛使用提供了条件。1920 年，南非已经拥有载客汽车 24 万辆，货车 9 000 辆，居非洲大陆之首。

3. 制造业得到发展

之前，南非虽然已经出现了制造业，但发展水平低下，且主要是手工加工业，而且由于受到市场规模狭小的束缚，产品的品种单调，数量有限。矿业的迅速发展使南非的制造业发生巨变。人口激增和城镇新建为制造业产品创造了广阔的市场，新建的铁路和公路等基础设施又为这些产品的流通提供了便利。以食品加工业为例，工业人口的增长促进了消费市场的扩大，于是推动了水果保藏、果酱制作、肉类、蛋类糖和乳制品等加工业的发展。矿业的发展除带动了坑木、炸药等直接相关产业的发展外，还推动了食品饮料加工、服装、金属、机械能源供应等行业的发展。至 1890 年，南非已经建立工厂 530 个，1904 年的制造业产值达 2 000 万英镑。1912 年，南非的制造业已包括水果保藏、果酱制作、酿酒、制皂、制烛以及制造风车、水泵、水力钻孔机、门与篱笆等小型机械工业，还有制鞋和制衣等行业。第一次世界大战中，制造部门的发展得到鼓励，目的在于使该国的经济多样化，尽量减少对矿业的依赖。为了促进制造业部门的发展，南非政府于 1924 年开始实行保护性关税，还于 1921 年设立工商管理局，1923 年设立电力供应委员会，1928 年设立南非钢铁公司。其中，南非钢铁公司的设立具有特别重要的意义，为南非的制造业发展提供了各种钢铁产品，为制造业的发展打下了坚实基础。1918 年，南非制造业雇用了 124 万人，1928 年雇用总人数增至

141万人。制造业在20世纪20年代末30年代初大萧条之后的发展更为迅速，到1939年，食品、饮料、烟草、纺织成衣、皮革、鞋类、化学制品、金属制品和机械制品的产值达7 500万英镑左右，制造业成为仅次于矿业的第二大国民收入来源。

4. 南非白人农业向商品化生产转化

随着矿业生产规模急速扩展和矿区人口迅速增加，对于农副产品的需求日益扩大，而供不应求的态势和高额利润推动了南非白人农业由自给自足向商品生产过渡。他们努力扩大农副产品的商品生产，在矿区四周和交通沿线形成了专门供应市场的农副产品（粮食、蔬菜、水果、肉类和奶制品）的专业生产区。更有甚者，一些白人农场主为了提高产量、改善品种和质量，专门从欧洲购买先进的农业机械、优良品种和化学肥料。这些行动有力地推动了南非白人农业向资本主义生产和经营方式的转化。黑人农业在矿业革命的冲击下，也出现了一些变化。少量黑人农民适应形势的变化，成为南非第一批黑人农场主，而大部分黑人农民则仍然在贫困中挣扎。

5. 南非城市化进程加快

矿业革命改变了南非的城市分布，大大加快了南非的城市化进程。矿业革命前，南非城市主要集中在沿海地区，如开普敦、伊丽莎白港、德班港等。当时南非超过1 000人的城市也只有20多个。矿业发展创造了对劳动力的巨大需求。1906年时南非矿业雇用了163万人，1918年增至291万人，除了非洲人外，还有白人和华人。但总的来说，非洲人是劳工的主体。为了确保劳动力的供应，南非通过一系列法律，迫使非洲人离开自己的村庄，进入矿区和其他工业中心地区出卖劳动力。除此之外，南非还从别的殖民地，如莫桑比克、巴苏陀兰（现为莱索托）、贝专纳兰、斯威士兰、尼亚萨兰和南北罗得西亚，招募劳工。1936年，南非的非洲矿工人数达30万人，其中约40%来自特兰斯凯保留地，25%来自葡属莫桑比克，近15%来自巴苏陀兰。大量人口的集中促进了城市化进程，由于工人迁居到新建的采矿和工业地区，一些崭新的城镇诞生了，而某些原有城镇也飞速扩展。矿业革命后，在矿区、交通沿线出现了一系列新兴城市，其中最早出现的是金伯利。金伯利的发展异常迅速，建城5年人口已达5万人，不仅是南非第一个使用电力照明的城市，而且很快引入电话和电报。其他新兴城市，如约翰内斯堡等，都呈现出同样的发展态势。矿区和交通沿线城市的出现表明南非的经济生活重

心从沿海转入内陆。矿业发展以及由此带来的经济变革使南非在 19 世纪末 20 世纪初经历了巨大发展，与非洲其他地区形成了鲜明对比。以矿业为基础，基础设施完善、农业和制造业均较发达的多样化经济体系基本形成，南非的整体经济实力不断提高，成为非洲大陆的经济强国。然而，这一时期的经济发展已经显现出鲜明的种族主义色彩，无论是就业机会、利益分配还是群体经济地位，白人都占据明显的优势地位，广大非洲人则处于被剥削、被压迫的境地，印度人和华人的状况也不佳。种族差别已日益明显，成为南非经济发展进程中的一条主线。

（二）种族主义经济的发展

1948 年，以“保持白人血统纯洁，维护白人特权”为口号的南非国民党掌握了南非政权，开始推行以“分治”和“托管”原则为基础的种族隔离统治。由于抓住了第二次世界大战期间和第二次世界大战结束之初的经济发展机遇，南非经济进入了一段长足发展时期，种族隔离统治似乎并没有多大消极影响。第二次世界大战为南非经济发展提供了一个很好的机会，制造业和采矿业受益尤其明显。由于产品进口受阻，南非积极发展当地制造业进行替代。除此之外，为盟国修理船只、制造弹药和装甲车以及提供军需罐头等产业也刺激了南非制造业的发展。

南非制造业的产值从 1938 年的 128 亿兰特增加到 1944 年的 276 亿兰特，就业人数增加了 53%，其中白人增加了 20%，而矿业则因铀、黄金、金刚石的特殊重要性迅速发展。铀除了可供制造当时可谓惊世骇俗的核武器外，还有能源利用价值。很快，南非的铀就输往英国、法国和美国，揭开了南非矿业史的新篇章。黄金和钻石生产出口则由于不稳定局势下的保值需求等因素而大大增加，其中黄金的销售量从 1933 年的 9 400 万兰特增加到 1941 年的 23 亿兰特。第二次世界大战结束后，西方国家的重建继续刺激南非经济的发展，对南非的锰、铬、石棉等矿产品需求旺盛，以致开始改变南非以黄金生产为主导的矿业结构。20 世纪 40 年代中期在德兰士瓦和奥兰治自由邦又发现了新的、巨大的金矿脉，围绕矿区发展的外围建设，如道路、水电供应房屋建造、商店学校和医院建设，也需要投资，这些都对南非经济发展具有很大的带动作用。到 1955 年，对奥兰治自由邦金矿的建设投入已超过 4 亿兰特。到 50 年代末，这一地区已有 22 座新矿投产，贡献南非黄金总产量的 60% 和利润的 79%。

自南非国民党上台后，南非白人政权进一步加强了对经济的干预，集中力量发展白人经济，以提高白人特别是阿非利卡人的经济地位。通过严格执行种族隔离措施和相应立法，白人政权确保有利于白人的土地制度继续维持，同时迫使土地不足的黑人为白人企业和农场提供廉价劳动力。在国家的支持下，白人农业的机械化程度大大提高，农业产量也迅速增长。在制造业方面，国民党政府则实行控制进口的措施，发展南非本土制造，1945—1955年南非制造业产值的年平均增长率为78%，1955—1964年制造业产值的年平均增长率也高达7%。与此同时，南非逐渐开始重视发展能利用当地资源的制造业，如利用钢铁制造业基础发展机械制造业、利用煤提炼石油等。此外，汽车制造业和军火工业也发展起来，电子制造原子能等高科技产业也初步建立。到20世纪60年代末70年代初时，南非的制造业已成为南非国民经济的一个主体组成部分。20世纪40—60年代，南非经济发展快速，也取得了很多成就。这是一段令南非白人自豪和自信的时期，他们认为种族隔离并没有外界认为的有那么多坏处，而是有不少好处。有白人认为，建立在种族差别和低工资基础上的经济有利于促进增长，因为高利润会带来更多的资本积累和政府财政收入，而这有利于企业再投资和政府干预扶持经济、建设基础设施以及发展公共事业，白人商业农场和某些制造业部门的发展就是很好的例子。而且，在歧视和压制南非国内非洲人的同时，南非政府重视从国外引进劳动力，因而也没有出现劳动力短缺的现象。然而，非洲劳动力的恶劣生活条件、营养不良疾病、对现状不满、生产效率低下都是客观存在的事实。种族隔离制度下的南非经济尽管表面光鲜，但它的发展无疑是畸形的。南非经济的种种成就更应该归功于有利的世界经济形势和南非特别优越的自然资源条件，而不是种族隔离制度。占总人口14%的白人控制了南非80%的财富，而广大非洲人却处在极端贫困的境地。

南非在1973年突破人均GDP 1 000美元，进入中等收入国家，到1990年初期突破了3 000美元，此后有所下降。2002年开始，南非经济进入一个高增长阶段，其人均GDP增长十分迅速，分别突破了3 000美元、4 000美元、5 000美元、6 000美元、7 000美元，并在2011年达到了最高值8 000美元，此后经济再次衰退，至今未跨越中等收入阶段。

第二节 南非中等收入阶段的发展战略

一、20 世纪 70 年代战略

20 世纪 70 年代以前，南非矿业带动其他工业的发展，长期奉行的进口替代工业发展战略已取得很大成效。70 年代左右，南非制造业开始进行部门调整，重点发展汽车制造、炼油、采矿设备、机械制造和军火工业等重化工业，并兼顾电子、计算机和原子能等高科技工业。南非经济第二次战略调整的序幕由此拉开，开始进入重化工业阶段。1963—1973 年，南非国内生产总值由 61.78 亿兰特增至 175.58 亿兰特，增长 184%。同期经济各部门的增长幅度也很大：农业增长 90%、采矿业增长 195%、制造业增长 197%。到 1973 年，制造业已占国内生产总值的 23.1%，采矿业占 13.3%，农业占 8%。重化工业所占比重节节上升，从 1951 年的 49% 上升到 1970 年的 53% 再到 1976 年的 58%；到 70 年代中期，南非的机器制造业已有长足进步，已能提供国内工业设备需求量的 80%。此时，南非不仅是非洲，也是整个南半球工业化程度最高的国家，工业已占国内生产总值的 36% 以上。

二、20 世纪 80 年代战略

（一）工业分散化

自 1982 年起南非政府实行了一项新的工业分散化计划，南非和四个“黑人家园”都颁布了一系列比以前更为优惠的政策以吸引国内外企业家前来投资。南非及四个“黑人家园”被分成 9 个地区，9 个地区内有一系列分散化点（邻近大城市地区）和新工业发展点。企业家被鼓励在这些点建立新企业或扩大原有企业。工业分散化计划执行 7 年来，有 7 572 项投资申请得到批准，投资额为 102 亿兰特，创造了 50 多万个工作机会。在被批准的项目中，510 个项目申请来自外国，有 16.52 亿兰特，创造了 10 万多个工作机会。在 1988—1989 年被批准的 1 042 项申请中，有 14.5% 的项目是建立金属产品加工厂，16.8% 是建服装纺织工厂，15.1% 是建木材加工厂。

（二）扶持小企业发展

为充分发挥小企业在资源配置方面的优势，同时为创造更多的就业机会，南非政府自 20 世纪 80 年代以来开始重视小企业的发展。1981 年南非建立了小企业发展公司（SBDC）。它是一家公私合营的公司，公司本身按商业原则经营。但它也是政府指导小企业发展的政策工具。政府通过它帮助小企业发展，改善经营方式，培训员工，同时通过贷款等帮助小企业扩大生产规模，提高技术水平，开发新产品和开拓国外市场。小企业发展公司成立 10 年来，向 2.9 万家企业提供了 10 亿兰特的贷款，同时完成 2.56 亿兰特的房地产发展项目，创造了 67 632 个工作机会。除了小企业发展公司，政府还以资金支持 10 个小企业服务机构，由它们负责向小企业提供知识服务（培训、咨询、建议、研究等）。为了鼓励小企业发展，政府还提倡建立了一种新的公司形式，即股份不公开公司，它的规则简便易行，还可享受一些优惠政策，满足了小企业的需要。到 1990 年 12 月 31 日已有 184 528 家股份不公开公司。

（三）自由化和私有化

长期以来，南非政府对经济进行高度干预，建立了一大批公营企业。1985 年，公营部门产值占国内生产总值的 37.4%（其中中央政府占 26%）。从 1970 年到 1988 年，公营部门投资占总投资将近 60%，私营部门投资只占 39.3%，其中私人在农业矿业中的投资只占 14.3%。经济生活中的政府过度干预和公营部门的不适当发展造成资本产出率降低，投资效益下降，基础设施过剩。为充分有效地利用资源，提高生产率，南非政府自 20 世纪 80 年代后半期开始实行经济自由化和私有化政策。1987 年，南非政府公布了一份私有化白皮书。白皮书规定了私有化的一些原则，如私有化不能危害国家安全、国内秩序，必须与竞争原则相一致等。白皮书还指出，私有化不是目的，而是促进经济更有效率的手段；应最大限度地减少政府干预，公营公司和政府机构应以商业原则进行经营。到目前为止，煤、石油和天然气公司已部分私有化，研究发展与实施组织（CISR）已重新组合以便符合商业原则。政府原则上已决定使电力供应委员会和南非运输服务局、邮政电信局商业化，工业发展公司（IDC）也将撤销它在部分公司中的股份，以便集中精

力发展中小型企业。政府还希望在摩苏尔湾建立的天然气工程的大部分股份掌握在私人手中。所有私有化收入将留作国有资产本金，用于清偿公债、资助基础设施的建设和不发达地区的社会经济发展项目，部分资金还将由工业发展公司和小企业发展公司用于帮助小商业和小工业企业发展。在经济自由化方面，政府的另一项措施是授权总统取消或停止执行阻止非正式部门（主要是黑人经营）发展的一些法规，目的是增加就业机会，因为小企业和非正式部门对解决就业问题有较大作用。这一措施在一定程度上有利于黑人商业企业的发展。直到 1976 年，黑人商人被禁止在城市地区从事 60 种零售业和服务业。如今，这些限制被取消了，使黑人商人的市场份额从 1977 年的 1% 上升到现在的 10%。

三、20 世纪 90 年代至 21 世纪初的战略

1990 年著名黑人领袖曼德拉被释放，废除种族隔离制度的民主改革进程开启。由于改革刚刚启动，各派势力斗争复杂，因此经常出现暴力事件，致使社会动荡不安，资金继续外流。另外，西方经济仍不景气，国际市场初级产品的价格继续下跌，对南非的国际制裁尚未完全取消，1991—1992 年南非又发生了严重的旱灾。在此情况下，20 世纪 80 年代以来已处于停滞和衰退的南非经济在 90 年代初又陷入了更大的困难。1994 年南非终止了种族隔离制度并通过了保障黑人权利的法案。新南非政府制订了重建与发展计划，强调提高黑人社会、经济地位。2007 年实施全国产业政策框架和行动计划。自 1994 年新南非成立以来，经济年均增长 3%，2005 年至 2007 年超过 5%。2008 年受国际金融危机影响，南非经济增速降至 3.1%。南非自 2008 年 12 月以来 6 次下调利率，并出台增支减税、刺激投资和消费、加强社会保障等综合性政策措施，以遏止经济下滑势头。2009 年南非经济逐渐回升向好，4 个季度经济增长率分别为 −7.4%、−2.8%、0.9% 和 3.2%。2010 年第一季度经济增长 4.6%。此外，政府还于 2010 年 4 月起实施“新工业政策执行计划”，以解决南非经济中长期存在的产业结构不合理和失业率高等结构性问题。

（一）重建与发展计划[①]

南非新政府为此将工作重点由政治领域转移到经济领域，试图通过重建与发展计划的实施，从根本上消除种族歧视，实现南非经济的融合和一体化，建立一个无种族、无性别歧视的和平、民主、繁荣的新社会，在经济发展中提高南非人民的生活水平，改善黑人的生活状况，为他们创造一个较好的生活环境。该计划为此确定了6个基本原则：融合和持续、人民参与、和平安全、重建与发展相结合、国家建设、民主化。根据这些原则，该计划的主要内容如下。

第一，满足黑人的基本需求。由于历史原因黑人生活在南非社会底层，十分贫困。重建与发展计划为此将重点放在改善黑人生活状况上，要求在5年内每年创造30万～50万个就业机会；将30%的土地分配给无地或少地的黑人农民，成立“土地法庭”，帮助黑人索回由于实施1913年法令而被白人夺走的土地；建造100万套住房，基本解决大城市周围的黑人住房问题；兴建一批水井，保证每人每天得到20升～30升清洁、安全的饮用水；提供安全、简易的卫生设备和垃圾移动设施；尽可能在3年内使每个南非人得到足够的营养；建立国民健康制度，增加医护25%的人员，保护妇女和儿童健康，提高居民的精神和心理健康水平，加强性教育，消除艾滋病；到2000年增加用电家庭250万户，使用电家庭的比例达到72%；等等。

第二，开发人力资源。长期以来，由于种族隔离制度，南非的教育和培训制度是分裂的。白人可以得到很好的现代化教育和培训，黑人却被剥夺了起码的受教育与培训的权利和机会。黑人的高文盲率和低劳动力素质难以适应现代化经济建设。因此，重建与发展计划将开发人力资源、发展教育和培训事业作为振兴南非经济的关键，重点是消除教育和培训制度的种族分裂，发展一体化的教育和培训事业，提高黑人劳动力素质，向南非全体居民，不论其种族、肤色、性别、阶级、语言、年龄、宗教、地区以及政治观点，提供平等地接受教育和培训的机会。发展基础工业的教育和培训。开展农村地区女孩和妇女的基础教育和培训，对她们的学习和就业给予特殊照顾。对全国所有的教育和培训机构进行资格审查，教育工作者要得到社会的公认和信任，以此提高教育质量。发展儿童教育、成人教育和培训、职业教育。实行

① 苏振兴．巴西工业竞争力分析[J].拉丁美洲研究，2008，30（5）：3-8.

10 年制强制性义务教育，发展高等教育，培养高等专业人才，鼓励年轻人参与学习和培训等。

第三，使国家、私人部门和市场各尽其能。20 世纪 80 年代，为打破国际经济制裁，南非政府进一步强化了国有经济。进入 90 年代，南非经济陷入困境，最近才开始复苏。重建与发展计划意图在发挥国家的领导作用的前提下，实行民主参与政策，发展私人经济，扶植黑人中小企业，在经济增长的基础上减少贫困，消除不平等现象，满足大多数人的基本生活需要，实行最低生活标准，保证经济安全。大力发展制造业，建立一批高技术产业，提高对本国资源的加工能力，使南非从原料出口国变为制成品出口国。调整工业结构，保证产业的平衡发展。在平等互利的基础上发展区域经济，实现地区间的平衡和繁荣。积极参与世界经济一体化，开拓国际市场，在占领非洲市场和巩固欧美传统市场的同时，发展与经济蓬勃的亚洲国家的经济关系，以扩大出口，刺激和带动本国经济的发展。采取特殊优惠政策，吸引外国资本，推动南非经济的重建与发展。

第四，推进国家和社会的民主化，保证重建与发展计划的实施。民主与重建和发展是密不可分的。只有民主化，才能保证广大群众积极参与重建与发展计划。首先要推进制宪进程，实现民主过渡，制定和通过南非最后宪法，以取代 1994 年 4 月 27 日开始生效的临时宪法。其次要正确处理中央和地方议会、政府间的关系，重建公共部门，发挥地方政府的作用，协调政府与工会等社会团体的关系，使重建与发展计划顺利实施。

重建与发展计划作为新政府的施政纲领，得到了大多数南非居民的拥护，具有坚实的群众基础，将不同种族、不同政治派别、不同性别、不同观点的人团结在一起，增强了新南非的凝聚力。其优点有以下几点。①满足了广大黑人群众的正当要求，巩固了已获得的政治平等和稳定，使广大黑人看到了生活的希望，也大力支持重建与发展计划的实施。②消除了白人企业的担忧，使他们认识到南非不是白人的南非，也不是黑人的南非，而是白人、黑人共有的生活空间，只有南非经济发展了，黑人的生活得到了改善，白人利益才能得到根本保证。更使他们放心的是，新政府成立后，一再强调不搞社会主义、不搞国有化，不会以损害白人利益来实现重建与发展计划。而且，曼德拉对南非 6 万户农场主保证，尊重农场主的财产所有权，不会强行没收他们的土地。正是这些政策措施，使不少南非白人及企业改变初衷，表

示愿意留下来与新政府一起为振兴南非经济而努力。③为外资重返南非、企业走向国际市场创造了条件。重建与发展计划要求“美国领导下的西方世界采取马歇尔计划方式，对南非提供大量援助”。重建与发展计划为吸引外资，制定了一系列优惠政策，以保证南非经济由内向型向外向型转变。重建与发展计划为推动企业国际化，实行对外开放政策，推动企业与国际市场接轨。一方面调整产业结构，发展高技术产业，提高对本国原料深加工能力，增加产品技术含量，提高产品竞争能力；另一方面积极开拓国际市场，扩大对外出口，在继续保持与西方工业国家的传统经济关系的同时，扩大与亚太地区国家的经济合作，以适应国际市场的新变化。

（二）全国产业政策框架和行动计划

2007 年 8 月 2 日，南非贸工部在首都比勒陀利亚总统府发布了《全国产业政策框架和行动计划》，这是南非政府首次制定综合全面的产业政策，将所有相关部门整合在一个整体框架之下。《全国产业政策框架和行动计划》给出了南非工业化的指导性措施，帮助政府解决南非社会和经济中遗留的问题。政策确认了四个优先产业，分别如下：固定设备、运输设备和金属制造业；汽车及零部件；化工、塑料制造及制药业；林业、造纸业及家具制造。针对四个重点产业，行动计划强调：①在南非已出台的公共支出计划的背景下，固定设备、运输设备和金属制造业将充满发展机会；②至 2020 年，南非汽车产量将翻番，达到 120 万辆；③采取措施推动南非从出口原材料向初级产品转变；④由于林业、造纸业及家具制造大部分分布在乡村地区，因此可以增加这些地区的就业机会，增加贫困人口收入。

2007 年制定的《南非工业政策性文件》强化对工业的保护，增加就业和促进出口。在政府一系列政策的指导下，自 1994 年至 2007 年，南非经济总体保持平稳增长，国内生产总值从 1 216 亿美元增至 2 776 亿美元，居世界第 28 位，人均 GDP 从 2 732 美元增至 5 548 美元，GDP 年均增长率为 3.4%，其中 2005 年至 2007 年超过 5%。传统支柱产业带动经济增长。一是矿业在国民经济中扮演的重要角色。南非矿业开采历史悠久，具有完备的现代矿业体系和先进的开采冶炼技术。矿业是南非出口的重要构成部分，2007 年产值约占国内生产总值的 5.4%，直接就业人口约 49 万人，矿产品出口额约占出口总额的 32%。南非是世界上重要的黄金铂族金属和锆族生产国和出口

国。钻石产量约占世界的 9%。南非德尔比斯公司是世界上最大的钻石生产和销售公司，总资产约 200 亿美元，其营业额一度占世界钻石供应市场 90% 的份额，目前仍控制着世界粗钻石贸易的 60%。2007 年主要矿产品为黄金 252.6 吨，铂族金属 304 吨，锴 986.3 万吨，锰 558.9 万吨，铁矿石 4 130 万吨，煤 2.47 亿吨，铜 11 万吨。2006 年钻石产量为 15 775 千克拉。二是制造业门类齐全、技术先进。钢铁工业是南非制造业的支柱，拥有六大钢铁联合公司、130 多家钢铁企业。2007 年制造业产值约占国内生产总值的 18%。近年来，纺织、服装等缺乏竞争力的行业萎缩，汽车制造等新兴出口产业发展较快。三是农业较发达，可耕地约占土地面积的 13%，但适于耕种的高产土地仅占其中的 22%。玉米是最重要的粮食作物。各类罐头食品、烟、酒、咖啡和饮料畅销海外。盛产花卉、水果，葡萄酒享有盛誉。2007 年农业、林业和渔业产值约占国内生产总值的 3.2%，就业人数约占全国劳动人口的 7%，农产品出口收入占非矿业出口收入的 5%。

南非新兴产业发展迅速。一是旅游业成为南非增长最快的产业之一，对国民经济的贡献率不断提高。自 20 世纪 90 年代中期以来，南非成为众多国际游客向往之地，旅游收入占国内生产总值的比重从 1994 年的 2% 增加到 2007 年的 8%，年接待外国游客人数从 390 万人次增加到 840 万人次，成为国际游客最多的非洲国家。南非旅游业属劳动密集型产业，是创造就业机会的重要产业之一，现有从业人员两万人。旅游资源丰富、设施完善，共有 700 多家大饭店，2 800 多家大小宾馆、旅馆及 10 000 多家饭馆。旅游点主要集中于东北部和东南沿海地区。生态旅游与民俗旅游是主要增长点。二是南非电讯和信息技术产业发展较快，2007 年电信发展水平居世界第 20 位。全国共有 530 万部固定电话，占非洲的 40%。移动电话用户约 1 500 万户。互联网用户 328 万户。南非电信公司（TELKOM）是世界第 28 大电信公司；最大的两家信息技术公司 DIDATA 和 DATATEC 已在英美市场占有一席之地。三是南非卫星直播和网络技术水平在世界上竞争力较强，南非米拉德国际控股集团公司（MIH）已垄断了撒哈拉以南非洲的绝大部分卫星直播业务。此外，软件业也开始走向国际市场。

四、《2030 年国家发展规划》

2011 年，南非国家计划委员发布《2030 年国家发展规划》，勾画了国

家中期发展规划和长期发展远景。中期战略框架确定国家经济和社会发展的10个方面。

第一，加快经济增长，转变经济发展模式。以创造合适的工作岗位和可以维持的家庭生计，此举旨在适时、快速和有效地应对严峻的就业形势和确保居民的收入稳定，增强工业竞争力。

第二，实施大规模基础设施建设计划。在未来5年内，政府将继续实施投资计划，扩大和改善经济基础设施，以增加公共服务的机会、提高服务质量，同时注意维护宏观经济的稳定和最大限度地创造就业机会。此举旨在确保不断吸收外资，以实现到2014年使固定投资比率占国内生产总值25%以上的目标。此外，政府还将继续提供和建设医疗、教育、图书馆、体育、娱乐和其他社会公共设施。

第三，实施全国农村综合发展战略。其中涉及农业改革、土地所有制改革和粮食安全等方面。目前，南非有1 000万～1 500万人口居住在极为贫困和不发达的农村地区。鉴于全国各地区经济发展不平衡，政府的总体目标是通过实施全国农村综合发展战略提高贫困家庭的生活水平，通过扩大农业生产基地、开发各地区独特的经济潜力，保障国家粮食安全。

第四，大力开发人力资源，重视培养技能型人才。在过去15年里，教育在国家财政预算中所占份额最大。这种对人力资本的有益投资已逐步改善了国家的人力资源状况，但目前取得的进展还难以令人满意，人才数量还远远不能满足各行各业的需要。政府的目标是集中发挥国家教育体制的优势，培养各类专业和技能人才。工作重点是加强职业培训，对儿童进行早期智力开发，增强学校管理能力，提高教师队伍整体素质。

第五，提高全体人民健康水平。在未来5年内改革公共卫生体制，减少制度中的不平等现象，提高百姓就医质量，完善公共卫生设施，加速对医疗人力资源的开发，加强对艾滋病和结核病等传染病以及其他危害人类健康的疾病防治工作。这项计划还包括逐步推行国家医疗保险制度，提高各类医疗机构的工作水平，对主要卫生部门进行改革，提高其对所属各级医疗机构（包括特殊医院）的管理能力。

第六，加大打击犯罪和惩治腐败的力度。重点打击针对妇女和儿童的犯罪、有组织犯罪和内外联系广泛的犯罪活动，坚决治理官员贪污腐败。为此，将推进刑事司法制度改革，其中包括加强责任制和公民参与度，以及动

员社会全部力量打击犯罪活动。

第七，构建一个有凝聚力、相互关爱、和谐稳定的社会。鉴于社会凝聚力对实现经济可持续发展至关重要，而目前南非存在的种种不平等现象严重影响社会的安定团结，政府决定到2014年即新南非诞生20年时将贫困和失业人数减少一半，提高全民综合素质，共享社会财富，促进民族团结，努力减少社会不平等现象。

第八，致力于非洲发展，大力推动国际合作。政府的中期主要目标之一是为国内经济建设营造良好的外部环境，与非洲及其他第三世界国家发展友好关系，全面落实非洲新伙伴计划，推动南部非洲地区实现一体化发展，积极拓展南南合作，寻求以发展和投资为导向的南北关系。

第九，确保自然资源的有效管理和合理利用。由于南非同其他国家和地区一样深受气候变化、生物多样性损失和水资源减少的不利影响，政府决定通过开发再生能源、加强能源的合理利用使能源混合物多样化，对非法和过度开发资源实行零容忍，支持有地方特色和收成长期稳定的食品生产，促进水资源的可持续利用，保障饮用水的质量。

第十，建立一个可持续发展的国家，改善公共服务质量，健全民主和法制机构。本届政府将与上届政府一样，专心致力于实现国家经济稳步增长和长远发展。尽管在此方面现已取得了一定进步，但在转变管理体制方面仍面临重大挑战，其中包括一些地方政府治理能力有限，某些公共服务质量不佳，对司法系统、立法机关和政府执行部门等公共机构的信任感正在下降。政府正在努力克服上述困难，努力建立一个高效和负责任的国家，保障公民的一切合法权利和义务。

长期发展远景即到2030年使南非成为一个以宪法为准绳的民主和法治国家，社会各部门均遵纪守法，从而使百姓生活环境得以改善；各族人民团结一心，共享国家财富；妇女享有参与国家各类重大事务的权利；在减轻贫困、消除不平等现象和保护青少年、儿童、残疾人、老年人等占社会多数的弱势群体方面制订行之有效的计划；国家的自然财富和人力资源得到合理利用，通过有效利用自然资源和运用现代科学技术实现经济可持续增长；在维护国家共同利益的同时，为私有部门提供良好的投资环境和有竞争力的回报；国家在提供各类公共服务和领导实施有关经济发展项目等方面高效务实；所有求职者有机会找到适合自己的工作岗位，广大劳动者的合法权益受

到切实保护，社会保障措施全面，可覆盖有需求的所有公民。无论是在工作中还是在休闲时，人们彼此尊重，休戚与共；南非与非洲和世界其他国家共同努力，携手建设一个更加美好的世界。

第三节　南非经济发展的困境及存在的问题

一、南非经济发展的困境：遭遇国际金融危机冲击

2008 年爆发的全球金融危机给南非经济带来了较大冲击，导致其经济出现明显滑坡，当年国内生产总值增长率从 2007 年的 5.5% 降至 3.7%，2009 年甚至跌到 –1.8%，自 1992 年以来首次出现负增长，各行各业一片萧条。

一是矿业萎缩。金融危机导致国际市场对矿产品需求走低，南非矿业产销量双双锐减，2009 年 6 月矿业产量同比下降了 7.3%，其中非黄金类矿业的产量下降 6.4%，而 5 月的矿产品销售量则同比下降了 33.1%，其中非黄金类矿产品的销售量下降了 39%。

二是制造业持续低迷。根据南非统计局 2009 年 3 月公布的数据，当年 1 月，制造业产量大幅下跌，同比下降 11.1%，这是该机构自 1999 年开始进行年度统计以来的最大幅度萎缩。当年第二季度，制造业下滑 10.9%，远远高于流通领域的衰退幅度。

三是零售业大幅下滑。根据南非储备银行（央行）2008 年 11 月公布的数据，当年前 8 个月中有 5 个月的零售额明显减少。当年第二季度南非家庭贷款从第一季度的 78.2% 下降到 76.7%，为近 5 年来首次出现下降。同时，第二季度国内消费市场萎缩速度创下自 1999 年以来的纪录。消费者信心不足也严重影响南非销售市场。2009 年 12 月，南非商业信心指数（BCI）比 11 月下降 0.6 个百分点，为 83.5，全年平均 BCI 为 82.8，是 2002 年（81.9）以来的最低水平。

四是房价大幅下跌。进入 2008 年以后，南非房地产价格增速明显放缓。受高额银行利率和不断走高的通胀影响，当年 9 月南非住宅房屋价格增长率居 15 年来新低，每套平均价格为 97 万兰特，与 2007 年同期相比增长率为 1.2%，是自 1993 年 1 月以来的最低增幅。如考虑到南非兰特的大幅贬值，房价实际上比 2007 年同期下跌了 8.6%。许多人迫于经济压力不得不低价抛售房产。

五是汽车销售遭受重创。南非是非洲最大的汽车消费市场，2009 年汽车保有量约为 850 万辆。由于日本等国汽车市场需求大幅减少，导致南非汽车产业销量持续下降。根据南非汽车制造业协会 2009 年 8 月 4 日公布的数据，当年 7 月南非汽车销量为 30 731 辆，同比下降 27.4%。至此，南非汽车销量已连续 27 个月下滑。

六是失业队伍不断扩大。经济衰退导致企业大幅裁员，南非失业率近 10 年来一直在 23% 以上，此次金融危机使就业形势雪上加霜，2009 年第三季度南非新增失业人数 48.4 万人，为 20 年来失业人数增加最多的季度，南非自 2009 年以来的新增失业人数接近 100 万人，失业总人数超过 580 万人，其中矿业、制造业和零售业成为新增失业人数最多的部门。

七是进出口贸易双双下滑。由于南非主要出口地区美国和欧洲进口需求持续下降，南非出口深受其害。同时，外汇储备不足也使南非的进口受到制约。据南非国税局统计，2009 年南非贸易进出口总额为 1 272.5 亿美元，比 2008 年下降 25.7%。其中，出口 623.8 亿美元，下降 22.2%；进口 648.7 亿美元，下降 28.8%。

八是股市遭受重挫。2008 年全球股市熊气弥漫，以往表现抢眼的南非股市也难以独善其身。截至当年 12 月 12 日，非洲最大证券市场——约翰内斯堡股市综合指数比 2007 年年底下跌约 28%。

二、南非经济发展存在的问题

南非经济虽然呈现上升势头，但增幅缓慢且不稳定。目前，南非经济面临的主要问题包括以下几个方面。

（一）就业形势持续恶化

尽管 2010 年第一季度南非经济显著增长，但就业形势未见好转。根据南非统计局 5 月 4 日公布的全国季度劳动力调查报告，第一季度就业人数比 2009 年第四季度减少 17.1 万人，失业率因此攀升至 25.2%。更为严重的是，自 2009 年第一季度至 2010 年第一季度，全国就业人数共减少 83.3 万人，年度减幅高达 6.1%。根据《2010 年非洲就业报告》，南非的成年人就业率在非洲大陆所有国家中处于最低位。此后失业率维持不变，2016 年以后失业率进一步上升。南非将有 590 万名大学生毕业，就业形势将更为严峻。

（二）贫富悬殊日益加剧

南非是世界上贫富悬殊最大的国家之一，2/3 的国民收入集中在占人口 20% 的富人手中。国际上通常把基尼系数 0.4 作为收入分配贫富差距的“警戒线”，而南非的基尼系数已从 2006 年的 0.63 上升到 2008 年的 0.65。不同种族间的贫富差距由来已久。新南非诞生后，黑人政治地位显著提升，但经济地位并未同步提高，难与白人匹敌。白人的平均收入最高，其次为印度人、有色人种，最穷的是黑人。白人人均收入超过 1 000 美元 / 月，黑人却不足 300 美元 / 月。同种族间的贫富差距近年来也在逐渐扩大。随着政府《全面提高黑人经济实力法案》的实施，少数黑人精英，特别是一些拥有政府背景或特殊关系的黑人新贵从中获益并成功致富，而大量受教育程度较低、缺乏劳动技能的普通黑人受益并不明显，导致黑人内部贫富分化加剧。经济合作与发展组织（OECD）2010 年 2 月 8 日发表的报告认为，南非不同种族之间和同种族之间的贫富差距正在扩大，1993 年至 2008 年，南非人收入不平等现象日益严重，已经成为世界上最严重的国家之一。贫富差距日益拉大导致南非犯罪率不断上升，已影响社会稳定和经济发展。

（三）财政赤字大幅增加

受公司利润下滑和增值税减少等因素影响，2009 年的前 8 个月，南非政府税收同比减少 260 亿兰特。其中，公司所得税由 826 亿兰特降至 694 亿兰特，增值税由 970 亿兰特降至 886 亿兰特，关税由 150 亿兰特降至 116 亿兰特。与此同时，支出却同比增加 865 亿兰特。为弥补财政亏空，政府不得不大幅举债，截至 2009 年 11 月底，已累计借款 1 283 亿兰特。由于国际金融危机影响尚未消退，国内经济复苏步履缓慢，预计未来 3 年内预算赤字依然庞大，财政潜在风险正在累积。

（四）电力严重短缺

南非是非洲头号电力生产大国，发电量一度占全非洲的 2/3，历史上曾长期向其邻国供电。但随着南非经济的增长，电力需求急剧增加，电力行业投资不足的问题逐渐显现，导致电力供应日趋紧张，已制约经济发展。2008 年南非曾发生全国大范围电力危机，严重影响矿业等国民经济支柱产业，

全国 20 家金矿一度均处于瘫痪状态，当年南非黄金产量下降 13.6%，跌至 220.127 吨，创下自 1922 年以来的最低纪录。之后随着南非两大在建火力发电厂的建成投产，供电形势会有所好转。但到 2018 年随着众多发电厂因达到使用年限，将进入第二轮的供电紧张期，这种状况将一直延续至 2024 年。要充分满足经济发展的需要，到 2028 年南非必须新增发电能力 5 000 万千瓦，但目前列入南非电力计划的只有 1 800 万千瓦。如何使电力供应充分满足经济发展的需要是政府面临的一大挑战。

第四节　经济增长质量剖析

农业是非洲经济的重要部门，粮食作物种植面积最广，小麦和稻米的产量不能自给，需要大量进口，供出口的经济作物主要有咖啡、花生、棉花等，可见南非早期的经济增长以原材料输出为主，高度依赖附加值低的初级产品出口，在结构上表现为单一商品经济，适应了早期非洲国家普遍科技落后、加工能力差的局面。应该指出的是，南非经济发展的黄金时代是在白人手里实现的。自第二次世界大战以来，南非经济在原来的基础上得到了较大的发展，第二次世界大战期间发展起来的制造业在国内生产部门中居首位，1980 年经济发展的速度在世界上仅次于日本和新加坡。在非洲，20 世纪 80 年代前发展最快的南非一度比较接近发达国家末端，更重要的是，在白人统治的后期，也就是 1980—1994 年，南非经济陷入了长时期的衰退，又拉大了同发达国家的差距，一直到 1994 年曼德拉上台才扭转了负增长的趋势。南非由一个准发达国家退回到中等收入的发展中国家，直到现在都还没有跨越中等收入阶段，需要从衰退的原因和政府发挥的作用方面剖析南非中等收入阶段的经济增长质量。

一、南非经济增长停滞不前的原因

（一）支柱产业衰退

南非主要矿产目前都被欧美加及澳洲大矿业公司把持，并以跨国投资和并购等方式掌握供需量并控制市场价格，由于生产成本上升和矿石中贵金属含量减少，南非的黄金开采业陷入了严重的危机，南非的黄金储备不足以抵

消其他商品价格下跌造成的损失。更值得注意的是，包括世界第三大黄金生产商在内的公司正在将业务从南非转移。

（二）政局动荡

南非的种族隔离本质上是一种极度不自由的经济，黑人被限制，在过度保护情况下白人劳工的技术和工作能力也得不到发展，最终造成利用社会资源的能力低下和严重的技能浪费。1994 年黑人执掌南非政权以后，通过法律等各种方式赋予黑人超越其他群体的特权，虽然黑人迅速接管了国家政权，掌握了国家资源，但是由于黑人在执政经验、知识储备、人才培养上都没有做好准备，所以国家管理陷入混乱，导致社会经济生活无法高效运行，失去执政地位的南非白人精英阶层和资本家逐渐离开南非。南非各民族之间的利益冲突日益尖锐，失业率高造成了严重的社会和治安问题。

（三）国际制裁是主要外部原因

首先是外资撤离，1986 年美国议会通过了《全面反对种族隔离制度法》，导致美国在南非的大公司相继宣布退出南非，1987 年美国政府通过了《剥夺法案》，迫使美国在南非的公司出售股票，在南非投资中美国居第 2 位。由于制裁，南非在 20 世纪 80 年代不但没有获得新的重大外国直接投资，而且外国投资减少，大量的外国公司撤离南非导致资金大量外流。

其次是贸易制裁，南非是一个主要的矿产出口国，南非制造业又更多依赖非洲市场。石油资源匮乏而不得不进口石油的南非由于国际社会的石油禁运严重影响南非经济发展，南非为此付出了高昂的代价，耗费了大量人力、物力和财力。另外，矿业劳动力主要来自南部和中部非洲国家，如果出现贸易制裁，而使这些劳动力终止输入，不仅会造成矿产品成本攀升，竞争力下降，还直接影响到矿产业的正常运转。

最后是债务负担严重，白人时期严重依赖外资，进口替代工业化本质上就是因为白人对劳动力利用的效率过于低下，无法建成劳动密集型产业，最后造成的结果就是贸易赤字不断增长，只能靠卖矿来填补。自 20 世纪 60 年代以来，南非大量引进机器设备，导致南非的经济对外汇越来越依赖，到了 80 年代后期，南非花大量资金用于偿还外债以至于很多国家拒绝贷款。

二、南非经济增长质量评价

首先，经济增长提高了政府的执政能力。白人统治后期，种族隔离造成的矛盾和冲突加剧，流血不断，黑人罢工，投资人撤离，国际制裁……一系列因素造成了南非10多年的经济衰退。1994年曼德拉新政府上台后，采取了一系列保持宏观经济稳定发展的政策，如实行谨慎的财政政策，鼓励投资，削减政府开支，改进国内储蓄，抑制通货膨胀；为了改善种族隔离制度对黑人各方面的影响，南非政府扶持黑人经济发展，先后颁布立法文件，改善黑人基本生活条件。

其次，经济增长也改变了南非的教育情况。南非白人政权推行愚民教育，规定黑人和白人小孩不能在同一个学校里上课，黑人学校不允许教授黑人学生数学、物理、化学等科学知识。为了防止黑人因为实践学得比较高级的技术，还制定法律，规定只有白人可以从事技术性工作。于是黑人只能去从事最脏、最累、最危险且工资最低的工作。这直接导致了黑人劳工群体的素质无法提高，只要产业稍微一升级，大量的黑人劳动力就无法满足这样的需求。

随着经济发展，南非政府意识到了教育的重要性，1996年，南非颁布《南非学校法》，所有7～15岁的儿童少年都要接受为期10年的义务教育。南非的私立学校和高等教育学校有更多的自主性，但无论在何种性质的学校，歧视和排挤都是不被允许的。政府还提出诸多保障性措施来改善教学质量，南非的教育也得到了财政上很大的支持。

最后，经济增长让南非意识到国际地位的重要性。自1994年建立民主制度以来，南非政府就奉行和平外交政策，反对恐怖主义，主张多边国际合作，倡导国际经济规则公平合理。2010年，南非加入金砖国家，与其他成员国的贸易和投资关系明显增强，促进了南非经济发展。另外，南非立足于非洲，努力促成区域合作，积极参与非洲事务，调解冲突，维护非洲和平。

总之，20世纪80年代前，南非经济发展较快，尤其是制造业。80年代后，由于国际制裁强化，内部种族矛盾激化，黑人收入过低，内需不振，产业升级失败等问题，南非经济出现衰退。1994年后，曼德拉上台让南非恢复了经济增长。直至今日，南非经济还是依赖外资，种族歧视问题仍然存在，使南非仍然处于中等收入阶段。

第十一章　比较与总结

一、表现差异比较

本书研究的6个经典国家的案例中，韩国1977年进入中等收入阶段，经济发展开始起飞，1994年成功跨越中等收入阶段，历时17年；新加坡1971年进入中等收入阶段，1989年成功跨越中等收入阶段，历时18年；马来西亚1977年进入中等收入阶段，2017年人均GDP达到10010美元，历时40年；巴西1975年进入中等收入阶段，2011年达到1万美元，历时36年；阿根廷1962年进入中等收入阶段，2011年达到1万美元以上，历时49年，南非1973年突破人均GDP 1 000美元，进入中等收入国家，此后起伏不定，峰值在2011年达到8 000美元，此后经济再次衰退，至今未跨越中等收入阶段。

对“快速”跨越中等收入阶段的韩国和相对“较慢”跨越中等收入阶段的阿根廷、马来西亚进行比较，可分析其在经济增长、技术创新、人力资源、收入分配、社会发展、对外依赖等方面的差异性。

第一，经济增长稳定性差别很大。中等收入阶段滞留时间较长的国家，经济增长往往出现较大的起伏，即便在短期内取得高增长，也难以持续。这一特征在拉美国家尤其突出。以人均国内生产总值增长为例，在1963年至2008年的45年间，阿根廷有16年人均国内生产总值负增长，马来西亚有5年负增长，而韩国仅有2年负增长。在这45年中，阿根廷人均国内生产总值年均增长率仅为1.4%，马来西亚为4.0%，而韩国为6.3%。1963年，阿根廷人均国内生产总值为842美元，已达到了当时的中高收入国家水平，而韩国当时仅为142美元，是典型的低收入国家。但到45年后的2008年，阿

根廷的人均国内生产总值仅增长到 8 236 美元，仍为中高收入国家水平，马来西亚则由低收入国家进入了中等收入国家，而韩国则达到了 19 115 美元，进入高收入国家行列。

第二，研发能力和人力资本存在明显差别。从研发费用支出占国内生产总值的比重来看，韩国 2003 年达到 2.64%，高居世界第 7 位，而马来西亚、阿根廷分别为 0.69% 和 0.41%，世界排名均在 40 名以后。从研发人才来看，2006 年，韩国每千人中的研发人员达到 4.8 人，而马来西亚和阿根廷则分别只有 0.42 人和 1.1 人，韩国分别是后者的 11.4 倍和 4.4 倍。从劳动力素质来看，韩国 2007 年劳动力中具有大学以上教育程度的比重为 35%，而马来西亚、阿根廷分别为 20.3% 和 29.5%，韩国也有明显优势。

第三，收入分配公平程度差异较大。从基尼系数上来看，阿根廷和马来西亚基尼系数较高，两国在 20 世纪 80 年代中期基尼系数就在 0.45 左右，到 20 世纪 90 年代末进一步上升到接近 0.50，2007 年阿根廷达到 0.51，而马来西亚始终保持在接近 0.50 的水平上。韩国在 20 世纪 70 年代末基尼系数为 0.36，到 20 世纪 90 年代末下降到 0.31，至今没有明显变化。从最高 10% 收入阶层和最低 10% 收入阶层的收入比来看，阿根廷为 40.9%，马来西亚为 22.1%，均远高于韩国 7.8% 的水平。

第四，社会发展指标有明显差别。从衡量社会发展的指标看，韩国从明显落后转为明显领先，如预期寿命，韩国 1960 年仅为 54.2 岁，与马来西亚基本相当，比阿根廷低 11 岁。到 2008 年，韩国提高到 79.8 岁，已明显高于阿根廷和马来西亚的 75.3 岁和 74.4 岁。婴儿死亡率也有类似情况，韩国 1960 年婴儿死亡率高达 96‰，远高于阿根廷和马来西亚的 59.9‰和 66.1‰，到 2008 年，韩国已经下降到 4.7‰，低于阿根廷和马来西亚的 14.6‰和 5.9‰的水平。在教育领域，2010 年韩国成人平均受教育年限由 20 世纪 70 年代的 5.6 年上升到 11.3 年，明显领先于阿根廷和马来西亚的 8.9 年和 9.7 年。

第五，对外部经济的依赖程度存在差别。在外资方面，阿根廷和马来西亚的外商直接投资占国内生产总值的比重明显高于韩国，表明外资在经济中占有更重要地位，特别是马来西亚 1990 年的外商直接投资占比达到了 5.3%。在外债方面，阿根廷 2002—2004 年的外债余额占国内生产总值的比重曾超过 100%。总体而言，阿根廷和马来西亚对外部经济的依赖程度要明显高于韩国。

第六，各国经济政策的不同。阿根廷、马来西亚由于国家政局不稳，政治领导人变更很快，经济发展没有一个很好的政治环境。阿根廷、马来西亚两个国家受新自由主义的思想的影响，国家对经济控制也在不断地弱化，与此同时产生了很多问题。马来西亚属于政府把控严格，市场没有太多的活力。

二、差异的原因分析

第一，错失发展模式转换时机。阿根廷在工业化初期实施进口替代战略后，未能及时转换发展模式，而是继续推进耐用消费品和资本品的进口替代，即使在20世纪70年代初石油危机后，还是维持“举债增长”，使进口替代战略延续了半个世纪。在20世纪初，巴西主要依靠农业资源等静态比较优势实行单一的农产品出口导向型发展模式。在该模式被1929年的全球经济危机摧毁后，受拉美发展主义思潮的影响，巴西开始了漫长的进口替代战略。直到1994年卡多佐就任巴西总统，并着手实施带有浓厚新自由主义色彩的雷亚尔计划后，巴西才真正放弃了进口替代战略，并开始实行自由贸易和面向出口的发展战略。马来西亚等东南亚国家则因国内市场狭小，长期实施出口导向战略使其过于依赖国际市场需求，极易受到外部冲击。

第二，难以克服技术创新瓶颈。一国经济在进入中等收入阶段后，低成本优势逐步丧失，在低端市场难以与低收入国家竞争，但在中高端市场则由于研发能力和人力资本条件制约，又难以与高收入国家抗衡。在这种上下挤压的环境中，很容易失去增长动力而导致经济增长停滞。要克服这一挑战，就需要在自主创新和人力资本方面持续增加投入，培育新的竞争优势。马来西亚等东南亚国家在亚洲金融危机后再也没能恢复到危机前的高增长水平，就与经济增长缺乏技术创新动力有直接关系。阿根廷因为一直重视农业的发展，在高新技术方面也没有明显的进步，一直依靠外来技术。过早地自由化使巴西工业转向了以资源和专业化生产为基础的低附加值领域。因此，巴西足足花费了36年才最终跨越陷阱。且时至今日，巴西在高技术领域的国际竞争力依然不强。

第三，对发展公平性重视不够。公平发展不仅有利于改善收入分配，创造更为均衡的发展，还能够减缓社会矛盾和冲突，从而有利于经济可持续发展。拉美国家在进入中等收入阶段后，由于收入差距迅速扩大导致中低收

入居民消费严重不足，消费需求对经济增长的拉动作用减弱。例如，20 世纪 70 年代，拉美国家基尼系数高达 0.44 ～ 0.66，巴西到 20 世纪 90 年代末仍高达 0.64，一些国家还由于贫富悬殊，社会严重分化，引发激烈的社会动荡，甚至政权更迭，对经济发展造成严重影响。

第四，宏观经济政策出现偏差。从拉美国家看，受西方新自由主义影响，政府作用被极度削弱，宏观经济管理缺乏有效制度框架，政策缺乏稳定性，政府债台高筑，通货膨胀和国际收支不平衡等顽疾难以消除，经济危机频发造成经济大幅波动，如 20 世纪 80 年代的拉美债务危机，1994 年墨西哥金融危机、1999 年巴西货币危机、2002 年阿根廷经济危机，都对经济持续增长造成严重冲击。阿根廷在 1963—2008 年的 46 年间出现了 16 年负增长，主要就集中发生在 20 世纪 80 年代债务危机和 2002 年国内金融危机期间。

第五，体制变革严重滞后。在拉美国家，体制变革受到利益集团羁绊，严重滞后于经济发展，精英集团的“现代传统主义”片面追求经济增长和财富积累，反对在社会结构、价值观念和权力分配等领域进行变革，或者把这种变革减少到最低限度。经济财富过度集中，利益集团势力强大，造成寻租、投机和腐败现象蔓延，市场配置资源的功能受到严重扭曲。阿根廷、巴西、马来西亚都有严重的政府腐败的现象。

第六，低端发展模式的影响。20 世纪初，单一的出口导向型的发展模式，单一的农产品出口发展经济，也就导致巴西经济过度依赖国际市场。1929 年受经济危机的影响，实行进口替代战略，希望通过强有力的国家政府的干预来实现对本国工业的保护，但同时使巴西的经济依赖国内市场，导致国内收支失衡，工业在国际上竞争力弱，农业发展滞后，国内消费水平低下，良性的收支循环不能达成，使产业难以实现转型升级，国家无法向高收入水平跨越。1994 年转向自由贸易，实行对外开放的经济政策，面向出口的经济战略，但由于之前农业发展的不足、巴西政府的过度干预，再加上腐败问题严重，也严重阻碍了巴西经济的发展。阿根廷严重依赖农业出口，尤其是依赖大豆和玉米的出口。马来西亚也是政府刚开始不是很重视农业的发展，从而使国家经济的发展没有强有力的支撑。农业是一个国家的根基，马来西亚由于不是很重视农业的发展，所以一直没有走出“中等收入陷阱”。

第七，种族矛盾的影响。阿根廷由于外来的移民很多，有种族矛盾，而

且包括阿根廷在内的许多南美洲国家弘扬伊比利亚天主教文化。这种文化的特点之一是鼓励消费，因此绝大多数拉美国家的储蓄率很低，只能依赖外资。还有人认为，阿根廷的经济结构是第三世界国家的经济结构，但其社会福利是欧洲式的。马来西亚也有严重的种族问题。马来西亚有马来族、华族和印度族。巴西各种宗族混合，可以说是世界上宗族最混合的国家。

第八，价值观的影响。新加坡和韩国民众有强烈的民族危机意识，受传统文化影响能吃苦耐劳、勤俭节约，国家意识强、必要时把国家利益置于个人利益之上，把个人发展同国家命运联系起来。相比较而言，巴西和阿根廷民众比较懒散，珍惜生命而及时行乐，热情乐观、超前消费，储蓄率难以提高。

三、总结

从持续增长和产业转型的规律来看，成功的增长转型分为三个阶段。

第一个阶段，一个过去表现糟糕的国家需要对其经济政策进行重大变革，实施基础性的现代化改革，并且采取旨在实现或保持物价平稳的措施。这些经济改革经常是由重大的政治事件触发的，如严重的金融危机或政治体系的重大变革（独裁统治或内战的结束）。作为这类广泛的政治或经济变革的后果，民众可以将更多时间用于创新和应用新技术。在增长转型的第一个阶段，产量增加和收入提高主要是由生产率增长驱动的。简单来说，第一个阶段的经济增长不是由于使用了更多机器或雇用了更多工人，而是由于做事的效率提高了。

第二个阶段，是增长转型的阶段，效率的提高和生产率的增长仍然强劲，整体经济持续快速发展。与第一个阶段不同的是，第二个阶段对机器、建筑物、公路和港口的投资成为增长的另一重要来源。也就是说，除了更有效率以外，在这一阶段会有更多的机器和更高技能的工人投入生产。第二个阶段使良性循环得以建立：高速增长产生了更高的利润预期，导致了对机器设备和基础设施更多的投资，反过来又促进了更快的经济增长。成功的增长转型在第二个阶段的最重要特点就是，改革的进程扩展至制度改革。产权保护更为有力（这有助于吸引外国投资者），法治水平提高，旨在促进竞争的现代监管框架得以实施，司法体系更为独立和高效，腐败受到抑制。增长转型第二个阶段的特点还包括教育系统的升级和劳动力技能的提高。在改革转

型最初的两个阶段，并没有限定的蓝图可以遵循。也就是说，不存在预先设定的计划，只要机械地执行就能确保成功。但是，在最初的两个阶段，政府必须对竞争政策和制度做出重大改进，并且避免犯下大错，尤其是导致货币危机的错误。

第三个阶段，在成功的增长转型后开始减速。生产率在最初的两个阶段提高得非常快，并且是驱动经济增长的基本动力，随后降至与国际长期趋势更为一致的水平。然而，在前两个阶段启动的制度改革此时得以巩固，这会促使国内外对机器设备和基础设施的投资持续增加。在第三个阶段，包括实物资本和人力资本在内的资本积累成为增长最主要的来源，有助于维持相对较快的经济扩张。第三个阶段会引起新的结构或技术变革，使生产率有新的跃升，于是上述过程进入一个层次更高的新周期。

在不同的阶段，政府根据不同的需要起着把握方向、引领发展、强化优势、补齐短板的作用，即在短期（第一阶段），政府要“正确地”选择适当的产业、进行有效的保护、提供适当的激励带动经济的起飞、激发民众的热情；在中期（第二阶段），政府要掌握产业本身发展的规律和世界产业变动的趋势进行有力的培育使其变得强大而不是“依赖”，并适时退出干预，并且需要教育人民、树立共同认可的意识形态；在长期（第三阶段），政府要提供良好的国内市场运行环境，在国际市场上为本国企业保驾护航，并补齐产业发展的短板、提供软硬基础设施，帮助提升企业的国际竞争力，努力增加人民对政府的信心和民族认同感。

图书在版编目（CIP）数据

新结构经济学视野下的经济增长质量研究 / 高考著 .
-- 北京 : 中国商业出版社 , 2020.12
ISBN 978-7-5208-1484-3

Ⅰ . ①新… Ⅱ . ①高… Ⅲ . ①中国经济 - 经济增长质量 - 研究 Ⅳ . ① F124

中国版本图书馆 CIP 数据核字（2020）第 250238 号

责任编辑：王　静

中国商业出版社出版发行
010-63180647　www.c-cbook.com
（100053　北京广安门内报国寺 1 号）
新华书店经销
定州启航印刷有限公司印刷
*
710 毫米 ×1000 毫米　16 开　18.5 印张　340 千字
2020 年 12 月第 1 版　2020 年 12 月第 1 次印刷
定价：89.00 元

* * * *

（如有印装质量问题可更换）

U0870650

武汉商学院学术著作基金资助（商科类）

新结构经济学视野下的经济增长质量研究

高　考　著

中国商业出版社